春秋集傳

（上）

李文炤 撰
向鐵生 鄧薌子 整理

湖南大學出版社·長沙

圖書在版編目（CIP）數據

春秋集傳 / 李文炤撰；向鐵生，鄧薌子整理. — 長沙：湖南大學出版社，2024.8

（千年學府文庫）

ISBN 978-7-5667-3604-8

Ⅰ. ①李… Ⅱ. ①李… ②向… ③鄧… Ⅲ. ①《春秋》-研究 Ⅳ. ①K225.04

中國版本圖書館CIP數據核字（2024）第108996號

春秋集傳

CHUNQIU JI ZHUAN

撰　　者：李文炤

整　　理：向鐵生　鄧薌子

責任編輯：王桂貞　　**責任印製**：陳　燕

印　　裝：長沙超峰印刷有限公司

開　　本：787 mm × 1092 mm　1/16　　**印　　張**：54.25　　**字　　數**：296千字

版　　次：2024年8月第1版　　**印　　次**：2024年8月第1次印刷

書　　號：ISBN 978-7-5667-3604-8

定　　價：298.00圓（全兩册）

出 版 人：李文邦

出版發行：湖南大學出版社

社　　址：湖南·長沙·岳麓山　　**郵　　編**：410082

電　　話：0731-88822559（營銷部），88821594（編輯室），88821006（出版部）

傳　　真：0731-88822264（總編室）

網　　址：http://press.hnu.edu.cn

電子郵箱：wanguia@126.com

ISBN 978-7-5667-3604-8

9 787566 736048 >

『千年學府文庫』編輯出版領導小組

出版説明

湖南大學歷史上承嶽麓书院，書院肇建於公元九七六年，爲我國古代四大書院之一，歷經宋、元、明、清，朝代更迭，學脉綿延，弦歌不絶。一九〇三年，書院改制爲湖南高等學堂。清末民初，學制迭經變遷，黌宮數度更易。一九二六年定名爲湖南大學，一九三七年改歸國立。一九五三年全國高校院系調整，學校更名爲中南土木建築學院，一九五九年恢復湖南大學校名。享有千年學府之盛譽，承載着我國教育的發展歷程和厚重的文化積澱，是中國教育史、學術史、思想史、文化史的一個縮影。

惟楚有材，於斯爲盛。從嶽麓書院到湖南大學，一批批學者先賢在此教書育人、著書立説，人才之盛，達成之功，史有明徵，班班可考。爲表彰前賢之述作，昭示後生以軌節，開啓學海津梁，溝通中西文明，弘揚大學之道，傳承中華文化，值此嶽麓書院創建一千零四十周年暨湖南大學定名九十周年華誕之際，中共湖南大學委員會、湖南大學决定編纂出版《千年學府文庫》。兹謹述編纂原則如次：

一、以『成就人才，傳道濟民』爲主綫，以全面呈現千年學府發展歷程、辦學模式、師生成就、學術貢獻爲目標，收録反映千年學府學制變遷與文化傳承的學術著述。

二、選録人物係湖南大學及前嶽麓書院、時務學堂、湖南高等學堂、高等實業學堂、優級師範學堂、高等師範學校、公立工業專門學校、法政專門學校、商業專門學校、國立商學院、國立師範學院、省立克强學院、私立民國大學、省立音樂專科學校、中南土木建築學院、湖南工學院、湖南財經學院之卓有成效并具有重要影響之師生員工。已刊者選印，未刻者徵求，切忌貪多，惟期有用。

三、收録文獻，上起九七六年，下訖一九七六年，既合千年之數，更以人事皆需論定。

四、收録文獻，以學術著述、校史文獻、詩文日記爲主，旁及其他，力求精當，不務恢張。

五、收録文獻，有原刻者求原刻影印，無原刻者求善本精印，無善本者由本校校印。排版形式根據著述年代而定，古代著作采用繁體竪排；一九一九年至中華人民共和國成立前，原則上簡體横排，根據版本情况，亦可用繁體竪排，規範標點；中華人民共和國成立後的著作，用簡體横排。

六、文獻整理，只根據底本與參校本、參校資料等進行校勘標點，對底本文字之訛、奪、衍、倒作正、補、删、乙，有需要説明的問題，則作出校記，一般不作注釋。

七、收録文獻，均由整理者撰寫前言一篇，簡述作者生平、是書主旨、學術價值、版本源流及所用底本等。

八、《千年學府文庫》圖書，尚待徵求選定，徵求所得，擬隨時付印，故暫無總目。

《千年學府文庫》卷帙浩繁，上下千載，疏漏缺失，在所難免，尚祈社會各界批評指正。

《千年學府文庫》編輯出版委員會謹識

二〇一六年十月

前言

一、李文炤的生平與著述

李文炤（一六七二—一七三五），字元朗，號恒齋。湖南善化（今長沙）人。生於康熙十一年六月初十日卯時，卒於雍正十三年九月十三日亥時，享年六十四歲。李家爲善化望族，李文炤父親李恪人爲秀才，有家學。李文炤少時好學，博聞强識，年十三爲縣學生員，年十四補博學弟子員，人譽爲神童。康熙二十九年（一六九〇），李文炤赴省試，結識善化熊超、邵陽車無咎等學者，自此以周、張、程、朱之學爲正宗。又與寧鄉張鳴珂、邵陽王元復等人交游論學。後於康熙五十二年（一七一三）中舉，不願就吏職，既而改授以穀城教諭，因志於學問，無心仕途而以疾辭，未赴任。康熙五十六年（一七一七），李文炤任岳麓書院山長。執掌岳麓書院期間，他制訂了《岳麓書院學規》，潛心教學著述，培養人才，是岳麓書院歷史上著名的山長之一。康熙六十一年（一七二二）冬，李文炤應聘江西南昌豫章書院山長，後因變故而未到任。雍正年間，居家著述，直至終老。

據《李恒齋先生行述》及《李恒齋先生墓志銘》所載，李文炤母親周氏懷孕十六個月始生李文炤。李文炤娶妻彭氏，生兒子章達，爲太學生。生女兒二人，長女嫁寧鄉進士余惕，次女嫁長沙庠生柳煌。李文炤娶妾劉氏，生兒子兩人，分别名爲章封和章逵。

李文炤常年筆耕不輟，於經學禮學、天文地理、諸子百家、詩賦辭章無所不通，皆有撰述，可謂一代碩學通儒。代表性撰著有《周禮集傳》（六卷）、《家禮拾遺》（五卷）、《增删儀禮經傳通解》（四十六卷）、《春秋集傳》（十卷）、《周易本義拾遺》（六卷）、《宋五子書集解》（九種三十卷，包括《太極圖説解拾遺》一卷、《通書解拾遺》一卷、《通書後録解》一卷、《西銘解拾遺》一卷、《西銘後録解》一卷、《正蒙集解》九卷、《近思録集解》十四卷、《感興詩解》一卷、《訓子書解》一卷）。李文炤去世後，其子李章達搜集他的詩文雜著編輯成《恒齋文集》（十二卷）。

從《恒齋文集》所保存的序言、記文可知，李文炤還撰有《語類約編》《淵源全録》《古文醇》《續古文醇》《地理八書》《楚辭集注拾遺》《省記訂訛記》等書，因未刊刻傳世，現均亡佚。

二、李文炤的治學旨趣與教育理念

爲革除宋明理學發展到後期流於空疏的弊病，清初，一批有志學者興起了倡實學的風氣，以『經世致用』作爲其治學主旨。身處湖湘地區的李文炤亦受到此潮流的影響，將治學與經世兩相結合，這具體反映在他的治學旨趣與教育理念中。

李文炤長於治經，於宋學研究頗有體悟，據（光緒）《湖南通志》載：『李文炤學識博洽，多有成就，嘗釋《易》卦象，訂《禮》，正《詩》《樂》，解《春秋》，論纂《宋五子書》。』可見其經學功底之深厚。受交游師友影響，李文炤嘗以周、張、程、朱之學爲入門之學，在治學過程中尊崇程朱的性理之學，其所創恒齋學派，尤以朱子學説爲旨歸。但崇尚程朱理學，并不代表李文炤將程朱理學當作無懈可擊的教條加以信奉，而是在認同程朱理學的基本框架下，對其有所補充完善。李文炤在與同鄉黄琰（上珍）論學時曾言：『蓋朱子之於聖學，譬諸李沆、韓琦，安社稷則有餘，拓邊境則未暇。故四子之精藴闡發無遺，而六經之名物度數，則未免於闊略也。』（《與黄上珍》）可見其對程朱之學有自己獨特的認識和理解，擺脱了後世部分學者唯程朱之言是從的缺點，反映出其學術思維的辯證性。李文炤注重考察六經的本原意涵，試圖還原原始儒家的義理規範與名物制度。既重性理之學以自修，又重經世之學以濟民，這是李文炤治經的重要特點。

在教育方面，李文炤亦頗有建樹。康熙五十六年（一七一七），湖南巡撫李發甲聘李文炤爲岳麓書院山長，又令善化縣訓導陳際鼎兼攝館政，共襄院務。任山長期間，李文炤傾心傳授所學所悟，并根據自身教育理念制訂了《岳麓書院學規》（八條），其重點主要囊括三個方面。其一，重視儒家經典，闡揚程朱理學。李文炤先後編訂《大學講義》《中庸講義》等儒家經典講義，用於傳授講學。其二，提升修身功夫，整頓治學風氣。李文炤重視培養學生的思辨能力，鼓勵加强學生與教師間的溝通，同時還注意到『群』的作用，嚴格管理學生之間的交往，提倡以讀書進取爲共同目標，故而能和，嚴禁醵錢群飲、牽引朋淫。其三，關注社會時事，躬行經世致用。李文炤認爲治學不代表衹在學術修養上下功夫，還應該觸類旁通，聯繫實際，關注家國命運。李文炤曾多次强調學史的重要性，還將其作爲通達世務的重要方式。在李文炤的帶領下，岳麓書院的教學系統愈加完善，慕名而來的求學者驟多，形成『四方聞而景從者，不減百人』（《李恒齋先生行述》）的盛大景象。而李文炤提出的『共相質正，以求至是』，强調貫通經史、學以致用，也成爲岳麓書院『實事求是』治學理念及精神體系的重要來源之一。

李文炤在應聘豫章書院山長之後還撰有《豫章書院學規》，主要内容爲：循小學大學之序以定科級，擇經史子集之書以正學術，辨聖賢才術之品以立趨向，察剛柔緩急之偏以變氣質，專教養禮刑之業以酬知遇，距异端俗學之非以一歸宿，盡博學詳説之功以造返約。强調樹德立人，實學經世，是對《岳麓書院學規》的重要發展和補充。

由此可見，李文炤不論是就自身而言還是就教育家身份而言，皆在爲人上注重『立身、敦品、養性』，在治學上則注重『博學、審問、慎思、明辨、力行』。

三、《春秋集傳》的内容與特點

《春秋集傳》是李文炤晚年時期的著作，於雍正五年（一七二七）六月編寫完成，共十卷。李文炤以是否合乎《周禮》來解讀《春秋》，可以説《春秋集傳》是其禮學經世思想的結晶。《李恒齋先生行述》中記李文炤言：『《春秋》所譏者，即反乎《周禮》者也。所褒者，即合乎《周禮》者也。』於是『纂集群言，參以己見，成《春秋集傳》』。從中可以看到李文炤編撰《春秋集傳》的内容與宗旨。李文炤一向重視史的研學，主張學史以明世務，在實學之風興起的背景下，李文炤編寫此書，也具有一定的現實意義，而其成熟的思想理念和學術傾向亦在此書中展現得淋灕盡致。

首先，李文炤將《春秋》視作明道之書。司馬遷曾評《春秋》曰：『夫《春秋》，上明三王之道，下辨人紀之事……王道之大者也。』朱熹亦言《春秋》爲『明道正誼之書』。李文炤繼承前人觀點，在此基礎上繼而重申『《春秋》，議道之書也』（《春秋集傳序》），將《春秋》中的王霸之辨歸於宇宙之道純雜與否——道純則爲王，道駁則爲霸。李文炤明確了《春秋》的清晰定位，既囊括了分級而治的政治王道、爲人處世的修身道理，也蘊含了世間萬物的自然道義，因此習《春秋》是爲發明道義，爲以正視聽，爲省察即時。正如李文炤在《通書解拾遺序》中所總結的：『其曰正王道，曰明大法，則《春秋》至簡之義也。』

其次，李文炤在《春秋集傳》中表現出了其一貫尊崇并發揚程朱學説的特點。李文炤曾在其所編《語類約編》

序言中説道：『宋之道統，先知先覺，周子以之，其斯道之元乎；有典有則，程子以之，其斯道之亨乎；無内無垠，朱子以之，其斯道之利貞乎。』展現出其宋學道統的傾向，表達出其宗宋學的經學趣旨。《春秋集傳》亦明顯地表現出了這一點，李文炤將程子《春秋傳序》全文放置於《春秋集傳序》之中，并附上解讀，以表示對程子之説的認可和推崇，但同時也指出程子説《春秋》時『略舉其端，未竟其緒』的不足之處，體現出其思考的獨立性。同時，李氏在列舉各家注解時，就數量與比例而言，總體以引宋代學者例如周敦頤、邵雍、張載、二程、朱熹、吕祖謙等爲主，又以引用程朱二人爲最多，可見其對程朱學説的重視；就内容而言，李文炤繼承了程朱理學的觀點，認爲『宇宙之綱，維一道而已』，道即理，表現出較爲明顯的學術傾向。

再次，《春秋集傳》中表現出明顯的以《禮》解經的特點。李文炤於群經之中最擅禮學，曾編寫《周禮集傳》（六卷）、《增删儀禮經傳通解》（四十六卷）、《家禮拾遺》（五卷）等禮學著作。在諸多禮經中，李文炤又尤重《周禮》，曾仿照朱熹《詩集傳》、蔡沈《書集傳》的體例，彙集衆多宋明儒者的解經説辭，撰成《周禮集傳》。因此在《春秋集傳》中亦不乏援引《周禮》以解《春秋》的例子，如以《周禮》中的官職、禮制與《春秋》對照考察并做注解等，使《春秋集傳》的闡釋更系統化，也使讀者更易掌握。

最後，李文炤編寫《春秋集傳》，依然不忘其身爲教育者的身份，十分重視《春秋》中爲學的一面。觀李文炤之婿柳煌爲《春秋集傳》所題之序言可知。柳煌曾受業於李文炤，在其問學期間，李文炤就非常重視弟子學習《春秋》的方式方法，以程子『以傳爲案，以經爲斷』即『以傳考經之事實，以經别傳之真僞』作爲學習《春秋》的準繩，并認同程子『故學《春秋》者，必優游涵泳默識心通，然後能造其微也』的《春秋》研讀方式。此外，對於指出程子解《春秋》『未竟其緒』的不足之處，實際上也是出於對爲學者的考慮，李文炤擔心『私淑其學者，遞相闡明……而終不能見其全體』，可以説時時展現出身爲教育者應有的考量。

《春秋集傳》作爲清初湖湘地區《春秋》學研究的代表著作，内容上彙聚了以宋學爲主的各家先儒之説，字裏行間既表現出了《春秋》學研究的一貫特性，又展現出了李文炤治學的個人特色。

四、《春秋集傳》的價值與意義

徐世昌《清儒學案》記載：『湖湘之間，自船山王氏之後，多潛修其著述。可稱學術純正者，推恒齋李氏。同游諸人，皆恪守程朱之説。當時未大顯，鏡海唐氏乃表章之。』李文炤作爲湖湘地區繼王船山之後的清初湘學巨擘，其修身功夫、學術造詣及作爲岳麓書院山長時所倡導的教育理念都是極具代表性和研究價值的。《春秋集傳》的撰寫，既是李文炤對於經書注解的一次整合，也是其自身學術思想的表達，對補充李文炤相關研究，以及清初湖湘地區的《春秋》學研究都提供了寶貴的原始材料。

李文炤極其重視學史的作用與意義，認爲學史以通世務，通世務才能真正做到經世致用，使學者之學問能夠切實地運用到實際生活中去。正如李文炤在《春秋集傳序》中所言：『無適而非《春秋》，即無適而非聖心，無適而非天理矣。』《春秋》不祇是史書，其中所藴含的聖心與天理一樣，是無處不在的。故而李氏編寫《春秋集傳》，認爲《春秋》具有一定程度的普適性，『三代既復，而後推之於家也，可推之於國也，可推之於天下也，亦無不可載之行事之深切著明，皆本乎天道，以符乎六典，豈徒二百四十二年之陳迹已哉？不然，則是吏案而已矣，則是邸抄而已矣。』《春秋》所載之事并不限於某一個年代的史實，其中所藴含之事理、天理、人倫之理、自然之理等，值得後世體悟。

總的來説，從學術史上來看，李文炤《春秋集傳》是回應清代實學之風興起的産物，是對陽明後學影響下所産生的空疏學風的反撥；從實際意義上來説，李文炤編寫《春秋集傳》又是出於一位教育者的考量，期望《春秋》中聖人之微言大義更易被學者接受并學習，以便更好地踐行經世致用。

『湖湘文庫』本《李文炤集》收録了《恒齋文集》《周禮集傳》《家禮拾遺》，這是李文炤著述的重要代表。『千年學府文庫』收録了李文炤學術講義兩種，即《周易本義拾遺》和《近思録集解》，分別反映出李氏在經學與理學領域的造詣。『千年學府文庫』本次收入《春秋集傳》，對於李文炤、《春秋》學及湘學研究均有重要意義，對岳麓書院及湖南大學歷史研究來説也是重要史料。

李文炤的著述雖然廣博，但祇有一個版本即『四爲堂藏版』，自雍正十二年（一七三四）起，由其門人、子弟賡續刊刻。《春秋集傳》即刊刻於乾隆年間。《四庫全書存目叢書》經部第一四〇册曾縮版黑白影印北京師範大學圖書館藏四爲堂李氏成書本，本次整理以筆者所藏乾隆初刻本爲底本灰度影印，最大程度上保存原版面貌，但個別頁面原版偶有漫漶之處，略存缺憾，敬請學界同仁批評教正。

鄧薌子　向鐵生

二〇二四年四月一日

目録

星沙李元朗先生著

春秋集傳

四爲堂藏板

春秋集傳序

世之碩人傑士不必皆試之事而後見也然世亦有德籍在中不試之事而即不見者究其人究非亦無可見抑又非隨在不可自見于古今來有學有行之人原不待著述而顯而著述其顯者也初余至星沙見陸吾述君輒聞述及其鄉之前輩

一

李元朗先生先生強學力行終其身不可
強以仕凡鄉鄰中後進之士聞其風者
即莫不於其書之所存喜而讀之方其
既沒即羞之於其社祭以報之蓋其人平
時既能無書不讀又嘗出所見以論著羣
經凡他書所傳既多錯諸板以行世矣
先生之壻柳君玉溪自幼受學於先生

之門今於其手定春秋集傳一書究復刻而傳之乃爲問序於余余觀世之言春秋者三傳而外於唐則有三家宋則發揮於經傳以劉原父諸儒其他論解疏說纍纍乎不可以十百計今先生合諸傳註彙而集之刪其繁間復斷以己意凡所言言粹然一出於正以故是書之作人

二

皆知有用於世非若後世徒事著述碌
碌無所表見者之為然也惟其人有足以
當世用者乃能於古人詩書中獨見其大
而不局於細、其不輕於一試也其有可見
之行事者以如余乡老亦非徒以言見
先生足合於其鄉人之公好益以見先
生無窮之德意示感於人心因予揣固

陋而漫為一言以序此縣誌

乾隆十三年歲次戊辰孟冬月上澣

賜進士出身原任翰林院編修加一級

欽命巡行整理江南上江鳳潁泗等處

地方宣諭化導使辛酉科順天鄉試壬戌

科文武會試三次同考官

特旨召對內廷四次同修

國史兼元明史綱目館纂修官掌教楚南嶽麓書院桂海後學黃明懿頓首撰

春秋集傳小引

煌幼習舉子業從塾師受春秋以為本經嘗博搜四傳兼考諸家茫乎未之有得也一日侍坐先生側語及是書因舉数說就質　先生曰子攻專經而泛覽若是可謂勞矣昔黃聲隅問程叔子如何看春秋答曰以傳為案以經為斷又云以傳考經之事實以經別傳之真譌至哉言乎學春秋之準繩也余反覆玩味歷有年所

始克訂為成說因手授一編曰子歸而求之則
聖人筆削微意庶幾剖然解耳　煌䌷歸卒業則
見其於敘事也取左氏之簡要其於斷案也取
公穀文定暨先儒之精液間有未備者則出以
己見敷陳妙義程子所謂大義數十炳如日星
者眞如日星之燦著而其所謂惟微辭奧義為
未易曉者亦且無微之不闡無奧之不闢矣倘
非有淂於宣尼之心孰能披豁　哉今　先

生逝已閱一紀煌亦唐喪歲月雖蠹魚研鑽常
勤五夜而鵬程蹭蹬莫奮三千其為孤負 先
生之期望恧顏滋甚顧煌思之 先生之著述
非欲藏之名山將以昭茲來許與其秘之篋笥
作傳家長物曷若付諸梨棗公海宇同好爰解
素囊請工剞劂因付記於後用表煌夙昔契
先生之情窾且誌 先生搜羅剞劂之苦心俾
同志之君子得有所考焉云爾

乾隆丙寅歲九月上浣之吉日受業子壻柳煌

薰沐謹識

春秋集傳弁言

剛風左旋無停機七曜疾徐何紛若由來大運有窿窪三五相推代昏椓火輪東轍騶桑榆熠燿衆垣争閃爍乾綱紐解坤軸揺西歸好音久不作于時東山老布衣掩映泣麟勤筆削絜將命討還天公一十二君重斟酌徽纏糾拏六典裁性天與変微言劃宇宙生心變在手游夏待替一詞莫左史雙盲高赤迂下逮陸啖恣穿鑿斤匕後来諸老翁

飛魚有時亦弋獲魚目蠙珠竟錯陳其間妙義誰
披豁吾兄棹臂百家中妙契淵源心印合羣言薈
萃瑤璜聯瓄解晶瑩璞玉琢炳炳尼山燈一擊有
如日星輝河岳結璘拜手慶重光金背蝦蟇潛幽
壑孰謂空言寄簡端衮鉞森森在毫末

愚弟芳華拜稿

贈言

氣運善翻覆天地若無權拄撐不有人兩儀久隘焉尼父生三季結想唐虞前目擊時事非自不勝嗚咽斧柯不在手扼腕東山巔且滋萬世懼奮筆寫心傳六典存王迹用意含毫先筆削適時中一一見公平變化生乎心命討天宛然游夏莫與贊百代誰與傳左氏失竅會高赤坐頗偏何怪千載下喚胡起鑿穿茫如墜烟霧澣洗費煩擱 多君痒

心力薈萃盡真詮何如瀾重翻獨探淵之泉何如月久蝕獲覩光且圓發揮極性命乃見天心全空言寄行事長嘆撫遺編

同邑研弟周正拜稾

春秋集傳序

程子曰天之生民必有出類之才起而君長之治之而爭奪息導之而生養遂教之而倫理明然後人道立天道成地道平二帝而上聖賢世出隨時有作順乎風氣之宜不先天以開人各因時而立政暨乎三王迭興三重既備子丑寅之建正忠質文之更尚人道備矣天運周矣聖王既不復作有天下者雖欲倣古之迹亦私意妄為而已事之謬秦至以建亥為正道之悖漢專以智力持世豈復

知有先王之道也夫子當周之末以聖人之不復作也順天應時之制不復有也於是作春秋爲百王不易之大法所謂考諸三王而不謬建諸天地而不悖質諸鬼神而無疑百世以俟聖人而不惑者也先儒之論曰游夏不能贊一辭〻不待贊也言不能與於斯爾斯道也惟顏子嘗聞之矣行夏之時乘殷之輅服周之冕樂則韶舞此其準的也後世以史視春秋謂褒貶善惡而已至於經世之大法則不知也春秋大義數十其義雖大炳如日

星乃易見也惟其微辭隱義時措從宜者爲難知也或抑或縱或予或奪或進或退或微或顯而得乎義理之安文質之中寬猛之宜是非之公乃制事之權衡揆道之模範也夫觀百物然後識化工之神聚衆材然後知作室之用於一事一義而欲窺聖人之用心非上智不能也故學春秋者必優游涵泳默識心通然後能造其微也後王知春秋之義則雖德非禹湯尚可以法三代之治自秦而夏其學不傳予悼夫聖人之志不明於後世也故

作傳以明之俾後之人通其文而求其義得其意
而法其用則三代可復也是傳也雖未能極聖人
之藴奥庶幾學者得其門而入矣夫
今按春秋議道之書也道之大原出於天分而
爲三綱而人遂各戴其天爲天子以之平天下
諸侯以之治其國大夫以之齊其家士庶人以
之脩其身而宇宙無不得所之物矣皇古以來
君師代作成周有制六典昭垂融融洩洩莫非
天理之充周即莫非道術之經綸不誠爲太和

之運哉東遷以後下陵上替卿尹之擾攘而百官失其統邦國之吞蝕而四海失其均世官用而賓興之法失稅賦增而養民之意衰僭竊相仍而禮樂變矣爭奪無已而侵伐擅矣盜賊日滋而刑罰縱矣田邑踰制而疆理壞矣舉六典之所載者皆紊而廢之則道術不用而智力相競亦其勢然也孔子生乎其時夢想周公而不獲一試於是因魯史而作春秋以成周之道術治成周之臣民掃陰雨晦霾之積沴指示以太

虛之本體而宇宙之太和在其手矣蓋其心如天之於萬物包函徧覆以知則易以能則簡故形於言者絕無委曲煩擾之迹隨其所發莫非性命之精微無我故也後之儒者不能得聖人之心而思窮聖人之言許以爲直徼以爲智舍康莊而入於荊棘之中又何道之能議耶伊川程子畧舉其端未竟其緒私淑其學者遞相闡明譬諸以管窺天而終不能見其全體竊不自量裒集之擇取之間亦附已意而足成之雖未

知於聖人之意果何如而諸儒之穿鑿傅會則盡去之矣嗟夫宇宙之綱維一道而已純之則爲王駁之則爲覇氣化之遷流不能不迭與於其閒聖人未嘗不欲一切以道繩之而僅寄一綫於簡册之中此聖人之所深悲也使凡有天下者與夫有國有家有身者讀其文推其意而思其義一念之慊不啻華袞之加也一念之欺不啻斧鉞之至也則日用云爲無適而非春秋即無適而非聖心無適而非天理矣撥亂反正

莫要於此心一身之三代所復而後推之於家也可推之於國也可推之於天下也亦無不可載之行事之深切著明皆本乎大道以符乎六典豈徒二百四十二年之陳迹已哉不然則是吏案而已矣則是邸抄而已矣時

雍正丁未歲六月丁亥湘川李文炤謹書

春秋綱領

孔子曰天下有道則禮樂征伐自天子出天下無道則禮樂征伐自諸侯出自諸侯出蓋十世希不失矣自大夫出五世希不失矣陪臣執國命三世希不失矣

朱子曰先王之制諸侯不得變禮樂專征伐陪臣家臣也逆理愈甚則失之愈速大約世數不過如此○周聘侯曰此章備春秋之始終禮樂征伐自天子出是春秋以前事自諸侯出隱桓

莊閔僖文之春秋也陪臣執國命則定哀之春秋也

天下有道則政不在大夫

朱子曰言不得專政

天下有道則庶人不議

朱子曰上無失政則下無私議非箝其口使不敢言也○朱子曰此章通論天下之勢愚謂宇宙之綱維人物之主宰皆此道耳得之則治失之則亂是故譽卿材者惑也震霸功者陋也郎

僅尊王室者猶未免於周也亦衷諸道而已矣

〇孔子曰祿之去公室五世矣政逮於大夫四世矣故夫三桓之子孫微矣

朱子曰魯自文公薨公子遂殺子赤立宣公而君失其政歷成襄昭定凡五公逮及也自季武子始專國政歷悼平桓子凡四世而爲家臣陽虎所執三桓三家皆桓公之後此以前章之說推之而知其當然也〇朱子曰此章專論魯事疑與前章皆定公時語愚謂中夏諸侯多親賢

而報功待臣恒失之過厚其弊也怙寵營私卒啓逐君簒國之患惟楚則蠻方也每作威而淫刑待臣恒失之過薄其弊也積怨逞毒亦致鞕父妻母之辱皆非先王馭百官之道也

○孟子曰世衰道微邪說暴行有作臣弑其君者有之子弑其父者有之孔子懼作春秋春秋天子之事也是故孔子曰知我者其惟春秋乎罪我者其惟春秋乎

胡氏曰仲尼作春秋以寓王法惇典庸禮命德

討罪其大要皆天子之事也知孔子者謂此書之作遏人欲於橫流存天理於既滅爲萬世慮至深遠也罪孔子者以謂無其位而託二百四十二年南面之權使亂臣賊子禁其欲而不得肆則戚矣愚謂知孔子者達聖之權者也罪孔子者守聖之經者也以爲思出其位任非其職非爲下之所宜耳豈指亂賊之黨乎

昔者禹抑洪水而天下平周公兼夷狄驅猛獸而百姓寧孔子成春秋而亂臣賊子懼

東萊呂氏曰說之邪也天下所同聞也行之暴也天下所同見也同聞同見而懼者獨孔子焉是何也手足風痺雖加管捶頑然而不知痛無疾之人一毫傷其膚固已頻蹙慘怛中心達於面目矣人皆風痺而孔子獨無疾宜舉世不懼而孔子獨懼也春秋旣成而亂臣賊子懼向者不懼而今者懼果安從生哉亦猶風痺之人倉佗和緩療以鍼石氣血流注復知疾痛疴癢之所在是知非自外至也

又曰王者之迹熄而詩亡詩亡然後春秋作

朱子曰王者之迹熄謂平王東遷而政教號令不及於天下也詩亡謂黍離降爲國風而雅亡也春秋魯史記之名孔子因而筆削之始於魯隱公之元年實平王之四十九年也

晉之乘楚之檮杌魯之春秋一也

朱子曰乘義未詳趙氏以爲興於田賦乘馬之事或曰取記載當時行事而名之也檮杌惡獸名古者因以爲凶人之號取記惡垂戒之義也

春秋者記事者必表年以首事年有四時故錯舉以爲所記之名也古者列國皆有史官掌記時事此三者皆其所記册書之名也

其事則齊桓晉文其文則史孔子曰其義則丘竊取之矣

朱子曰春秋之時五霸迭興而桓文爲盛史史官也竊取者謙辭也公羊傳作其辭則丘有罪焉耳意亦如此蓋言斷之在己所謂筆則筆削則削游夏不能贊一辭者也尹氏曰言孔子作

春秋亦以史之文載當時之事也而其義則定天下之邪正爲百王之大法○愚按史之爲字以手持中而得名也古者邦國有史官府有史閭里亦有史但列國之史未免毀而損眞譽而過實觀左國公穀之傳聞者可見獨魯史爲善故韓起觀易象與春秋而歎周禮之在魯也自聖人筆削之後而其義愈明所謂義者即中之時用也然則聖人蓋以史氏爲已任耳或者乃謂以素王自居甚至謂以天自處抑何誣哉

又曰春秋無義戰彼善於此則有之矣

朱子曰春秋每書諸侯戰伐之事必加譏貶以著其擅興之罪無有以爲合於義而許之者但就中彼善於此者則有之如召陵之師之類是也

征者上伐下也敵國不相征也

朱子曰征所以正人也諸侯有罪則天子討而征之此春秋所以無義戰也○愚按春秋諸侯所僭者會盟侵伐四事會盟猶有講信修睦之

意而侵伐則皆陵弱暴寡之爲此戰國之漸也
故孟子特以義裁之
○董子記夫子之言曰我欲載之空言不如見於行事之深切著明也誦其師說曰撥亂世反之正莫近於春秋其自言曰有國者不可以不知春秋前有讒而不見後有賊而不知爲人臣者不可以不知春秋守經事而不知其宜遭變事而不知其權爲人君父而不通春秋之義者必蒙首惡之名爲人臣子而不通春秋之義者必陷簒弒之罪故春

秋禮義之大宗也

魯僖開三家擅權之釁晉悼啓六卿分國之萌豈非蒙首惡之名者乎里克欲正君之非而殺其二子甯喜欲蓋父之愆而弑其新君豈非陷於簒弑之罪者乎

○文中子曰春秋之於王道是輕重之權衡曲直之繩墨也舍則無所取衷矣

君父之命亦視理爲從違所以常得其平也春亡之迹必執義爲褒貶所以常得其正也

○又曰春秋其以天道終乎故止於獲麟麟出非時此氣化之衰也然作經而王道明則以人事而挽之乎故曰聖人之於天道也命也有性焉君子不謂命也

○周子曰春秋正王道明大法也孔子爲萬世王者而脩也亂臣賊子誅死者於前所以懼生者於後也宜乎萬世無窮王祀夫子報德報功之無盡焉道者仁義而已法者禮樂刑政而已正王道所以訓後王此聖人之德也明大法所以懲亂賊

此聖人之功也

○邵子曰春秋孔子之刑書也功過不相掩五霸者功之首罪之魁也先定五霸之功過而學春秋則大意立矣春秋之間有功者未有大於四國者也有過者亦未有大於四國者也不先治四國之功過則事無統理不得聖人之心矣

五霸而止言四國紬宋襄也齊桓晉文尊周室攘寇戎秦穆復共主之世讐楚莊討中夏之弑逆皆其功也然皆假仁義以濟其利欲之私則

其過不可勝數矣

○張子曰春秋之書在古無有乃仲尼所自作惟孟子爲能知之非理明義精殆未可學先儒未及此而治之故其說多鑿

孟子於春秋叙三聖之統正五霸之罪可謂深知之矣先儒若公穀陸啖之徒雖有得有失然而未免於鑿也

○程子曰詩書載道之文春秋聖人之用詩書如藥方春秋如用藥治病聖人之用全在此書

葉氏曰道非無用用非無道然詩書即道而推於用主道而言故曰載道之文春秋即用以明道主用而言故曰聖人之用

○又曰五經之有春秋猶法律之有斷例也律令惟言其法至於斷例則始見其法之用也葉氏曰律令者立法以應事斷例者因事以用法

○又曰春秋一句是一事是非便見於此此亦窮理之要學者只觀春秋亦可以盡道矣

○又曰春秋傳爲案經為斷本注以傳考經之事迹以經別傳之是非

朱子曰左傳曾見國史考事頗精只是不知大義專在小處理會往往不曾講學公穀考事甚踈然義理却精二人乃是經生傳得許多說話往往都不曾見國史

○又曰春秋之法極謹嚴中國而用夷禮則夷之韓子之言深得其旨

○朱子曰春秋以形而下者說上那形而上者去

○又曰春秋皆亂世之事聖人一切裁之以天理

○又曰春秋大旨其可見者誅亂臣討賊子內中國外四裔而已未必字字有義也想孔子當時只要備二三百年之事故取史文寫在這裏何嘗云某事用某法某事用某例耶

○或人論春秋以爲多有變例曰此烏可信聖人作春秋正欲褒貶善惡示萬世不易之法今乃忽用此說以誅人未幾又用此說以賞人使天下後世皆求之而莫識其意是乃後世弄法舞文之吏之所爲也曾謂大中至正之道而如此乎

○敬齋胡氏曰□□□朗□□以門□□□處

人事

○又曰春秋因亂世之事存致治之法是於不善中

發明至善之理

○又曰霸者雖有功於當時然三綱五常卒扶不起

故仲尼作春秋以明之

○又曰天理人欲莫辨於春秋聖人筆如化工據事

直書而是非善惡纖芥莫逃學者深察明辨則克

已復禮之功不假他求也

綱領

○又曰讀春秋使人自然戒懼不敢萌一私意

○又曰讀春秋便見得君是君臣是臣父是父子是子長是長幼是幼夫婦朋友截然分明其於天道人事分殊理一無不明備此是聖人手段

○又曰春秋天理之準的使孔子得行其道必參酌百王之法大備典制爲萬世準則道既不行故寓二百四十二年行事於魯史中乃天理之準的也

○又曰非胸中有王道不能註春秋下此皆杜撰臆度也

春秋集傳卷之一

湘川李文炤編輯

程子曰春秋魯史記之名也夫子之道既不行於天下於是因魯春秋立百王不易之大法平王東遷在位五十一年卒不能復興先王之業王道絶矣孟子曰王者之迹熄而詩亡詩亡然後春秋作適當隱公之初故始於隱公愚按三王之業至成周而大備而成周之功成治定盡見於詩肇於豳盛於南而全於雅頌内自閨門衽席而外達諸朝廷郊廟之間幽自神示祖考而明推諸百官萬民之賾無不肅然以相臨雝然以相接其斯以爲太和之宇宙乎成康既沒典刑稍乖宣王中興遺烈猶震至幽王而大壞矣平王與聞弒父遺成援賊致啓列辟放恣之端於是風雅皆變變極則亡矣自是以還王室之威令不行臣弒其君者有之子弒其父者有之聖人推求哀亂之繇隱公以後歷歷可考故託始

於此焉詩揚其盛春秋紀其哀詩宣其情春秋著其事體不同而義則一也王降而霸後此更莫知其所底矣不有春秋則王迹之一綫孰與存之以俟後之有作者哉

隱公

魯姬姓侯爵自周公子伯禽受封傳十二世至惠公隱公名息姑惠公子謚法不尸其位曰隱

元年

己未

周平王四十有九年元者始也不曰一年而曰元年者一數之始元德之始也君稱元皇帝王之宗也民稱元元萬物之尊也體稱元首厥髮之本也冠稱元服衣裳之表也妻稱元配嗣稱元子嬖庶之統也朝稱元旦夜稱元宵朔望之初也後世屢改其元是一君而數始矣不有明之諸帝誰正其失乎○歐陽氏曰人君即位稱元[illegible]耳孔子未脩春秋其前固已如此蓋

記事先後遠近以歲月一二數之乃理之自然也其謂一爲元亦未嘗有法蓋古人語耳及後世曲學之士始謂孔子書元年爲春秋大法遂以改元爲重事自漢以後又名年以建元而正僞混雜稱號遂多不可勝紀徐氏無黨注曰古謂歲之一月亦不云一所云正月國語言六呂曰元間大呂周易列六爻曰初九大抵古人言數多不言一不獨謂年爲元也

春王正月

春之爲言蠢也正之爲言端也春王正月言是乃周人之天統而非復夏后氏之人統殷人之地統也然則堅氷沍寒之際而可蒙以陽和之名乎曰何適而不可也一陽初生爲復而天地之心見矣嗣是而臨而泰可不謂之蠢動乎四陽方長爲大壯而天地之情可

卷之一　隱公　二

考書商不但未

矣嗣是而夬而乾可不謂之盛大乎一陽始
消爲姤品物猶然咸章也嗣是而遯而否則
漸即於擊斂矣四時將盡爲觀性命猶然各
正也嗣是而剝而坤則漸即於空虛矣是故
五氣之運以木爲先五行之生以水爲先實
並行而不相悖耳但王者雖改正朔以新天
下之耳目而民風土俗亦不妨各從其便幽
風本於商時而曰七月流火九月授衣小明
作於周時而曰四月維夏六月徂暑傳亦有
之曲沃莊伯之十年十一月魯隱公之元年
正月也則當時列國二正之互用明矣若謂
改月而不改時則聖人何不云行夏之月乎
○李氏曰春王正月三傳無明文左氏以正
月爲建子得之矣程子以書春爲假天時以
立義胡氏因之獨張氏用劉歆謂則見於陳
寵傳甚明臣蓋武王改月時就改十一月爲
春也陳寵傳曰冬至之節陽氣始萌天以爲
正周以爲春十二月陽氣上通地以爲正殷

改時並未改月故孫九峰疑周正而引商春爲據然謂周未改時却與春秋不合處處解不去

以爲春十三月陽氣已至天地已交人以爲正夏以爲春三微成著以通三統○熊氏曰大抵周入以夏正並行豳詩周禮則然惟春秋魯史專主周正陽生於子即爲春陰生於午即爲秋以經傳日月參考可無疑矣○趙氏曰使周不改時則何必曰行夏之時使夫子果用夏變周文何以責諸侯之無王、張氏曰春蠢也言陽氣蠢動也子一陽之月丑二陽之月寅三陽之月故夏商周皆以爲春亥六陰之月不可爲春矣故行之不久也○敬齋胡氏曰當時諸侯不王必書王正月以正之周王不天必書天王以正之此皆立萬世之法不但爲當時而作也○不書即位攝也惠公元妃卒繼室仲子生桓公欲立之然其年尚少故隱公攝焉夫諸侯無二嫡則仲子非夫人其子安得爲適乎然先君既欲傳位豈可不先意而承志哉隱之不即位是也其所以處之則未盡善也○黃氏曰惠公既以手文而立仲子爲夫人矣又豈肯立隱以爲世子乎此乃惠公没諸大夫援隱而立之非惠公意也非惠公意則當如夷齊之事乃爲得其正也若隱者義利交戰於胸中而不能自決貪實利而慕虛名是以不免於禍也

三月公及邾儀父盟於蔑父音甫○邾曹姓顓頊後魯附庸蔑魯地

汪氏曰聘禮大射禮燕禮五等諸侯皆稱公而公食大夫禮又以名篇則謂君爲公周之制也○孔氏曰盟者殺牲歃血告誓於神若有違背令神加殃如此牲也先鑿地爲方坎殺牲於坎上割牲左耳盛以珠盤又取血盛以玉敦用血爲盟書成乃歃血讀書○鄭氏曰盟辭書於策讀其書以告神坎其牲加書於上而埋之○程子曰盟誓以結信出於人情先王所不禁也後世屢盟而不信則罪也諸侯交相盟誓亂世之事也凡盟內爲主稱

及外爲主稱會在魯地雖外爲主亦稱及彼來而及之也兩國以土則稱會彼盟而徃會之也知子克字儀父附庸之君稱字同王臣也○楊趾菴曰諸侯三年之喪於天子有聘而無朝於鄰國有答聘無尊徃於鄰國有應兵無討逆嫁娶停而吉祭攝衰服而爲會盟失而又失者也餘倣此

夏五月鄭伯克段于鄢鄢音偃

鄭武公夫人曰武姜生莊公寤生及共叔段愛段欲立之亟請於武公公弗許及莊公即位請京使居之謂之京城太叔太叔完聚繕甲兵具卒乘將襲鄭夫人將啓之公命子封帥車二百乘以伐京京叛太叔段段入於鄢公伐諸鄢五月辛丑太叔出奔共克若勝敵之辭不稱弟叛臣也有母命矣胡遂等於叛臣乎曰夫死從子人道之大經也況國君之

位受之天子承之先祖豈婦人所可易置乎然則克之者遂無罪與曰無曲全之方惡得無罪他日有言曰寡人有弟不能和協而使糊其口於四方則亦已自知之矣○李氏曰直稱君者甚之也段亦凶逆故上稱鄭伯下去其弟以交譏之○黃氏曰鄭莊無友字之誠心又不明於予奪之大義故勉強以狥其母而處心積慮以逐其弟也否則必能委曲承順而區處得宜如舜之於象矣

秋七月天王使宰咺來歸惠公仲子之賵咺呼阮反

賵撫鳳反

程子曰王者奉若天道故稱天王其命曰天命其討曰天討盡此道者王道也後世以智力把持天下者霸道也春秋因王命以正王法稱天王以奉天命愚按周禮有大宰小宰

何官咺其名也古者名字閣勳臣之例但尊者多書字卑者多書名不以是為褒貶也乘馬曰賵所以助葬者○公羊子曰其言惠公仲子何兼之也兼之非禮也○吳宥函同惠公仲子相繼而沒天子加厚魯侯並其寵妾亦予優卹於是使宰咺來歸賵是因惠公而及仲子也諸侯不再娶既不黜之於生前而又榮之於死後是墮名裂分而與為姑息則嫡妾之等亂而夫婦之道乖矣

九月及宋人盟於宿

宋子姓公爵微子後宿風姓男爵程子曰惠公之末年敗宋師於黃公立而求成焉盟於宿魯志也稱及稱人皆非卿也○胡氏曰微者會盟不志於春秋此其志者有宿國之君也凡書盟者惡之或曰周官有司盟掌盟載之法而謂凡盟者惡之可乎曰盟以結信非先王所欲而不禁逮德下衰欲禁

之而不克也春秋之時會而歃血共載果掌於司盟猶不以爲善也又況私相要誓慢鬼神犯刑政以成傾危之習哉故知凡書盟者惡之也或曰今民泯泯棼棼罔中於信以覆詛盟之時而遽責以未施信而民信之恐非化民以漸之意朱子曰不然君子屢盟亂是用長將欲變之非去盟崇信俗不可得而善也

冬十有二月祭伯來

祭則界反後同　祭伯爵周公後

程子曰祭伯畿内諸侯爲王卿士來朝魯不言朝不與朝也當時諸侯不僭朝覲之禮失人臣之義王法所當誅也祭伯爲王臣不能輔正典刑而反與之交又來朝之故不與其朝以明其罪先儒有王臣無外交之説甚非也若天下有道諸侯順軌豈有内外之限其爲交好乃常禮也然委官守而遠相朝無是道也周禮所謂世相朝謂鄰國爾

公子益師卒

程子曰諸侯之卿必受命於天子當時不復請命故曰諸侯之卿皆不書官惟宋王者後得命官故獨宋卿書官卿者佐君以治國其卒或國之大事故書於此見君臣之義矣或日或不日因舊史也古之史記事簡畧日月或不備春秋因舊史有可損而不能益也○朱子曰春秋一發首不書即位即君臣之事也書仲子嫡庶之分即夫婦之事也書及邾盟即朋友之事也書鄭伯克段即兄弟之事也一開首人倫便盡在

庚申 周平王五十年

二年

春公會戎于潛 潛魯地

脩惠公之好也戎請盟公辭程子曰周室既衰蠻夷猾夏有散居中國者方伯連帥大國

明大義以驪之義也其餘列國慎固封守可也若與之和好以免侵陵所以容其亂華也公之會戎非義也○胡氏曰無不覆載者王德之體辨乎中外者王道之用正朔所不加也奚會同之有書會戎譏之也

夏五月莒人入向莒紀姓少昊後子爵向姜姓炎帝後

莒子娶於向向姜不安莒而歸莒人入向以姜氏還無位曰民有位曰人人者守官之名卿大夫士皆可通稱之○程子曰天下有道禮樂征伐自天子出春秋之時諸侯擅相侵伐與兵以侵人其罪著矣書莒人微者也書入入其國也侵人之境且爲暴況入人之國乎

無駭帥師入極極附庸小國或曰戎邑

胡氏曰無駭不氏未賜族也其書帥師用大衆也非王命而入人國邑逞其私意見諸侯之不臣也擅興而征討不加焉見天王之不君也據事直書而其義自見矣

秋八月庚辰公及戎盟于唐唐魯地

張氏曰中國諸侯與戎相盟不可之大者也蓋盟刑牲以相誓謂神之殛背不約者當如此牲同類爲之且以長亂戎而相與詛一有問隙惟利是視則求小疵而責大信必肆其暴爲國大害故春秋於唐之盟不特謹其日又特書及戎盟深罪隱公之失道也○高氏曰書及者聖人深責魯君而不罪戎也不罪戎乃所以外之也

九月紀履緰來逆女冬十月伯姬歸於紀緰音須紀姒姓侯爵

程子曰非命卿皆書名以君命來逆夫人也在魯故稱女內女嫁爲諸侯夫人則書逆書歸明重事也來逆非卿則書歸而已見其禮之薄也送之者雖公子公孫非卿則不書先儒皆謂諸侯當親迎親迎者迎於其所館有親御授綏之禮豈有委宗廟社稷而遠適他國以逆婦者乎詩稱文王親迎于渭未嘗出疆也○陳氏曰內女嫁爲諸侯夫人凡八見於經未有書來逆者書逆紀伯姬吾女遭人倫之變者也紀侯失國齊人葬之魯問不及焉故詳之也

紀子伯莒子盟於密

程子曰闕文也當云紀侯某伯莒子盟於密左氏附會作帛杜預以爲裂繻之字○春秋無人失在諸侯上者公羊穀梁皆作伯○李氏曰紀本非子爵則程說亦未至恐子上猶有

闕字也

十有二月乙卯夫人子氏薨

穀梁子曰夫人薨不地夫人者隱之妻也卒不書葬夫人之義從君者也○程子曰薨上墜之聲諸侯國內稱之小君同婦人從夫者也公在故不書葬如此見夫婦之義矣

鄭人伐衛

衛姬姓侯爵康叔後鄭共叔段之子公孫滑出奔衛衛人為之伐鄭取廩延至是鄭人報之聲罪致討曰伐○汪氏曰鄭莊志於殺段又欲絕其後嗣而夷之去年鄭人以王師虢師伐衛南鄙又請師於邾邾爲之請於魯用師不已今又伐衛窮兵黷武遷怒報怨不賊絕而義自見矣

辛酉

周平王五十有一年

三年

春王正月己巳日有食之

程子曰月王月也事在二月則書王二月事在三月則書王三月無事則書時書首月蓋有事則道在事無事則在天時天時備則歲功成王道存則人理立春秋之大義也日有食之有食之者也太陽君也而被侵食君道所忌然有常度災而非異也星辰淩歷亦然○張氏曰於曆應食而春秋不書者尚多則日食必在交限其入限者不必盡食若過至未分月或變行以避之或五星潛在日下禦侮以救之或涉交數淺或在陽曆陽盛陰微則不食或德之休明而有小眚焉則天亦爲之隱雖交而不失此四者德之所生也則災之所生乃德之不修也○揚耻菴曰曆法日月之行一百七十二日始一會同道交錯則相掩狀如齒齧故稱食食不可見故曰有食之者未可知之辭也日爲君象故紀日不紀

月然實皆一定之度曆家所能前知但不當食而食人君失德所致當失而不失人君倚德所弭而適如其度者亦有陽微之象不可以不懼也日食宜朔今不書史畧也天無二日日食爲天下書所謂天子之事也餘各以其地爲異不地則內災也不書事應無所不慎而已矣

三月庚戌天王崩

汪氏曰天王崩不名不地非畧之天下皆王土故不地以示無外四海皆王臣故不名以示獨尊不曰崩者上墜之形四海之內皆當奔赴魯君不往極惡大罪不可勝誅不書而自見也○張氏曰喪服斬衰裳苴絰杖繩冠繩纓菅屨三年諸侯爲天子之禮也天王之喪同軌畢至爲臣子者以所聞先後奔喪禮也隱公聞喪而不奔春秋以來送終之

禮畧矣○楊耻菴曰平王與聞弒父而諸侯則不可以不臣不以亂易亂使亂有所止撥亂之道也

夏四月辛卯尹氏卒

王朝大夫不悉書尹氏於天子之崩為魯主故隱而卒之也不名史逸也

秋武氏子來求賻賻音附

吳氏曰子者父老而以子攝行卿之事愚亦按尹氏武氏皆世卿也世禄之家不必皆賢才而不必皆不肖特專任之則政柄分而賢才壅宋之賢相有請裁減任子者識此意也錢財曰賻所以助葬者○穀梁子曰歸死者曰賵歸生者賻歸之者正也求之者非正也周雖不求魯不可以不歸魯雖不歸周不可以求之求之為言得不得未可知之辭也交譏之

○胡氏曰何以不稱使當喪未君非王命也古者君薨百官總已以聽於冢宰三年以非王命而不稱使於以謹天一之通喪而嚴君臣之名分也夫賻以貨財則生者所須崇也君取之於臣不言求而曰求賻求車求金皆著天王之失道也上失其道則下不臣矣

八月庚辰宋公和卒

胡氏曰外諸侯卒國史承告而後書聖人皆存而弗削春秋天子之事也古者諸侯之邦交間問殷聘而世相朝蓋王事相從則有和好之情及告終易代則有弔恤之禮是諸侯所以睦鄰國也周制王哭諸侯則大宗伯爲上相司服爲王制緦麻宰夫掌邦之弔事戒令與其幣器財用是王者所以懷諸侯也凡諸侯之卒皆存不削而交鄰國待諸侯之義見矣謹則書日慢則書月○茅堂胡氏曰天子崩而不名諸侯薨而名所以別於天子也

諸侯不生名大夫生而名所以別於諸侯也大夫書名氏微者名氏不登於史策所以別於大夫大夫也此春秋正名之法也○楊耻菴曰禮君薨赴於他國曰寡君不祿敢告於執事然則卒之爲稱乃赴告之謙辭魯史特承而書之耳此內外之分非褒貶所在故聖人因之

冬十有二月齊侯鄭伯盟于石門齊姜姓侯爵太公望後石門齊地

程子曰天下無王諸侯不守信義數相盟誓所以長亂也故外諸侯盟來告者則書之○陳氏曰齊鄭合也外特相盟不書必關於天下之故而後書莒紀不足道也齊鄭合天下始多故矣天下之無王鄭爲之也天下之無霸齊爲之也是故書齊鄭盟石門以志諸侯

之合書齊鄭盟於鹹以志諸侯之散是春秋之始終也春秋於隱桓莊之際惟鄭多特筆於襄昭定哀之際惟齊多特筆焉○吳氏曰齊鄭盟石門繼以宋齊衛瓦屋之盟諸侯之黨合而無王近已胚胎齊霸之糾合齊鄭盟於鹹繼以齊衛鄭沙曲濮之盟諸侯之黨散而無霸遠以醞釀秦強之并吞矣閱世變者傷之

癸未葬宋穆公

胡氏曰外諸侯葬其事則因魯會而書其義則聖人或存或削傳稱諸侯五月而葬同盟至同盟謂同方嶽之盟者其生講會同之好其沒有葬送之禮是諸侯所以睦鄰國也按周禮有職喪掌諸侯之喪禮涖其禁令序其事凡諸侯及諸臣葬於墓者則冢人授之兆爲之蹕而均其禁是葬者所以懷諸侯也外諸侯葬或存或削而交鄰國待諸侯之義見

到底公羊說不是尭知

矣備則書日畧則書時有怠於禮而不葬者有弱其君而不葬者有討其賊而不葬者有諱其辱而不葬者有治其罪而不葬者有避其號而不葬者宋殤齊昭告亂書弑兵而經不書葬是討其賊而不葬者也晉主夏盟在景公時告喪書日矣而經不書葬是諱其辱而不葬者也魯宋盟會未嘗不同而三世不葬是治其罪而不葬者也吳楚之君書卒者十亦有親送於西門之外者矣而經不書葬是避其號而不葬者也怠於禮而不徃弱其君而不會無其事闕其文魯史之舊也討其賊而不葬諱其辱而不葬治其罪而不葬避其號而不葬聖人所削春秋之法也○黃氏曰宣公舍其子而立穆公穆公舍其子而立與夷其後馮遂弑與夷左氏美宣公知人公羊則謂宋之禍宣公爲之案公羊說爲萬世垂戒而左氏之說台不可廢也蓋宣公孫穆公穆公終以孫宣公之[illegible]是穆[illegible][illegible][illegible]請非

子不肖可以傳舜況其世萬事

賢宣公不可謂不知其賢其後馮之[illegible][illegible]在馮耳雖春秋責賢者備豈可盡沒其賢而反加以始禍之名哉且謂宣穆再孫而再亂亦未當其實宣之孫穆初未嘗亂穆孫殤公而馮始爲亂耳

周桓王元年

壬戌 四年

春王正月莒人伐杞取牟婁 杞姒姓伯爵禹苗裔東樓公後

程子曰諸侯土地有所受伐之有罪而奪取其土惡又甚焉王法所當誅也○李氏曰取有三義悉虜而俘之曰取取師于雍丘于邑是也取者得非其有之稱取郜大鼎之類是也取者奪取之名取牟婁長葛之須是也

戊申衛州吁弒其君完

衛莊公娶於齊曰莊姜無子陳女戴嬀生桓公莊姜以爲已子公子州吁嬖人之子也有寵而好兵公弗禁石碏諫曰臣聞愛子教之以義方弗納于邪弗聽其子厚與州吁遊禁之不可桓公立乃老按周禮自殺其親者則焚之惡其賊仁也殺王之親則磔之惡其賊義也今州吁於完有君之尊有兄之親而躬行弑逆罪可勝誅耶春秋之初弑君者多不稱公子其後皆以屬稱因舊史也

夏公及宋公遇于清清衛地

劉子曰諸侯相見而不行朝會之禮如道路之相遇故書曰遇非周禮冬見曰遇之遇也○胡氏曰遇者草次之期古有遇禮不期而會以明造次亦有恭肅之心春秋書遇私爲之約自比於不期而遇者直欲簡其禮耳簡畧慢易無君國之禮則莫適主之交志同之

遇者　而皆書及若已[illegible]此及讀然也志外之遇者二而皆以皆[illegible]已以尊及卑然也其意以爲遇者莫適主者異然古之不期而會矣故凡書遇者皆惡其無人君相見之禮也○汪氏曰遇者偶也偶然相會素無期約如伊尹遇汝鳩汝方孟子遇宋牼於石丘是也大抵不期而會者古禮也未及期或私爲之約以簡禮相會者春秋諸侯之禮也觀昭公孫齊而公羊子許其以遇禮相見則知非不期之遇耳然桓十年公會衛侯于桃丘弗遇則又期而不至者也古者諸侯因王事不期而遇倉卒之間㠯有禮義春秋之時非王命而出預有期約以相會聚乃行古者不期之禮是自欺耳急情慢易馴至於期而不至則欺詐尤甚矣世變愈下風俗之媮良可歎夫

宋公陳侯蔡人衛人伐鄭陳嬀姓侯爵舜苗裔胡公後蔡姬姓侯爵

文王子叔度後

程子曰宋以公子馮在鄭故與諸侯伐之也日摟諸侯以代鄭固爲罪矣而衛弑其君天下所當誅也乃與脩好而同伐人其惡甚矣○胡氏曰宋殤不恤衛有弑君之禍欲定州吁而從其邪說是肆人欲滅天理非人之所爲也故雖首謀在衛而以宋公爲首諸國爲從示誅亂臣討賊子必先治其黨與之法也

秋翬帥師會宋公陳侯蔡人衛人伐鄭

程子曰宋虐用其民衛當誅之賊而與之同伐人其罪大矣二國搆怨而他國與之同伐其罪均也○湯恥菴曰前書伐鄭不時蒙夏之文也此特書秋其爲再伐明矣翬魯同[illegible]大夫羽父也不稱公子史畧也凡書會盟[illegible]會爲主此主兵者宋也而先翬者自內及[illegible]

屬辭之體非羣主兵亦非以大夫先諸侯也會盟大夫不得抗諸侯會伐勿論餘倣此○陳氏曰會伐未有言帥師者文三年叔孫得臣成八年叔孫僑如皆不言帥師此特言帥師羣弑隱者也諸侯專征而後千乘之國有弑其君者矣大夫專將而後百乘之家有弑其君者矣

九月衛人殺州吁于濮濮陳地

州吁未能和其民厚問定君於石子石子曰王覲乃可曰何以得覲曰陳侯方有寵於王若朝陳使請必可得也厚從州吁於陳石碏使告於陳曰此二人者實弑寡君敢即圖之陳人執之而請涖於衛衛人使右宰醜涖殺州吁於濮石碏使其宰獳羊肩涖殺石厚于陳○程子曰稱衛人衆辭也舉國殺之也○趙氏曰凡作亂自立爲君而國人殺之者皆

稱人以殺言衆所共棄不君之也○汪氏曰陳乃衛桓之母家而陳亦親帥兵會伐鄭欲定其位則今日之善不足以贖前日之過故經不書陳人執州吁而止著衛人之殺之也杜預且謂州吁未列於會故不稱君夫簒弑之賊歷千萬世而其罪不赦孰謂列於諸侯之會而可以貸其罪乎○胡氏曰殺州吁石碏謀之而使右宰醜涖也變文稱人則是人皆有欲討賊之心亦夫人之所得討也于濮者憫衛國之人著諸侯之罪也州吁二月弑君而不能即討者緣四國連兵欲定其位故久而後能殺之於濮耳非諸侯之罪而何

冬十有二月衛人立晉

晉乃桓公之弟莊公之子於次當立故衛人逆於邢而立之賊既討君將葬新君可以立矣國人之所同欲也所失者不請命於天子耳○汪氏曰殺州吁衆辭乃王法之所當討

而衛人皆欲討之故書人以善之立晉衆辭
乃無天子之命而衛人擅立之故書人以罪
之美惡不嫌同辭○楊壯菴曰一衛人耳殺
則書殺立則書立不加一辭而功罪自著誰
毀誰譽三代
之直道也

周桓王
二年

癸亥

五年

春公觀魚于棠

公將如棠觀魚者臧僖伯諫曰凡物不足以
講大事其材不足以備器用則君不舉焉君
將納民於軌物者也公曰吾將畧地焉遂往
陳魚而觀之僖伯稱疾不從○程子曰諸侯
非王事民事不遠出遠出觀魚非道也○吳
氏曰古者天子季冬之月命漁師始漁先薦
寢廟隱公蓋非爲寢廟嘗魚而往棠乃遠地
漁師取魚而公往觀之特爲遊觀之樂耳○

汪氏曰苟隱果爲嘗魚薦廟則爲常事得禮不書矣且天王之喪未畢而馳驅於遠境肆意遊逸其罪何所逃哉

夏四月葬衛桓公

謚法闢土服遠曰桓身之不保豈足以稱此名於以見衛人之私也○程子曰衛亂是以緩魯往會故書送終大事也必就正寢不没於婦人之手魯子易簀而没豈苟然乎死而加之不正之謚知忠孝者肯爲乎張氏日桓公名完而謚桓古人不諱嫌名也

秋衛師入郕郕音成姬姓伯爵文王子叔武後

程子曰晉乘亂得立不思安國保民之道以尊王爲先居喪爲重乃興戎脩怨入人之國書其失道也○吳氏曰衛與郕皆文王子孫封莒入向魯入極且不可況以師而入兄弟

國

丕

九月考仲子之宮

胡氏曰考者始成而祀也其稱仲子者惠公欲以愛妾為夫人隱公欲以廢弟為適子聖人以為諸侯不再娶於禮無二嫡孟子入惠公之廟仲子無祭享之所為立別宮以祀之非禮也凡宗廟非志災失禮則不書○陳氏曰仲子之宮別廟也古者妾祔於妾祖姑無妾祖姑則易牲而祔於女君別廟非禮也

初獻六羽

考仲子之宮將萬焉公問羽數於衆仲對曰天子用八諸侯用六大夫四士二夫舞所以節八音而行八風故自八以下於是初獻六羽始用六佾也○程子曰成王賜魯用天子

禮樂祀周公後世遂羣廟皆用仲子別宮故不敢同羣廟而用六羽也書初獻見前此用八佾之僭也仲尼以魯之郊禘爲周公之道享用天子之禮祀周公成王之過也○胡氏曰不請之佾而曰羽者佾干羽之總稱也羽以象文德干以象武功婦人無武事則獨奏文樂故謂之羽而不曰佾也○張氏曰六羽夫人禮也仲子妾而夫人禮亦僭矣惟隱之厚桓母至則桓之弒隱罪益深是故薨而歸賵宮成而祭祭而奏樂一婦人也記之綦詳痛隱而惡桓也○吳宥函曰考仲子之宮雖月非禮不失爲隱公之厚道蓋謙讓不敢自隆其母而爲桓祭其母則讓國之心昭然可見桓獨何心不以爲德而反以爲讐乎故書此亦足以明隱公之爲讓桓公之爲弒聖經之微而彰志而晦者此類是也

邾人鄭人伐宋

程子曰宋人取郜田郜人告於鄭曰請君釋憾於宋敝邑爲道先郜人爲主也胡氏曰凡班序上下以國之大小從禮之常也而會盟征伐以主若先因事之變也故雖附庸小國而序乎鄭之上

螟

胡氏曰蟊食苗心曰螟國以民爲本民以食爲天聖人以是爲國之大事也故書○家氏曰變見於上必書災見於民必書哀公十二年冬螽傳者歸過於司曆之失閏此諛臣所以蔽災而託爲聖人之言豈春秋書水旱螽螟之旨哉

冬十有二月辛巳公子彄卒彄苦侯反

胡氏曰臧伯諫而不聽則稱疾不從可謂忠臣矣葬之加一等夫是之謂稱然隱公不敢

忠其忠而不能聽其言與郭公善善而不能用至於亡國一也其及宜矣

宋人伐鄭圍長葛

胡氏曰圍者環其城邑絶其往來之使禁其樵采之塗城守不下至於經年而不解誅亂臣討賊子也長葛鄭邑何罪乎書圍於此而書取於後宋人之惡彰矣○張氏曰宋殤以邾鄭伐己之故報怨於鄭聲其罪而圍其邑踰年乃取著其暴虐阻兵之甚也

甲子 周桓王三年

六年

春鄭人來輸平 輸左氏作渝

胡氏曰輸者納也平者成也鄭人曷爲納成於魯以利相結解怨釋仇離魯宋之黨也公之未立與鄭人戰於狐壤止焉元年及宋盟於宿四年遇於清其秋會師伐鄭即魯宋爲

黨與鄭有舊怨明矣五年鄭人伐宋入[illegible]宋來告命魯欲救之使者失辭公怒而[illegible]冬宋人伐鄭圍長葛鄭伯知其適有用閒可乘之隙也是以來納成耳然則善之乎曰平者解怨釋仇固所善也輸平者以利相結則賊矣曷爲知其相結以利也後此鄭伯使宛來歸祊而魯入其地會鄭伐宋得郜及防而魯又取其二邑是知輸平者以利相結乃賊之也○陳氏曰平不悉書必關於天下之故而後書書鄭輸平以志諸侯之合書及鄭平以志諸侯之散是春秋之所始終也○齊氏曰彼欲而求成於我曰輸我欲而往平於彼曰暨兩相欲曰及鄭來輸平彼欲而求成於我也宋及楚平兩相欲也暨齊平我欲而往平於彼也○敬齋胡氏曰平者釋其宿昔怨仇之意聖人非不欲其釋怨而欲其結仇也但春秋之時諸侯釋舊恨輸新好皆是私意胥胥非公平正大之體其處已睦鄰皆失其

道若一循天理則於人何怨仇之有不得已而有之亦怨所當怨不待平而吾心未嘗不泰然矣此春秋之意也

夏五月辛酉公會齊侯盟于艾

陳氏曰春秋之初宋魯衛陳蔡一黨也齊鄭一黨也於是鄭始平魯鄭方交惡於王而亟平齊魯將以合諸侯焉爾○季氏曰諸侯脩睦以敦信明義爲本者也魯嘗與宋盟宿矣齊嘗與鄭盟石門矣至此而魯離宋黨而與齊爲艾之盟又二年齊離鄭黨而與宋爲瓦屋之盟又二年魯齊離宋黨而與鄭爲中丘之盟倏離倏合倏合倏離不過爲結黨行私計耳信義何有焉此盟之所以不足貴也

秋七月

宣公舍與夷而立穆公必有以知其子之惡矣

程子曰無事書首月天時王事備而後成歲也間有不書闕耳

冬宋人取長葛

程子曰宋之圍長葛歲且周矣其虐民無道之甚而天子弗治方伯弗征鄭視民之圍困而不能保天子赴訴卒喪其邑皆罪也宋之強與取不可勝誅矣○胡氏曰初穆公屬國於與夷使其子馮出居於鄭殤公既立忌馮而伐鄭不亦逆天理乎肆行暴虐不善之積已著而不可解矣其見弑於亂臣豈一朝一夕之故哉

乙丑周桓王四年

七年

春王三月叔姬歸于紀

何氏曰叔姬者伯姬之媵也至是乃歸者待年父母國也婦人八歲備數十五從嫡二十

從事君子媵賤書者後爲嫡終有賢行紀侯爲齊所滅紀季以酅入於齊叔姬歸之能處隱約竟全婦道故重錄之。張氏曰媵不書此特書者以其終不忘紀之五廟雖紀侯卒而歸於酅以奉宗祀没其身而後已聖人以其賢可以勵婦行將有其末必録其本員以變例而書之

滕侯卒滕姬姓侯爵文王子叔繡後

程子曰不名史闕也○胡氏曰滕侯書卒何以不葬怠於禮弱其君而不葬者滕侯宿男之類是也古者邦交有常制不以國之強弱而有謹慢也不以情之踈密而有厚薄也春秋之時則異於是晉北國也楚南邦也地非同盟而親徃侯其葬滕鄰境也宿同盟也訃告雖及而曾不之恤豈非以其壤地之小乎卒自外錄不卒非外也葬自內録不[illegible]

也

夏城中丘

程子曰爲民立君所以養之也養民之道在愛民力民力足則生養遂敎化行風俗美故爲政以民力爲重也春秋凡用民力必書其所興作不時害義固爲罪矣雖時且義亦書見勞民爲重事也然有用民力之大而不書皆爲敎之意深矣僖公脩泮宮復閟宮非不用民力也然而不書二者復古興廢之大事爲國之先務如是而用民力乃所當用也人君知此義則知爲政之先後輕重矣凡書城者完舊也書築者創始也城中丘使民不以時非人君之心也○王氏曰詩采薇曰天子命我城彼朔方烝民曰王命仲山甫城彼東方夫玁狁之難甚亟而築城之役乃須天子之命齊遷臨菑而仲山甫以上卿臨之是知

諸侯國邑高卑廣狹皆有王度春秋之築城俱不禀王命故悉書以譏之不止爲不時重民力而已也

齊侯使其弟年來聘

凡諸侯之母弟稱弟餘稱公子別嫡庶也。杜氏曰凡聘皆使卿執玉帛以相存問。張氏曰聘者諸侯遣大夫通好與國見於儀禮之篇詳矣然古者間於天子之事則有邦交殷聘之禮自隱公即位以來未嘗朝聘於天子以魯推之則諸侯蓋可知矣齊侯因艾之盟遽遣使於魯以結好忘君臣之大義植同列之私黨故觀年之聘則凡春秋書聘可以例推矣

秋公伐邾

程子曰爲宋討也擅興甲兵爲人而伐人非義之甚也○張氏曰夫和大所以恤小旣平宋鄭則邾宋之睚眦亦可和矣親此而虐彼苟欲悅宋而忘蔑之盟子曰小人比而不周此足以見爲宋討邾之旨矣

冬天王使凡伯來聘戎伐凡伯于楚丘以歸凡伯周公後

程子曰周禮時聘以結諸侯之好諸侯不脩臣職而聘之非王體也初戎朝於王發幣於公卿凡伯弗賓王使凡伯來聘戎伐之於楚丘以歸楚丘衛地伐見其以衆天子之使道出於衛而戎得以衆伐之衛不能衛其罪可知言以歸則非執凡伯有失身之罪○家氏曰天子之使戎得以邀而伐之天子不命之討方伯連帥不能爲王敵愾春秋書之以見

周室微弱蠻戎侵上諸侯無王也

丙寅 周桓王五年

八年

春宋公衛侯遇於垂垂衛地

程子曰諸侯將平宋衛於鄭有會期宋公以幣請於衛請先相見故遇於垂宋忌鄭之深故與鄭卒不成好無諸侯相見之禮故曰遇○高氏曰殤公嘗從州吁之請伐鄭以圖馮矣州吁誅宣公立馮不可不終圖而未知宣公之從否故宋衛遇垂以謀鄭十年入鄭蓋垂之謀也謀人之國不以禮見而陽若相遇春秋因實書之而貶寓焉

三月鄭伯使宛來歸祊庚寅我入祊

程子曰魯有朝宿之邑在王畿之內曰許鄭有朝宿之邑近於魯曰祊時王政不脩天子

不廵狩魯亦不覲故欲以祊易許各服其近
者故使宛來歸祊始以祊予魯未言易也朝
宿之邑先祖受之於先王豈可相易也鄭求
歸而魯受之其罪均也入者內弗受也義不
可而强入之也○胡氏曰鄭伯欲以泰山之
祊易許田前此來輸平者以言請之矣未入
地也至是來歸祊者其地既輸矣未易許也
成王以周公有大勳勞故特賜之許田爲朝
宿之地宣王以鄭伯母弟懿親故特賜之祊
田爲湯沐之邑祊近於魯許鄰於鄭各以其
近者相易何以不可乎用是見鄭有無君之
心而謂天子不復能廵狩矣用是見鄭有無
親之心而敢爭人以先祖所受之邑矣其言
我入祊者祊非我有也○高氏曰鄭始於結
魯以拒敵故歸祊以市魯魯桓公簒君以求
援故賂田以償鄭其地雖若相易而事不相
涉
也

夏六月己亥蔡侯考父卒。辛亥宿男卒。秋七月庚午宋公齊侯衛侯盟於瓦屋

程子曰宋為盟主與鄭絶也。呂氏曰瓦屋周地三國會於此既不入覲於王而刑牲歃血私相要結於畿甸之近境其蔑視王室之罪可勝誅哉。張氏曰公子馮在鄭宋殤公未嘗一日忘也宋亟欲去馮而合鄭鄭必不從瓦屋之盟絶鄭也。陳氏曰諸侯初參盟也有參盟然後有主盟矣

八月葬蔡宣公

程子曰遠也諸侯五月而葬不及期簡也

九月辛卯公及莒人盟於浮來

程子曰鄰國之交講信脩睦可也安用盟爲公屈已與臣盟義非安也。家氏曰魯莒自春秋以來有未平之怨前此紀人爲之平之今隱公欲降心以消二國之患而及其臣爲盟以望國之君而盟小國之臣謙而不中於禮者也不諱公及以公自欲與之爲盟也

螟。冬十有二月無駭卒

杜氏曰公孫之子以王父字爲氏公子展之孫故爲展氏。胡氏曰無駭書名未賜族也古者置卿必求賢德不以世官春秋之初猶爲近古故無駭與挾皆書名耳其後官人以世無不賜之族或以諡或以官或以字或以邑而先王之禮亡矣至於三家專魯六卿分晉諸侯失國出奔者相繼職此繇也。張氏曰春秋無駭挾之卒與季友仲遂之卒實因卿大夫之告終以謹世變所以著無駭挾之未賜族不爲薄而季友仲遂之恩實過於厚

過厚若隆於恩而先王之禮毫釐之過則生亂啓釁當必由之學者不可以不考也

丁卯

周桓王六年

九年

春天王使南季來聘

南氏季字也。程子曰周禮大行人時聘以結諸侯之好王法之行時加聘問以懷撫諸侯乃常禮也春秋之時諸侯不脩臣職朝覲之禮廢絶王治所當治也不能正典刑而反聘之又不見答失道甚矣。張氏曰隱十一年之間天王之聘三至魯庭而公朝聘之禮不行於王室春秋詳王使之來則知隱之罪大矣

三月癸酉大雨震電庚辰大雨雪

雨雪之雨于付反

震雷也電霆也。程子曰陰陽運動有常而無忒凡失其度皆人爲感之也故春秋災異

必書漢儒傳其說而不違其理故所言多妄
三月大雨震電不時災也大雨雪非常爲大
亦災也。胡氏曰震電者陽精之發雨雪者
陰氣之凝周三月夏之正月也雷未可以出
電未可以見而大雨震電此陽失節也雷已
出電已見則雪不當復降而大雨雪此陰氣
縱也公子翬之譖兆矣鍾巫之難萌矣春秋
災異必書雖不言事應而事應具存惟明於
天人相感之際響應之理
則見聖人所書之意矣

挾卒。夏城郎

[illegible]菴曰要地不可以不城但無王命又非
其時故書。許氏曰七年城中丘而後伐邾
今城郎而後伐宋非時動
[illegible]亦已末矣

[illegible]冬公會齊侯于防

胡氏曰周官行人曰時會以發四方之禁此謂非時而合諸侯以禁止天下之不義也列國何為有此名凡書會皆譏也謂非王事相聚會耳○張氏曰魯隱自六年受渝平八年入祊志於昵鄭而仇宋故外為平未之形鄭復以不王之罪加於宋則興兵有名而其義可以招齊此會祊之謀所以為明年伐宋之地也左氏見其名而不察其實故錄之如此殊不知鄭莊特假此以誑齊魯耳觀繻葛之役則宋殤之不王豈至如鄭之甚乎○家氏曰魯與宋未嘗有怨齊與宋又為同盟令魯啗於歸祊之利齊背瓦屋之盟將遠兵以伐宋內擕有愧故相與假王命以興師書會於防誅始謀也覇者挾天子以令諸侯實昉於此

戊辰 周桓王七年

十年

春王二月公會齊侯鄭伯于中丘

程子曰爲師期也

夏翬帥師會齊人鄭人伐宋

陳氏曰會稱君伐稱人畧之也○愚按凡會盟侵伐浩行則稱爵卿大夫行多稱人時又有君雖在而使卿大夫主其事者亦多稱人諸傳於此曲生義例時以爲褒時以爲貶如翬邊之鹿鹿邊之翬皆小兒迷藏之見也

六月壬戌公敗宋師于菅辛未取郜辛巳取防

菅宋地

程子曰取二邑而有之盜也○家氏曰魯於宋本無纖芥之隙徒以歸祊之故爲鄭所役

翠既師師會二國必復自出奇兵以襲人之虛而取其二邑一月再取春秋書日所以著其暴辭婉而義見者也

秋宋人衛人入鄭

程子曰勞民以務外而不知守其國故二國入之○高氏曰宋文連衛以報鄭鄭幸嘗之敗而不設備故師還及郊宋衛已乘其虛而入之矣春秋無義戰未有奇譎輕疾如宋衛之入鄭者

宋人蔡人衛人伐戴鄭伯伐取之

悉虜而俘之曰取程子曰宋人衛人入鄭蔡人從之伐戴鄭伯圍戴克之取三師焉戴鄭所與也故三國伐之鄭戴合攻盡取三國之衆其殘民也甚矣

冬十月壬午齊人鄭人入郕

程子曰討不會伐宋也宋以公子馮在鄭故二國交惡左氏傳云宋公不王鄭伯以王命討之於春秋不見其爲王討也王臣不行王師不出矯假以逞私忿耳○高氏曰戴鄭所與也而三國伐之郕衛所與也而齊鄭入之是效尤也故謹而日之○薛氏曰入春秋始兵爭傚擾未有若是歲之尤甚者也戰國之殺人盈野暴骨如莽兆於此矣

己巳　周桓王八年

十有一年

春滕侯薛侯來朝

薛任姓侯爵黃帝裔奚仲後

程子曰諸侯雖有相朝之禮而當時諸侯於天子未嘗朝覲獨相率以朝魯得爲禮乎○胡氏曰周禮行人凡諸侯之邦交殷相聘世相朝然謂之殷則得中而不過謂之世則終

諸侯之世而一相朝其爲禮亦節矣周衰典禮大壞諸侯放恣無禮義之交惟強弱之視無合於中聘世朝之制矣且列國於天子述所職者蓋闕如也而自相朝聘可乎凡大國來聘小國來朝一切書而不削皆所以示譏滕薛二君不待言者又譏旅見也非天子不旅見諸侯偃然受之而不辭亦以見隱公之志荒矣

夏公會鄭伯于時來　時來鄭地

程子曰謀伐許也。吳氏曰許與鄭相接壤鄭之所利齊魯無與焉者也鄭伯以計鉤致齊魯之君而借其兵力吞幷小國以利益於已甚矣鄭之不仁而齊魯之不智也。孫氏曰隱之出十二皆不致隱志讓乎桓不欲當正君之禮聖人本其意而畧之也

秋七月壬午公及齊侯鄭伯入許　許姜姓男爵四岳伯夷裔

文叔

後

三國入討許莊公奔衛魯齊讓於鄭而有之鄭伯使許大夫百里奉許叔以居許東偏使鄭大夫公孫獲居許西偏○王氏曰前之伐宋鄭恥魯以取二邑今之入許魯恥鄭以掩鄰褒稱及志公之所欲也吳氏曰書入不書滅者許君既奔他國鄭雖專有其地而使許君之弟奉其宗廟不絕其祀也入若亡國之善辭以爲猶愈於取其土地而並絕其宗祀者耳○陳氏曰許莊公奔衛不書非其罪也凡奔非其罪不書故許男奔衛不書須句子來奔不書○王氏曰鄭伯入許逐其君壇使大夫守之無王甚矣且設爲好辭內防其患而外利其名所謂刺人而復捫之以手也何名爲有禮乎

冬十有一月壬辰公薨

羽父請殺桓公公弗許羽父懼反譖公於桓公而請弒之公祭鍾巫館於蔿氏翬使賊弒公於蔿氏立桓公而討蔿氏有死者○程子曰人君薨於路寢見卿大夫而終乃正終也薨於燕寢不正其終也薨不書地弒也賊不討不書葬無臣子也○胡氏曰致隱讓國立不以正惠公之罪也致桓弒君幾不早斷隱公之失也既有讒人交亂其間憂虞之象著矣而曰使營菟裘吾將老焉是猶豫留時辨之不早辨也不書弒示臣子於君父有隱避其惡之禮不書地示臣子於君父有不沒其實之忠不書葬示臣子於君父有討賊復讐之義賊不討讐不復則服不除寢苦枕戈無時而終其事也以此法討賊至嚴矣故曰春秋成而亂臣賊子懼○敬齋胡氏曰春秋凡書弒者其罪必誅而不赦者也其被弒者皆或不君可知矣書殺賊者幸其能討賊也不書者罪當國臣子不能討賊也內不書弒者

不忍言也不忍言則惡極當誅可見矣此聖人言外意也不地所以著其實之不可掩也賊不討不書葬者罪臣子無爲也賊在則喪禮廢而不成葬矣此法明則忠孝全人道立

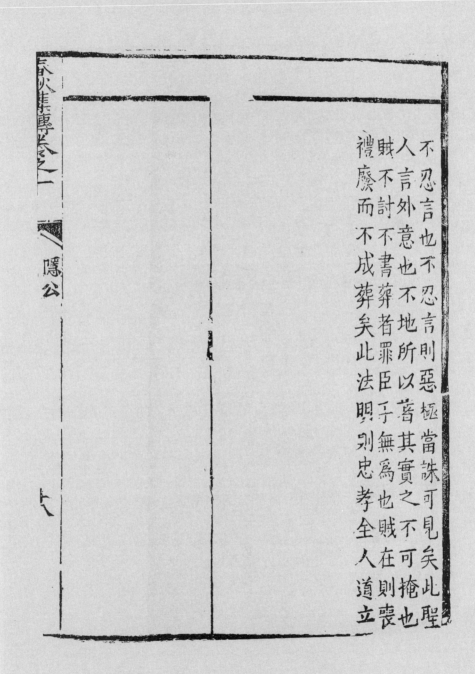

春秋集傳卷十一

三八

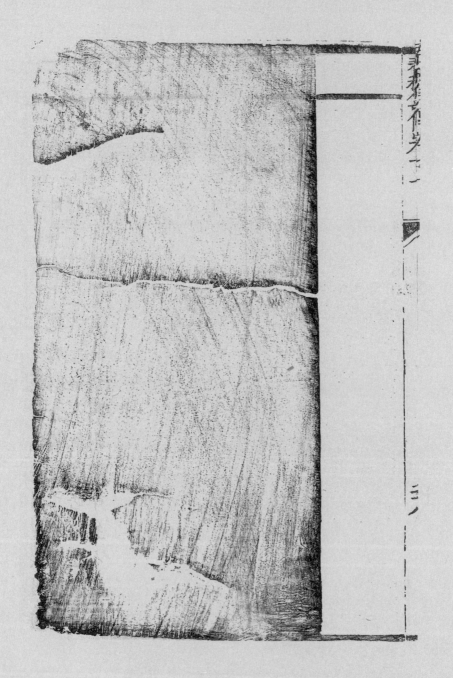

春秋集傳卷之二

湘川李文炤編輯

桓公

名軌，史記作允，惠公子。諡法：闢地服遠曰桓。

庚午　周桓王九年　元年

春王正月，公即位。

程子曰：桓公弒君而立，不天無王之極也，而書春王正月公即位，以天道王法正其罪也。愚按：即位者，行即位之禮也。踰年改元，正新君之始，是以行之。桓篡位而行是禮者，欲蓋其弒逆之迹，且以明已之爲惠公適子而當有國耳。○朱子曰：書即位者，是魯君行即位之禮。繼故不書即位者，是不行即位之禮。若桓公之書即位，則是自正其即位之禮耳。○效齊紹之式曰：繼故急遽倉卒，其禮苟簡可知。篡弒之人特行此禮，以壓服國人，此姦邪之

春秋集傳卷之二　桓公　一

慝禮篡之權謀[illegible]

三月公會鄭伯于垂垂衛地

高氏曰鄭伯知公之篡逆不自安特爲好會將以求賂焉度魯急於會諸侯必從所欲矣也夫鄭莊與隱公同盟和好今見賊不能討反有所邀求欲以定其位是誠何心哉

鄭伯以璧假許田

程子曰隱公八年使宛來歸祊蓋欲易許田魯受祊而未與許及桓弒立故爲會以求復加以璧朝宿之邑先祖受之於先王豈可相易也故諱之曰假諱國惡禮也○胡氏曰鄭既歸祊矣又加璧者祊薄於許故也湯沐之邑朝宿之地先王所錫先祖所受私相貿易而莫之顧是有無君之心而廢朝覲之禮矣是有無親之心而棄先祖之地矣故聖人以

是爲國惡而隱之也

夏四月丁未，公及鄭伯盟于越。越衛地

程子曰桓公欲結鄭好以自安故既奐許田又爲盟也弑君之人凡民罔不憝而鄭與之盟以定之其罪大矣○家氏曰衛州吁之弑其君魯隱宋殤爲之出師會伐鄭以定其位今魯隱見弑於其弟鄭莊逼弑賊取其田而與之盟宋殤見弑於其臣魯桓率三國受弑賊之賂而成其亂出爾反爾先後一轍又其後魯桓斃於齊襄其子事讐終身不敢報鄭莊雖僅克自全而嗣子忽須於賊臣之手國大亂幾十黨賊爲利者亦知所懲矣

秋，大水。

程子曰君德脩則和氣應而雨暘若桓行逆德而致陰沴乃其宜也

冬十月

（辛未　周桓王十年）二年

春王正月戊申宋督弒其君與夷及其大夫孔父（父音甫）

張氏曰穆公舍馮而立與夷使馮出居鄭與夷既立鄭宋屢相侵伐華督蓋馮之黨也將弒與夷而憚孔父故先攻孔父殤公怒則弒之遂召馮而立之書與夷之弒而後及孔父明孔父之死爲君故也○胡氏曰宋殤公立十年十一戰民不堪民孔父爲司馬無能改於其德非所謂格君心之非者然君弒死於其難處命不渝亦可以無愧矣著其節而書及不失其官而稱大夫是春秋之所賢也凡亂臣賊子畜無君之心者必先翦其所忌而

後動於惡不有君子其能國乎春秋賢孔父示後世人主崇奬節義之臣乃天下之大閑有國之急務也

滕子來朝

沙隨程氏曰春秋時小國事大國其朝聘貢賦之多寡隨其爵之崇卑滕子之事魯以侯禮見則所供者多以子禮見則所供者少滕國土地小不足以附諸侯之大國故甘心自降爲子子孫一向微弱故終春秋之世常稱子春秋因其實而書之耳子產嘗爭承貢賦之次曰昔天子班貢輕重以列鄭伯男也而使從公侯之貢懼弗給也敢以爲請卽其事也○孫氏曰杞公爵也滕薛皆侯爵也入春秋杞或稱侯或稱伯或稱子皆降也滕或稱侯或稱子稱侯正也稱子降也薛或稱侯或稱伯稱侯正也稱伯降也此蓋聖王不作朝

會不常彼三國者力既不足禮多不備或以侯禮而朝或以伯子而會孔子從而錄之以見其亂也勝于來朝弒逆之人其罪可知矣

三月公會齊侯陳侯鄭伯于稷以成宋亂稷宋地

程子曰宋弒其君而四國共成定之天下之大惡也○楊耻菴曰案稷之會以立馮相督也馮穆公子馮立非亂但殤公之君宋久矣馮以君弒得立不能討賊而又相之是與聞乎弒也故並以馮督為而目之曰宋亂直書其所為者以其所為為重而會盟非所論矣○朱子曰春秋大義數十如成宋亂宋災故之類是聖人直著誅貶自是分明○胡氏曰華督弒君之賊凡民罔不憝者也而桓與諸侯會而受賂以立華氏使相桓公甚矣故特書其所為而曰成宋亂春秋列會未有言其所為者獨此與襄公末年會于澶淵各書其事晢亘

說翬督弑殤般弑景皆天下大惡聖人所爲懼春秋所以作也一則受宋賂而立華氏一則諜宋災而不能討故特書其事以示貶焉○陳氏曰會未有言其所爲者其曰成宋亂弑君之禍接迹於天下於是焉始矣向也合五國之君大夫以定州吁而州吁訖於討今也合四國之君以立華督遂相宋莊弑君之禍接迹於天下四君爲之也○張氏曰魯桓弑隱方以類合三國黨惡諜以蔇行相與定馮立督然後其亂始成遂使反異天常者得以肆其惡於天下此聖人所深懼而春秋所以作也

夏四月取郜大鼎于宋戊申納于大廟

郜姬姓國鼎其所爲也大廟周公之廟魯之於宋固同浴而不敢議裸裎者也又取其賂亦猶盜遇盜而分贓云耳臧哀伯乃箏其昭令德以示子孫可謂失言矣○程子曰四國

既成宋亂而宋以鼎賂魯齊陳鄭皆有賂魯以爲功而受之故書取以成亂之賂器寘于周公之廟周公其享之乎故書納納者弗受而强致之也○胡氏曰取者得非其有之稱納者不受而强致之謂弒逆之賊不能致討而受其賂器寘於大廟以明示百官是教之習爲貪獸之行也慶父仲遂意如之惡又何誅焉故直載其事謹書其日垂訓後世使知寵賂之行保邪廢正能敗人之國家也亦或知戒矣

秋七月杞侯來朝

李氏曰周制三恪惟宋得封公然則杞本侯爵也

蔡侯鄭伯會于鄧鄧曼姓侯爵

孔氏曰此爲蔡潁川鄧城非鄧國○林氏曰蔡鄭鄧三國爲會以懼楚也未詳孰是○胡

氏曰楚自西周已爲中國之患宣王蓋嘗命將南征矣及周東遷僭號稱王憑陵江漢此三國者地與之鄰是以懼也其後卒滅鄧虜蔡侯而鄭以王室懿親爲之服役終春秋之世聖人蓋傷之也

九月入杞

來朝未幾而遽伐之當時大國之夌人小國之無以自容至此亦可歎已○高氏曰桓弒莫入莫伐乃反入杞伐郛是使天下蒙其恥也

公及戎盟于唐冬公至自唐

吳氏曰隱公因戎之請盟至再而後與盟今戎不請盟而桓及之蓋與及鄭盟越之意同以已之負大惡而結好以自固無間於戎夏也○左氏曰凡公行告於宗廟反行飲至舍

爵策勳焉禮也○愚按昭公居外而亦書至者蓋必有攝主如大夫出疆用幣依神耳

壬申　周桓王十有一年

三年

春正月公會齊侯于嬴嬴齊地

桓公弑君之罪王法所當治也然即位之初年境內知之矣四鄰未必盡聞也次年四鄰聞之矣王室未必洞察也至於三年則天下應莫不知莫不聞也乃王室亦此衰如充耳三綱淪九法斁天下豈復有王道乎故正月不稱王以後皆然聖人之惡惡雖嚴而責人則以漸也○胡氏曰桓公弑君而立至今三年而諸侯之喪事畢矣是入見受命於天子之特也而王朝之司馬不施殘執之刑鄭國之大夫不聞沐浴之請魯之臣子義不戴天反面事讐曾莫之耻使亂臣賊子肆其凶逆無所忌憚人之大倫滅矣故自是而後不書

王者見桓公無王與天王之失政而不王也○家氏罔王室微弱不能誅討亂賊元年二年猶書王望之也今魯隱喪事既終遂桓未能入見天子而明年春宰糾卹命下聘自是再三聘當誅而獎王綱盡矣天下不復知有王自是不書王示天下之無王也○張氏曰亂臣賊子與會而爲婚者齊侯之罪也○家氏曰桓以篡弒得國懼方伯之有討而乞婚于齊以爲此會夫婚姻之有媒妁所以別嫌明徵重大婚之始今魯桓親爲此會以締好於強齊匪媒而合合不以正也越境而會會不以正也使其私人往逆逆不以正也爲齊侯而親逆逆不以正也是故春秋於羸之會謹而書之以見禍敗之所從始求追弒君之討而終殞於齊天也非人之所能爲也

夏齊侯衛侯胥命于蒲蒲衛地

書胥命誅無王此何善之有焉劉洽之說得其貞矣

劉氏曰古者方伯州牧命於天子諸侯自相命非正也齊大公之後東州之侯衛康叔之後北州之侯以事相命也○高氏曰胥命者共相推爲牧伯也諸侯之變始於齊衛胥命而終於吳晉爭盟自爭盟觀胥命所謂彼善於此也故春秋善晉命○劉洽問胥命曰自王命不行則諸侯上僭之事由階而升然必與勢力之不相上下者共爲之所以布於衆而成其僭也齊衛當時勢敵故齊僖自以爲小伯而黎人責衛以方伯之事當時王不能命伯而欲自爲伯故於此彼此相命以成其私也及其久也則力之能爲者專之矣故威公遂自稱伯以至戰國諸侯各有稱王之意不敵獨稱於國必與勢力之相伴者共約而爲之魏齊會於濁澤以相王是也其後七國皆王秦人思有以勝之於是使人致帝於齊約共稱帝豈非相帝自相命而至於相王自相王而至於相帝僭竊之漸勢必至此豈非

其明證乎朱子曰說亦有理

六月，公會杞侯于郕。

杞求成也，郕亦與盟。○程子曰：自桓公篡立，無歲不與諸侯盟會，結外援以自固也。

秋七月壬辰朔，日有食之，既。

程子曰：既，盡也。食盡爲六異也。○胡氏曰：言日言朔，食正朔也。言朔不言日，食既朔也。言日不言朔，食晦日也。不言日不言朔，夜食也。何以知其夜食？曰：王者朝日，日始出而有虧傷之處，未之復也，則知其食於夜矣。日者衆陽之宗，人君之象，而有食之既，則其爲變大矣。先儒以爲荊楚僭號、鄭拒王師之應。○彙纂曰：胡傳引穀梁不書朔不書日爲夜食，謂因朝日而知之者，非也。既曰見其虧傷矣，則時刻可稽，書朔書日無不可。且使日食於亥

止可論遠邇也妻之爲言齊也豈可論尊卑大小乎國

子之交未出地而復明則雖朔日何從見其虧傷之處耶蓋日食不占夜猶月食不占日是以唐一行作曆上溯往古千有餘年日食長在晝月食長在夜也

公子翬如齊逆女

初羽父請於隱公欲殺桓公以求太宰不得遂與桓公謀弑隱公其事既成則翬必進爵於矣故稱公子以示親之貴之之意小人志於富貴患得患失無所不至吁可畏哉○胡氏曰娶妻必親迎禮之正也若夫邦君以爵則有尊卑以國則有大小以道途則有遠邇或逆之於其國或逆之於境上或迎之於所館禮之節也紀侯於魯以小大言則親之者也而使履緰來魯侯於齊以遠邇言則親之者也而使公子翬往是不重大昏之禮失其節矣故書○薛氏曰逆女而使同姓之卿非所以厚別也○王氏曰書公子翬逆女而公不親

君無遠出親迎之事使卿逆而自親迎於所館正也書公子翚譏使同姓非所以厚別也書會於讙譏亦爲親

逆竄任賊臣之罪皆著矣

九月齊侯送姜氏于讙讙魯地

左氏曰凡公女嫁於敵國姊妹則上卿送之公子則下卿送之於大國雖公子亦上卿送之於天子則諸卿皆行於小國則上大夫送之齊侯送姜氏非禮也○蜀杜氏曰魯逆失之輕齊送失之重其賂固鈞者也

公會齊侯于讙

程子曰齊侯出疆送女公遠會之皆非義也○家氏曰翚之往逆公固無親迎之意及聞齊侯親送姜氏乃遠往會於讙則公之出爲齊侯而出非爲親迎而出於禮則似是而用禮之意則非也○姚氏曰魯桓意在結齊爲援而娶其女故桓所行事重在會不重在婚

逆而出也

○胡氏曰以公子翬往逆則既輕矣爲齊侯來乃逆而會之於讙是公之行其重在齊侯而不在姜氏豈禮也哉

夫人姜氏至自齊

胡氏曰不言以至者既得見乎公矣不能防閑於是乎在敝笱之刺兆矣禮者所以別嫌明微制治于未亂不可不謹也娶夫人國之大事故詳○吴氏曰夫人至不書翬以讙會桓祇使翬逆而中自受姜氏于讙也

冬齊侯使其弟年來聘

高氏曰隱七年弟年嘗聘今桓簒位而結婚復使來聘視簒視易君恬不爲意如市途之交驩耳

有年

楊士勛曰凡書有年於冬盡五穀畢入計用豐叧然後書之○張氏曰桓公行惡感召災異十八年間獨今年五穀僅熟故以爲異特書於策著桓公之罪憫魯國之民也○王氏曰桓宣行惡宜得天譴固已民則何辜天降之有年正見人不恤民而天勤之也考之於經桓公之世咎徵疊見惟此以有年書見年爲民之命國之所以存亡而深爲人君不德召災之戒也

癸酉　周桓王十四年　有二年

春正月公狩于郎

張氏曰狩用夏時仲冬周正月乃其時也○胡氏曰何以書譏遠也戎祀國之大事狩所

以講大事也用民以訓軍旅所以示之武而威天下取物以祭宗廟所以示之孝而順天下故中春教振旅遂以蒐中夏教茇舍遂以苗中秋教治兵遂以獮中冬教大閱遂以狩然不時則傷農不地則害物田衍之地加鄭有原圃泰有具圃皆常所也遠其常所則犯害民物而百姓苦之可不謹乎○孫氏曰狩冬田也天子諸侯四時必田者益安不忘危講武經而教民戰也豈徒肆盤遊逐禽獸已哉然禽獸多則五穀傷不可不捕也故因田以捕之上以供宗廟之鮮下以除家穡之害故田必以時殺必以禮田不以時謂之荒殺不由禮謂之暴惟荒也妨於農惟暴也殄於物聖人之所深戒也

夏天王使宰渠伯糾來聘

渠氏伯糾字也或曰渠國名伯爵糾其名也下聘弑君之賊王室之不綱甚矣直書其事

而惡自見焉○不書秋冬闕文也七年亦然昭十年無冬定十四年無冬亦然或以爲聖人皆寓褒貶則是春秋乃啞謎匿名之類矣烏乎可○朱子曰不書秋冬史闕文也或謂貶天子之失刑不成議論魯桓之弒天子不能討罪惡自著何待於去秋冬而後可見乎

甲戌

周桓王十有三年

五年

春正月甲戌己丑陳侯鮑卒

程子曰甲戌下闕文○趙氏曰傳文失疾而難作此文亦據陳國史而記之驗此則經文甲戌下當記陳佗作亂之事全簡脫之耳

夏齊侯鄭伯如紀

程子曰齊爲諸侯而欲爲賊於鄰國不道之甚鄭伯助之其罪均矣○胡氏曰按左氏齊

鄭朝紀欲以襲之紀人知之夫如者朝辭也尊不朝乎卑大不朝乎小紀之爲紀微乎微者也齊尊則方伯鄭亦大國也乃懷詐諼之謀欲以襲之而不虞紀人之覺也其志憯矣○張氏曰春秋惡其懷盜賊之心而行朝事之禮書之若實朝於紀然所以抑强暴惡譎詐也

天王使仍叔之子來聘

高氏曰桓王欲謀婚而魯桓以簒立懼諸侯討已欲自結於王因紀之故而爲王謀焉故桓王二遣使來聘也其曰使仍叔之子者見王綱不舉以大夫之子參預國事不稱氏者世權不重於尹武也、卓氏曰此蓋譏子弟預國政耳如仍叔之子己爲大夫經自當以官氏名字見今曰仍叔之子蓋知其未命之稱也

葬陳桓公

吳氏曰葬不書月史失之蓋陳陀簒立而葬之也

城祝丘

高氏曰據文姜享齊侯於祝丘則祝丘齊魯兩境上邑齊將襲紀公欲助紀而畏齊故非時城此以備之

秋蔡人衛人陳人從王伐鄭

程子曰王奪鄭伯政鄭伯不朝王以諸侯伐鄭鄭伯禦之戰於繻葛王卒大敗王師於諸侯不書敗諸侯不可敵王也於外裔不書戰外裔不能抗王也此理也其敵其抗王道之失也○胡氏曰春秋書王必稱天者所章天命也所用則天討也王奪鄭伯政而怒其

不朝以諸侯伐焉非天討也故不稱天或曰
鄭伯不朝惡得爲無罪曰桓公弒君而自立
宋督弒君而得政天下大惡天理所不容也
則遣使來聘而莫之討鄭伯不朝與其爵可
也何爲憤怒自將而攻之也移此師以加會
宋誰曰非天討乎春秋天子之事述天理而
時措之也既義天王以端其本矣三國以兵
會伐則言從王者又以明君臣之義也戰於
繻葛而不書戰王卒大敗而不書敗者又以
存天下之防也三綱軍政之本聖人寓軍政
於春秋而書法若此皆裁自聖心非國史所
能也○薛氏曰九伐之法無親征諸侯之制
王親戎事危道也其不書王師何王爲重也
○陸氏曰陳佗殺太子而立王不能討又討
其以師從王之失政亦可知也○汪氏曰鄭
以人臣而致天子之親伐則鄭之罪亦不可
掩矣愚按祝聃射王中肩而又使祭足勞王
且問左右加刃於人而以手撫之姦雄之情

狀畢露矣莽操懿温特尤而效之耳

大雩

程子曰成王尊周公故賜魯重祭得郊禘大雩大雩雩於上帝用盛樂也諸侯雩於境内之山川耳成王之賜魯公之受皆失道也故夫子曰魯之郊禘非禮也周公其衰矣大雩歲之常事不能皆書也故因其非時則書之遇旱災則非時而雩書之所以見其非禮且志旱也郊禘亦因事而書○家氏曰郊禘亦僭而不書大郊禘一而已矣若雩則天子與諸侯爲禮各異故書大以志其僭○呂氏曰呂顯祖云說者以魯之郊禘成王賜之伯禽受之而不知非也夫成王之所欲報者公也八佾宮懸大禮殷薦謂之尊周公可也郊之配稷也禘之王嚳也與周公何與而謂之尊周公乎所祀者天子之太祖本非勳勞之臣

吾不知成王之賜伯禽之受又奚敢耶以當時之事考之襄王之出而入能正晉伯之非平王之弱而遷必嚴史角之報衰朝且然而況成王之世以是知魯之僭其由來未遠而姑託於成王耳今按夫子云魯之郊禘非禮也周公其衰矣歎周公之衰則其非伯禽時事可知蓋說出明堂位先儒已辨其誣程子謂成王之賜伯禽之受皆非自是千古定案但魯之郊禘見於經者歷然難解此說直斷以魯之後人僭禮而姑託之成王尤夫子所難言以此看明堂位之誇大與春秋之義例皆合矣

螽

程子曰蝗也既旱又蝗饑不待言也

冬州公如曹州姜姓曾爲王三公曹姬姓伯爵文王子振鐸後

程子曰州公不能保其國去加曹遂不復

乙亥 周桓王十有四年

六年

春正月寔來

程子曰五年冬如曹尚爲君也故以諸侯書之今不能反國是匹夫也故名之來來魯也忽稱鄭忽明其正也寔不稱州亡其國也

夏四月公會紀侯于郕 郕魯地

家氏曰前年齊鄭以盜竊之兵襲紀而弗遂因是故釁且將大加兵于其國紀睦於魯越境而謀公往會之義之不容已者春秋無譏也又曰是冬寔來朝胡氏謂魯桓弒君之賊人人得而誅之而紀主之以求援其何以能國然紀寔危迫而有求於魯當時諸侯之國

未有能與齊爲敵者惟魯望國紀之求之亦有不獲已焉是以春秋無譏至冬而復來則不能無譏矣○高氏曰以紀之微而捍齊之强者十有七年亦紀侯憂畏諮謀之功也與

秋八月壬午大閱

吳氏曰先王之時兵弭不用然不忘武備四時之田皆於農隙以習武事三時所教其法皆略惟仲冬教大閱其坐作進退擊刺真知戰陳乃天子之禮非諸侯之所得行爲其嘗禮故因失時而書之以著其僭○程子曰爲國之道武脩不可廢必於農隙講肄保民守國之道也盛夏大閱妨農害人失政之甚無事而爲之妄動也有警而爲之教之不素何以保其國乎其不言公蓋懼鄭畏齊爲國講武非公之私欲也

蔡人殺陳佗

程子曰佗弑世子而竊位不能有其國故書曰陳佗陳厲公蔡出也故蔡桓侯殺佗而立之佗天下之惡人皆得誅之蔡侯殺之實以私也故書蔡人見殺賊者衆人之公也○胡氏曰佗弑太子而代其位至是踰年不成之為君者以討賊也書蔡人以善蔡書陳佗以善陳善蔡者以蔡人知佗之為賊善陳者以陳國不以佗為君知其為賊故稱人稱人討賊之辭也不以為君故稱名稱名當討之賊也篡弑之賊外則異國皆欲致討而不赦内則國人不以為君而莫之與誰敢動於為惡故曰孔子成春秋而亂臣賊子懼○朱子曰佗之弑君不見於經亦是魯史無之耳

九月丁卯子同生

以太子生之禮舉之接以太牢卜士負之士妻食之公曰是其生也與吾同物命之曰同

○胡氏曰此世子也其不曰世子何也天下無生而貴者誓於天子而後爲世子○邾氏曰國君生子不書此書何也蓋雄狐亂倫人言莊公非桓公子也夫文姜歸魯于今三年矣故詳誌其始生月日以析羣疑焉愚按詩云展我甥兮亦明非齊侯之子也當時人情惡惡而不污衊猶然三代之直道乎

冬紀侯來朝

程子曰紀侯懼齊來朝以求助不能上訴於天子近附於賢侯和輯其民人效死以守而欲求援於魯桓不能保其國宜矣

丙子周桓王十有五年

七年

春二月乙亥焚咸丘

程子曰古者昆蟲蟄而後火田去莽翳以逐禽獸非竭山澤而焚之也咸丘地名云焚咸丘如盡焚其地見其廣之甚也○黄氏曰焚林而田明年無田竭澤而漁明年無漁故春秋書焚咸丘惡盡物也夫求盡物於山澤聖人猶且惡之況求盡利於民乎○王氏曰桓公焚林而田物無遺類豈先王仁民愛物之心哉春秋書焚咸丘以著其殘忍害物之心○楊耻菴曰孟子以咸丘蒙爲齊東野人杜氏謂西狩得其常地然則咸丘蓋魯西邑而近狩地者也今以火田而悮燒其邑暴慢極矣不書田於西野而但書焚咸丘者以田宜守火不守與特焚同而又以別咸丘之非狩地不宜焚而焚也故其書法如此

夏穀伯綏來朝鄧侯吾離來朝

穀伯鄧侯稱名亾穀皆以爲失國之君然穀雖無考而鄧則尚存豈遭逼逐而出者與不

書秋冬亦闕文也○葉氏曰穀伯鄧侯失地之君也諸侯何以奔來者書以奔以朝來者書以朝失地則何以能朝猶不失其爲君者也古者謂是爲寓公或曰寓公諸侯分地處之而不臣○程氏曰先儒皆謂逆亂天道歲功不成故不具四時其穿鑿傳會將以扶植世教而不知其破碎經旨矣使孔子果以家宰聘桓而闕秋冬次年仍叔子復聘於此爲甚當復闕秋冬而不闕果以鄧穀朝桓而闕秋冬當先闕於滕子來朝與四國會稷成宋亂取郜鼎之時而又不闕則孔子取義於是乎跡矣今亦四年七年秋冬適無事可書而闕之也如有事焉不知孔子並其事闕之耶將仍書其事而獨闕秋冬二字耶

八年

丁丑　周桓王十有六年

春正月己卯烝

程子曰冬烝非過也書之以見五月又烝爲非禮之甚也○胡氏曰此非以不時志爲再烝見黷書也

天王使家父來聘

家氏父字也○程子曰魯桓弑立未嘗朝覲而王屢聘之失道之甚也

夏五月丁丑烝

程子曰正月旣烝矣而非時復烝者必以前烝爲不備也其瀆亂甚矣○吳氏曰建子之月已烝矣建辰之月又烝焉於春季而行冬祭非其時非其禮也

秋伐邾

高氏曰桓自弑立恃其強惡以凌小國小國皆畏而從之故紀也滕也鄧也穀也郕也杞

玩經文書遂之旨當以前說爲正

也或朝或會邾不脩舊好故伐之其曰伐必有辭焉邾不能奉辭以討弒逆之罪宜乎其又見伐也

冬十月雨雪雨去聲

程子曰見酉之月未霜而雪書異也○王氏曰陰陽方中而寒氣先至此積陰侵陽之象

祭公來遂逆王后于紀

孫氏曰桓王娶后于紀命魯主之故祭公來謀逆后之期既謀之則當復命天子天子命之逆則逆之不可專也祭公不復命於王專逆后于紀故書遂以惡之○張氏曰大子雖無親逆之禮然祭公謀於魯則當復命於王然後遣於官廟以明逆后之重今使魯爲媒而因是往逆輕褻王配如此何以不正始之道哉○吳氏曰往紀逆后者王命也過魯問

期者亦王命也故春秋書法如此魯爲媒而不報歸女之期於王魯之慢也王未知后之歸期而遽然遣使往逆王之輕也祭公無王命而私過魯問期祭公之專也參譏之愚按二說不同未知孰是

戊寅 周桓王十有七年

九年

春紀季姜歸于京師

高大曰京衆盛曰師王者所都之名○吳氏曰逆稱王后主王朝而言也歸稱季姜主紀而言也○陳氏曰諸侯逆稱女至稱夫人尊夫人也天子逆稱后歸稱季姜尊王也○家氏曰自王國而逆則曰王后女雖在紀而后之名已正自紀國而往則曰紀季姜后雖在途而女之出必本其所自此諸侯歸女於京師之例也○陳氏曰后歸不書此何以書詳

紀事也后妃母儀天下以爲天地宗廟社稷之主既而宗國亡爲是不可以不詳也○李氏曰六年冬紀侯方託魯請王命以求成於齊而公告不能今幸王有命魯求婚之事故魯盖爲紀謀亦不待請王命而遂會祭公逆之所以託紀也而紀卒不免春秋詳紀事亦可哀也已愚按此說雖未免臆度亦切中事情然以天子之尊而卒不能庇其婚姻之國書之亦以著當時諸侯橫暴之極耳

夏四月。秋七月。冬曹伯使其世子射姑來朝

射音亦

程子曰曹伯有疾不能親行故使其世子來朝春秋之時君疾而使世子出取危亂之道也○張氏曰春秋於桓方以誅亂討賊之事望諸侯今曹伯之使世子世子從父之命攝

之於義無一可者春秋所以直書貶之也

己卯 周桓王十有八年

十年

春王正月庚申曹伯終生卒

吳宥函曰十年稱王者必實有王章貶焉自
桓篡國以來未聞有以一矢加遺者獨至是
年來戰於郎則必有以致其來而共屈在我
矣○左氏曰鄭怒魯之以周班後鄭也大鄭
之班本後於魯則其來戰必不以是名而稱
兵吾度鄭心雖爲是而名必不爲是漢高祖
本與項王爭天下而其舉兵之名則爲義帝
發喪三軍縞素令夫魯桓有弑逆之名者也
鄭必以是爲名而假公義以洩其私忿將必
有聲罪致討之辭焉是十年之逋誅人不知
共隱惡至是者一旦有人以刑書加之則人
心一振王法於是乎得伸天下無王而有王

桓公

此說却似有理姑存之

繫此一戰也不然豈其以十年數極而虛立此一號也哉

夏五月葬曹桓公○秋公會衛侯于桃丘弗遇

桃丘衛地

胡氏曰弗者遷辭惡失信也衛初約魯至是中變而從齊鄭於是乎有郎之師則桃丘之弗遇蓋惡衛侯之失信矣○季氏曰衛與齊黨而齊以紀故與魯爲讎桃丘之會必魯嘗聞衛侯適齊期戰故往會之以間齊也而衛侯由他道過矣故曰弗遇若期而背約則當言弗至安得以弗遇言哉

冬十有二月丙午齊侯衛侯鄭伯來戰于郎

兩兵相接曰戰來之爲言有以召之之謂也來盟爲前定之約來歸爲本有之物則異乎

爲已有瑕而致人之攻也明矣然則假討賊之義者亦聖人之所取乎曰天下不能假而此獨能假之猶愈於同惡相濟者矣

庚辰 周桓王十有九年

十有一年

春正月齊人衛人鄭人盟于惡曹

陳氏曰此即郎之諸侯也曷爲戰稱君盟稱人凡一役而再見者但人之畧之也

夏五月癸未鄭伯寤生卒。秋七月葬鄭莊公

陳氏曰春秋之秋罪莫甚於鄭莊宋魯齊衛次之而父子兄弟之禍亦莫甚於此五國者是可以爲不臣者之戒矣

九月宋人執鄭祭仲突歸于鄭鄭忽出奔衛

鄭厲公突乃宋雍氏女雍姞所生雍氏宗有寵於宋莊公故誘鄭相祭仲執之與盟使以厲公歸而立之昭公奔衛夫祭仲執一國之柄而宋人以非義見加抗辭不從爭而死之可也要盟無信歸而背之可也胡爲順敵人之欲以自陷於逐君之惡乎○金氏曰祭仲鄭相也宋執之欲其廢正立邪以亂人國宋莊之不道甚矣春秋去其爵所以惡宋也祭仲見執惟知媮生之爲安而不知死難之爲義遂從亂以怠君其爲不道亦甚矣春秋去其官所以惡仲也○程子曰突不稱公子不可以有國也忽稱氏正也○胡氏曰不以突繫之鄭者正厲公不當立也何以書歸易辭也内則權臣許之立外則六國爲之援而世子忽之才不能以自固也則其歸無難矣忽以國氏正也出奔而名不能君也然則仲見脅忽出奔咸其自取焉耳春秋書法如此欲人自強於善也○蘇氏曰鄭忽未踰年之

君也未踰年之君稱子不稱子何也不能君也國人不附大臣不援以至於出奔蓋未嘗君也春秋故不曰子

柔會宋公陳侯蔡叔盟于折

柔魯大夫叔蔡侯弟○家氏曰以大夫盟諸侯強國行之則爲抗弱國行之則爲僭末流之弊大夫因是而外交強國以爲制其君此其權輿也

公會宋公於夫鍾 夫音扶夫鍾郕地 ○**冬十有二月公會宋公于闞** 闞魯地

張氏曰自去年魯與齊衛爲伍至今年桓公欲合黨以敵之於是結宋於陳蔡要之歃血初無忠信誠慤相與之心又以大夫盟宋公陳侯恐不足恃以久而桓公又與宋公屢會

求以補前之失堅宋之合也

辛未周桓王三十年

十有二年

春正月○夏六月壬寅公會杞侯莒子盟于曲池杞公穀皆作紀曲池魯地　左氏曰平杞莒也○程子曰杞侯皆當作紀隱二年紀莒盟於密是時紀謀齊難故魯侯與之盟莒以援之耳二說不同未知孰是

秋七月丁亥公會宋公燕人盟於穀丘南燕姞姓穀丘宋地○八月壬辰陳侯躍卒○公會宋公于虛虛宋地○冬十有一月公會宋公于龜龜亦宋地

張氏曰宋納突於鄭求賂而後使之入及突入國之後不能償其責言遂成釁隙桓公欲平宋之忿屢已往來宋地與之為會不知人之心不之親非屈盟數會之所能回也故春秋詳書以譏之汪氏曰宋之所以會魯者將以求賂於鄭而魯之所以會宋者將以為鄭免其賂是以卒不能降心以相從也

丙戌公會鄭伯盟於武父 武父鄭地

高氏曰突篡而書爵者其大臣君之其國人君之諸侯亦與之會盟春秋因而君之者從其實也○張氏曰公自龜還遽會鄭伯而誅伐之與人交之道忠信誠慤本乎中則有不期合而合者非有是心則其相與也不過以利合而一旦爭小利則相視忽如讐敵然桓公之見棄於宋而盟鄭其離合正如是春秋詳書之以見王政不行諸侯放恣魯桓宋莊

鄭厲皆以篡國而立交政盟會紛紛離合惟
其是倪背盟瀆信祇以長亂王法之所必誅
者也

丙戌衛侯晉卒

重出丙戌因史成文耳

十有二月及鄭師伐宋丁未戰于宋

不書公者蒙武父盟而爲文也○吳氏曰宋莊貪得鄭賂之多而不許魯侯之請鄭突遂忌宋立已之恩與魯結黨爲伐宋之舉魯侯棄屢會屢盟之好乃與讎怨之鄭興兵以讐舊好之宋交道之反覆不常在匹夫猶不可況國君乎○趙氏曰魯軌弑隱宋馮弑殤鄭突篡忽三者皆逆賊周有常刑皆戮餘也故稱兵爲戰見王法之不行也

壬午　周桓王二十有一年　十有三年

春二月公會紀侯鄭伯己巳及齊侯宋公衛侯燕人戰齊師宋師衛師燕師敗績

趙氏曰據經文內兵以紀爲主外兵以齊爲主若實爲宋鄭戰何得以主紀齊乎豈齊以三國之師伐紀公與鄭救之而勝也不然紀懼滅之不服豈敢主兵而助鄭乎愚接齊爲無道志欲吞紀而魯鄭救之得救災恤鄰之義矣紀則敵加於已不得已而應之欲告之天子而王室之威令不行欲告之方伯而霸主之匡合未出夫安能已於一戰哉一戰而勝猶足以延數年將斬之國脉較之拱手而揖盜者不可同年語矣師徒撓喪敗其功績雖爲後日危之實爲今日快之也聞諸先君子云○王氏曰紀逼於齊鄭奚以責賂而怨宋

魯主紀因怨忽而功哭此一兵也齊謀紀忽嘗有功於齊故齊主之宋以賂怨哭而忽弃衛故衛主之此一兵也志各有在相糾合爲此戰非一紀能主兵也○趙氏曰衛大葬書爵者凡諸侯在喪而有境外之事以喪行者稱子以吉行者稱爵志惡之淺深也

三月葬衛宣公

胡氏曰葬自內録也既與衛人戰曷爲葬宣公怨不棄義怒不廢禮是知古人以葬爲重也禮喪在殯孤無外事衛宣未葬朔乃即戎已爲失禮又不稱子是以吉服從金革之事其爲惡大矣

夏大水

王氏曰經書水災者九而桓居其二莊居其三是大水之災二公居三之二矣豈桓公積

惡不悛莊公釋讐不復怨氣蘊結有以致之與○高氏曰自堯有洪水之患使禹治之禹疆理天下正其經界有畎有澮有溝有洫有川有遂遂無水患但有其利故年之豐凶一係農力水旱不能爲之害或天時久雨則由畎注澮由澮注溝由溝注洫由洫入川由川入遂以次疏導入河入江終歸於海蓋以決而不爲災也或天時久旱則於溝洫川澮之間遞引其水以爲灌溉又得其利焉春秋之時暴君汙吏壞其經界使畎澮溝洫之屬皆蕪而不治於是遇大水而無以決遇大旱而無以溉民爲兵戰所驅無假治田畝聖人書大水上痛禹迹之亡下悴井田之糜生民受其患無以拯濟之也

秋七月○冬十月

十有四年 癸未 周桓王二十有二年

春正月公會鄭伯于曹

王氏曰公於鄭比之至矣戰伐會盟同惡相濟明矣

無冰

何氏曰周之正月夏之十一月法當堅冰無冰者溫也○張氏曰陰不能成物之災○陳氏曰天官占燠而無冰則政治縱弛不明之所致也

夏五鄭伯使其弟語來盟

胡氏曰夏五傳疑也疑而不益聖人之慎也○吳氏曰正月魯鄭二君會曹而未盟故鄭伯使弟語來魯與公盟也○楊耻菴曰盟已失矣況使其弟與諸侯歃乎高氏曰來盟於我彼欲之辭也涖盟於彼我欲之辭也鄭魯同惡而屢盟可惡之甚也

秋八月壬申御廩災

吳氏曰君之在車與御若最相親近故君所親近之人謂之御御史御妻之類是也君所親用之物亦謂之御後世所謂御食御書御藥及北御廩是也御廩者以貯人君躬耕耤田之米專供宗廟之粢盛而不敢他用者○高氏曰御廩災此將不得奉其宗廟之祥也若躬耕夫人獻種稑以供粢盛而災焉咎在君夫人矣宗廟鬼神之怒兆見於此

乙亥嘗

王氏曰秋嘗以物成而薦新爲義夏之六月物未西成未可嘗也周官時享前期十日帥執事而卜日誓戒令壬申乙亥相距四日不卜不戒非獨不警天變而褻慢其祖亦甚矣聖人明書二日豈無意哉

冬十有二月丁巳齊侯祿父卒。宋人以齊人蔡人衛人陳人伐鄭

胡氏曰師而曰以者能左右之以行己意也列國之兵有制皆統於天子而敢私用之與私爲之用以伐人國大亂之道也故穀梁子曰以者不以者也○張氏曰宋以突入用其罷而背之且至見伐積其忿怒乞師於齊蔡陳衛比於平日諸侯各師其師以伐人者不同故書以天宋不反其黨廢孽殉貨賄之火而擅用列國之兵以滅其私忿四國輕以兵假人而使之逞忘其罪皆不可勝誅也○呂氏曰齊方有喪而會伐惡之甚者也○家氏曰書以有褒者有惡者此惡也春秋坐宋以兵首責宋亦責四國也四國以其氏爲宋人役賊其民者也定四年蔡昭侯以吳師伐楚爲其復世讐摧强楚故許之以之一字不可

以一例觀

甲申周桓王二十有三年

十有五年

春二月天王使家父來求車

張氏曰古者諸侯有功則車服以庸蓋王者之五路自同姓以下其用之皆有差等非諸侯所得而私爲况可以天子之尊而下求於列國乎天子畿內租稅所入足以待諸侯諸侯九貢亦無有以車供王室之用者上越禮以求之下遠法以供之則示貪風於天下開賄道於邦國其先自上非小故也故特書示畿家父爲大夫而無所正救奉使侯國自取辱命之罪見矣

三月乙未天王崩

趙氏曰此後莊王僖王不書崩見王室不告魯之不赴著諸侯之不臣也

夏四月己巳葬齊僖公

王氏曰桓負大惡王非爲不討而八年之崩三遣使來聘恩禮厚矣今王崩來赴魯無奔喪會葬之事齊僖之存干戈歲尋卒則會葬如禮比事以觀不貶而惡自見

五月鄭伯突出奔蔡

祭仲專鄭伯患之使其壻雍糾殺之雍姬知之以告仲仲殺雍糾公出奔蔡凡國君出奔不書其迫逐之人者不以卑加尊存君臣之體也或者乃以爲君而見逐其惡甚矣不書所逐之臣而以自奔爲文所以警乎人君夫君即甚惡豈不可諫諫而不從何妨於去不可已則極言而死之可也義不可坐視則易位以定之可也豈得視如奴隸如盜賊而

追之逐之也哉輕釋亂臣而重責孱主非法也○張氏曰書爵不名者罪輕惡淺其位爲未絶突以庶孽奪適初與權臣比而篡位又與其親戚謀殺之爲反覆盜賊之計以自取亡書名絶之也

鄭世子忽復歸於鄭

汪氏曰前有突歸而繼書忽奔者以忽之出由突之入也此先書突奔而繼書忽歸者明忽之歸由突之出也而忽與突之強弱見矣突之歸不繫國而忽稱世子與適庶之名分辨矣○薛氏曰突書鄭伯已成君也忽稱世子明突之不當得立也愚按忽當喪而出未成乎君故其歸仍稱世子且祭仲之權其盛如此則當自宋歸之後何難於殺突以安忽乎今乃置君如奕碁是自取無將之罪也

許叔當請命于王而後歸國

許叔入於許

汪氏曰隱十一年魯及齊鄭入許許莊公奔衛鄭悉有許之土地而使許莊公之弟許叔居許東偏以奉其祭祀是年鄭亂許叔度鄭之力不能與巳争故自入其國而君之也○劉氏曰許叔稱字賢也何賢乎爾宜爲君也宜爲君其稱入何難也何難乎爾鄭伯滅之迫其亂而後能入也稟篡曰許叔有興復之羨故書宁乘人之亂無王命而復歸故書入或以爲不必俟王命非春秋尊王之義也○家氏曰許叔之入入之善者也鄭突之入衛朔之入入之不善者也

公會齊侯于艾艾齊地

左氏曰謀定許也○李氏曰鄭莊方強則二國挾鄭以爲利鄭莊既卒則二國定許以爲

名○高氏曰魯嘗爲齊絕襄新立復通好自是與文姜爲鳥獸之行而彭生之禍兆矣故以齊侯爲主

郲人牟人葛人來朝 牟泰山小國 葛梁國小國

董氏曰爲天王崩而相朝故貶

秋九月鄭伯突入于櫟

程子曰突非正也國人君之諸侯助之書爵所以戒居正者己不能保則人取之矣書入以見義不容也○薛氏曰櫟者鄭之大都也入於櫟言將逼鄭也鄭忽反矣突因櫟以有鄭忽浸微而不見矣春秋書大都之害閔忽之無臣子而不足以有立也○愚按傳十七年高渠彌弑昭公而立子亹十八年齊人殺亹祭仲逆仲子於陳而立之莊十四年傳瑕殺

仲子及其二子而納厲公春秋皆不書者蓋魯桓與宋相比故赴告不及之耳

冬十有一月公會宋公衛侯陳侯于袲伐鄭袲昌氏反公羊作後宋地

呂氏曰突在櫟忽在鄭經書伐鄭爲伐忽明矣○張氏曰魯桓宋莊衛朔皆以不正得國其爲突謀乃水流濕火就燥獨陳侯疑之耳然寡不勝衆所以疑而遂合也○王氏曰突之未出也宋欲有所責故嘗伐之突之既出也宋懼無所得故求納之始宋不和而公以鄭伐宋及突已奔而公與宋伐鄭向者相兵之深今也相用之固夫豈無自而然哉蓋以正繼正禮之常諸侯無所求以亂易亂國之釁諸侯有所責故利其亂幸其位貪其賄黨其邪自突入櫟公與宋公三會諸侯而再伐鄭無他賄故也

十有六年　乙酉　周莊王元年

春正月公會宋公蔡侯衛侯于曹　孫氏曰未能納突故復會。張氏曰如此又邀蔡常益張矣

夏四月公會宋公衛侯陳侯蔡侯伐鄭

程子曰突善結諸侯故皆爲之致力爰伐鄭也。楊聃菴曰宋伐突蔡與焉突出奔蔡納焉忽出奔衛納焉宋伐忽衛與焉鄭伐宋魯及焉宋伐鄭魯會焉春秋諸侯之離合可勝道哉然曹與會而不與伐則彼善於此者耳。胡氏曰周官大司馬設儀辨位以等邦國猶天建地設不可亂也及春秋時禮制既亡霸者以意之向背爲升降諸侯以勢之強弱相上下蔡嘗先衛今序陳下者先儒以爲後至也以至之先後易其序是以利率人而不

要諸禮也豈所以定民志乎春秋防微杜漸尤嚴於名分考其所書意自見矣

秋七月公至自伐鄭

程子曰不惟告廟又以見勤勞於鄭罪也。家氏曰暴師一年爲是逆理悖常之事桓之惡亦稔矣已篡弑未討前既會諸侯於稷以成宋之亂此復合四國以輔鄭罪之篡謂天下無王而敢爲此也惡極必復天討將加而濼之禍其將作矣

冬城向。十有一月衛侯朔出奔齊

初宣公烝於夷姜生伋屬諸右公子爲之娶於齊而美公取之生壽屬諸左公子後又生朔譖弒仍壽而立二公子故怨惠公至是朔又得罪於天子左公子泄右公子職乃立公子黔牟惠公奔齊。張氏曰朔已亡五年二公子逐之必因其陵蔑天子周室欲討而後

得以行其志所以莊公六年王人子突救衛也

丙戌 周莊王二年 十有七年

春正月丙辰公會齊侯紀侯盟于黃 黃齊地

張氏曰公十三年會紀敗齊以益其怨今乃盟之豈足以釋憾又欲納朔一動而二失也

二月丙午公會邾儀父盟于趡 趡翠軌反魯地 夏五月

丙午及齊師戰于奚 奚魯地

書及者疆埸之吏主兵而君卿不與也○吳氏曰此齊師來侵魯境而魯與之戰也盟黃未幾而齊來侵境平紀之信豈可恃乎

六月丁丑蔡侯封人卒○秋八月蔡季自陳歸

于蔡

何氏曰蔡侯封人無子季次當立封人欲立獻舞而疾季季辟之陳封人卒反歸奔喪無怨心故賢而字之○胡氏曰蔡季之去以道而去者也其歸以禮而歸者也若季者劉敞所謂智足以與權而不亂力足以得國而不居遠而不攜邇而不偏皆也是以見貴於春秋○劉氏曰蔡季何以稱字賢也何賢爾其去也以道其反也以禮公子不去國何賢乎季之兵權也其言自陳何陳有力焉文曰左氏曰蔡人嘉之也夫蔡人嘉之則必蔡人逆之矣○張氏曰復國於危疑之際者之[illegible]惟蔡季為善以其潔身而去一無爭心[illegible]念宗國聞召即歸能遠禍於未然不悖悻以為高其去就合宜是以春秋貴之

癸巳葬蔡桓侯

胡氏曰啖助云蔡桓何以稱侯蓋蔡季之賢知請謚也人亦多愛其君者豈能愛君以禮而季能行之此賢者所以異於人也春秋諸侯雖削子男葬皆稱公志其失禮之實爲後世戒欲其以正終也其垂訓之義大矣。陸氏曰侯伯子男之國稱其君曰公臣子之辭也謚不得云公者謚王所錫也

及宋人衛人伐邾

微者將兵故書及。張氏曰桓公春與齊邾盟既而戰奚伐邾莅見於一年之中反覆前日刑牲詔神棄如敝屣疑瀆信不仁人理滅矣宜其不踰年而見殺於齊也。胡氏曰正月與齊爲黃之盟而五月戰焉二月與邾爲趡之盟而八月伐之詩云君子屢盟亂是用長豈不然哉

冬十月朔日有食之

丁亥周莊王三年十有八年

春王正月公會齊侯于濼濼音洛水名在齊地

胡氏曰桓公已終復書王者明弒君之賊雖已身没而王法不得赦也又按桓十五年天王崩至是新君嗣立三年之喪畢矣明弒君之賊雖在前朝而古今之惡一也然則篡弒者不容於天地之間身無存没時無古今皆得討而不赦聖人之法嚴矣○吳宥涵曰十有八年桓惡貫盈王法不及誅而天討及之使之不以正斃而死於彭生之手人討即王法也故復書王以正其罪於十年見人心之有王而親鴈同讐於十有八年見天理之有王而帷薄反戈然後亂臣賊子終無所逃於天地之間也春秋之立法其嚴矣哉

公與夫人姜氏遂如齊

張氏曰濼之會不言夫人者夫人不與行會禮也如齊不言及而言與者夫人伉也以見夫不夫婦不婦進退制於夫人也亢事之異於常者禍之所從起觀公與夫人如齊之書則見其違男女之常經而禍亂之所從生矣人謹禮於微慮患於早之意不可不察也。汪氏曰與之爲言乃黨與匹敵之義而不相屬之辭也故以尊及卑曰及以此及彼曰及皆及者爲主曰與則匹敵而無彼此尊卑之別也桓公不能制義而從文姜以往其咎可知矣春秋以一言爲褒貶豈不信哉

夏四月丙子公薨于齊丁酉公之喪至自齊

公與文姜如齊齊侯通焉公謫之以告夏四月丙子享公使公子彭生乘公公薨於車。

張氏曰春秋書魯君見弒之例有二在內則不書其地以存其實在外則不容不書其地而以上下文之特異者見之此先書公與夫人姜氏如齊而明年書夫人孫於齊則桓公之不得其死昭然矣○高氏曰桓弒立不免見殺於人天理亦不僭矣春秋不以討賊書若齊襄殺之非討弒之隱之罪不以討書所以絶無已之亂也濼之會不書夫人出以遂如齊見之喪至不書夫人入以孫于齊見之不與入不與其出聖人之意微矣

秋七月。冬十有二月己丑葬我君桓公

家氏曰桓篡國之賊魯臣子不能爲隱復讎今死於鄭國受斃艷妻自其身而言固爲不幸自天討而言與州吁之死於陳陳佗之死於蔡殆無以異春秋誅姜氏葬桓公明桓之死與隱異也○胡氏曰春秋於桓公書葬其亦隱然以爲足以快魯國臣子之心哉○王

氏曰朱子發明君弒賊不討不書葬之義講家所不及然則在內不書葬者示臣子急於討賊之心譬在外書葬者勢或未可以遂討難於久暴露其親耳葬者權也必討者[illegible]不討則義猶不葬也非許其可緩也

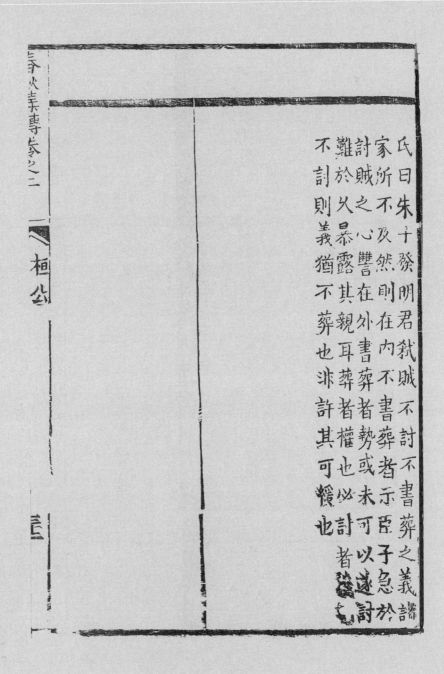

春秋集傳卷之二

三三

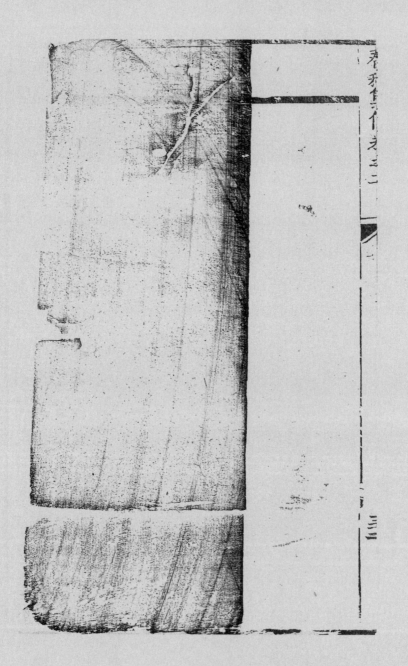

春秋集傳卷之三　湘川李文炤編輯

莊公 名同桓公子謚法勝敵克亂曰莊

元年 戊子 周莊王四年

春王正月

不書即位君讐未復不可以行即位之禮也○公羊子曰公何以不言即位春秋君弒子不言即位君弒子何以不言即位隱之也孰隱隱子也○何氏曰莊之不書即位也重復讐也○穀梁子曰先君不以道終則子不忍即位也夫不忍即位則寢苫枕戈必申人子之痛滅此而後君焉於是以為正而已矣

三月夫人孫于齊 孫本一作遜後倣此

不書姜氏，蒙前如齊文也。國君夫人備極尊養，無孫避臣民之禮。夫喪未久，正當哀毁，無遨遊道路之事。書孫于齊，而夫人之不仁無耻畢見矣。○吳氏曰：魯人以桓公之弑實由夫人，衆怒羣誚，夫人内慙不安，故出奔齊。○胡氏曰：哀姜去而弗返，文姜即歸於魯，側以孫書，何也？與閨弑桓之罪，已極。有如夫而弗返，深絕之也。○汪氏曰：文姜與弑桓公，哀姜與弑二君，皆罪大惡極，不可復居魯國，故皆書孫。雖不曰奔，使若知愧耻而去，然亦可以見其無所容，則其絕之也至矣。哀姜去而不返，齊人討而殺之，得討賊之義矣。文姜復歸於魯，而或會或享，如齊如莒，一書再書，而文再書，春秋非與其歸魯也，所以深惡魯之臣子無忿疾之心，而不能伏大義誅之也。

夏，單伯逆王姬。單音善，後同。

范氏曰單姓伯字禮諸侯歲貢士於天子天
子命之使還其國爲大夫者不名○公羊子
曰逆之者何使我主之也曷爲使我主之天
子嫁女於諸侯必使諸侯同姓者主之諸侯
女嫁於大夫必使大夫同姓者主之○杜氏
曰王姬不稱字以王爲尊且別於內女也○
高氏曰王姬下嫁禮雖不傳而以義推之諸
侯固當躬至京師天子置館命同姓之尊者
行賓主之禮然後逆歸本國此亦男下女之
義也今齊既不朝王又不親逆而魯之單伯
反往逆之莊王不以魯之先君戕于齊命之
主婚魯有大喪不因而辭之陷王于不義故
不書如京師而直書逆王姬猶曰魯自逆耳
○張氏曰常事不書而此特書之斬哀而主
婚固已非禮況齊乃不同天之讐奈何與之
主婚於此見魯之君臣無復讐之心而國之
三綱絕矣○孫氏曰不言如京師者不乎公
使單伯如京師逆王姬也魯桓見殺於齊天

子命莊公與齊主婚非禮也莊公以親讐可辭而不辭非子也故交譏之

秋築王姬之館于外

胡氏曰穀梁子以為仇讐之人非所以接婚姻衰麻非所以接弁冕知其不可故築之於外也築之於外得變之正乎曰不正有三年之喪天王於義不當使之主婚有不戴天之讐魯侯於義不可為之主築之於外之為宜不若辭而不主之為正也是以君子貴端木焉○高氏曰夏逆而秋築館又見前逆之為太早計矣

冬十月乙亥陳侯林卒

桓王亦名林君臣同名而不更可見古人之質也

王使榮叔來錫桓公命

祭氏叔字○高氏曰禮諸侯嗣立三年喪畢以士服朝天子天子錫之黼冕圭璧然後歸以臨其民謂之受命桓簒弒未嘗入朝受命王命魯主婚故追錫桓公以寵之○胡氏曰啖助云不稱天王寵簒弒以瀆三綱也春秋書王必稱天所履者天位也所行者天道也所賞者天命也所刑者天罰也今桓公弒君簒國而王不能誅反追命之無天甚矣

王姬歸于齊

胡氏曰魯主王姬之嫁舊矣在他公時常事不書此獨書者歸於齊故也書歸于齊而後忘親釋怨之罪著矣春秋復讐之罪明矣

齊師遷紀郱鄑郚 郱蒲丁反鄑子斯反郚音吾

沙隨程氏曰土地人民盡有之曰取逐其人有其地曰遷○胡氏曰郱鄑郚者紀三邑也

其以師遷之者見紀民猶足與守而齊人強暴用大衆以迫之爲已屬也○高氏曰紀與齊乃同姓之國况天子娶后於紀而王姬又歸於齊豈無親親之愛今乃背黄之盟一舉而遷三邑蓋自是遂滅紀矣

己丑　周莊王五年

二年

春王二月葬陳莊公○夏公子慶父帥師伐於餘丘

汪氏曰於餘丘小國蓋其後屬邾○張氏曰莊公之立寢苫枕戈莫先於率一國以同仇於不義之齊舍是而命將帥師先有事於無罪之小國兵興無名而慶父以尊屬主兵使之得政以制一國之權軍政之本既失而權移於下以成異日子般閔公之禍故詳書以

譏之

秋七月齊王姬卒

魯主其嫁故録其卒○檀弓曰齊告王姬之喪魯莊公爲之服大功或曰由魯嫁故爲之服姊妹之喪○吳氏曰禮經本無爲王姬服之禮莊公因齊之告喪特爲之服以媚之也○張氏曰莊公舍不共戴天讐而主齊夫人之婚知有齊而不知有父其罪大矣故自逆王姬至此特書屢書辭繁而不殺以正其瀆汩大倫誣滅天理之罪所謂婉而成章者也

冬十有二月夫人姜氏會齊侯于禚禚諸若反齊地

家氏曰姜氏身負弒君未討之誅甫除喪而往會其兄齊襄方有王姬伉儷之戚未踰時而而出淫其妹此天下之大惡覆載之所不容聖人爲是故於春秋聯書之比而誅之也○

胡氏曰婦人無外事送迎不出門見兄弟不踰閾今會齊侯于禚是莊公不能防閑其母失子道也曰子可以制母乎夫死從子通乎其下況乎國君君者人臣之主風教之本也不能正家於正國何若莊公者哀痛以思父誠敬以事母威刑以督下車馬僕從莫不俟命夫人徒往乎夫人之往也則公威令之不行哀戚之不至爾

乙酉宋公馮卒

高氏曰觀宋莊忮求敗類則穆公之不以國與子有以知之矣

庚寅周莊王六年　三年

春王正月溺會齊師伐衛

高氏曰衛朔奔齊齊欲納之然天王已絕朔立公子黔牟爲衛侯魯輙與兵會仇讐之人

抗天子之命納不義之君其罪大矣。家氏曰或謂衛朔在齊此會齊納朔非成父志乎夫納朔者父惡也不能復父之讐而成父之惡滋不孝矣

夏四月葬宋莊公。五月葬桓王

胡氏曰緩也天子七月而葬同軌畢至諸侯五月同盟至大夫三月同位至士踰月外姻至王崩至是蓋七年矣。高氏曰平王崩求賻於諸侯然後克葬桓崩七年乃克葬者蓋承諸侯背畔王師傷敗之後力益不足矣夫以天下葬一人安可緩也聖人書之以著天下臣子之罪莊王以後王室益弱無有以緩葬書者而有速葬者抑以禮滋畧歟。沙隨程氏曰周人東遷之初尚有志於歸葬已而侵削益甚故於此始葬

此條恐是臆說

秋紀季以酅入于齊酅户圭反

季紀侯弟酅紀邑名。陸氏曰紀季以君之邑入於他國不書曰叛以有兄之命也。高氏曰紀侯自度滅亡歸季姜於京師而天王紛不能正求援於魯而鄰國卒莫能救與其殘民絕祀孰若使季以酅為附庸以事齊廢宗祀之不滅也此從權紓禍不得已之甚概以王法則擅以天子封邑入於齊齊人納人之封邑均有罪故書以酅入以示義析地以去國降忘以事仇非季之心也以宗國為冥聖人怒季而重罪齊侯也。張氏曰王政不行霸者未作強大并吞無道肆行小國不能校與辭下敵以存宗祀以先王之逮國而聽命於強暴春秋所以於季無譏焉書入以志其難蓋閔之也。李氏曰紀季之事謂之不貶則可謂之知權亦可如以為賢而褒之則恐未可與微子適周例論也

冬公次于滑

滑鄭地

凡師一宿爲舍再宿爲信過信爲次夫師見可而進知難而退故易曰左次无咎然施之救兵則是安步以拯溺揖讓以救焚也奚可哉。張氏曰公欲閔紀之難而度其力終不能救故次師于滑將以鄭之不會而辭於紀耳非實有捄紀之心也彼於父之讐尚怠之而不圖豈真有心於存紀哉故書次見出師無名以深譏之。胡氏曰春秋紀兵伐而書次以次爲善捄而書次以次爲譏次于滑譏之也魯紀有婚姻之好當恤其患於齊有父之讐不共戴天苟能救紀抑齊一舉而兩善并矣見義不爲而有畏也春秋之所惡故書次於滑以譏之

四年

辛卯 周莊王七年

春王二月夫人姜氏享齊侯于祝丘 祝丘魯地

此恐侯禮有酒清而不敢飲之文

吳氏曰古者飲食之禮有三享燕食也燕禮最輕蓋主於飲酒而食物不盛食禮次之食物甚盛而不飲酒享禮最重飲酒如燕禮之多食物如食禮之備雖君大夫亦無行享食燕之禮於野者況婦人乎然此不足責也○高氏曰禮姑姊妹已嫁而反兄弟不與同席而坐況用兩君相見之禮乎蓋為名而已矣○呂氏曰前此嘗會矣而未之享也今享矣又復如齊師矣人之為不善一縱之後如水方至莫知所極

三月紀伯姬卒

禮諸侯女嫁為夫人則服大功常事耳何以書閔紀之將亡耳○汪氏曰內女為諸侯夫人者七惟紀伯姬宋伯姬志卒志葬蓋憫紀之亡而襃共姬之賢故特詳其本末也

夏齊侯陳侯鄭伯遇于垂

鄭伯厲公也子儀兢兢自保豈敢遠出而突則善結強鄰恣行不義其爲厲公明矣〇許氏曰齊與陳鄭遇垂蓋謀取紀是以紀侯見難而去也

紀侯大去其國

汪氏曰大去者如荀偃云大還婦人見絕於夫家爲大歸蓋凡可欲之物盡棄不顧往而不反也〇張氏曰自桓之五年書齊鄭如紀以至莊元年三年凡關紀之所以亡者一一備書紀侯圖存不獲因強暴之陵迫委宗廟於其弟而去之故特書大去而不曰出奔所以責強暴閔小弱而寓興滅繼絕之志於意言之表也〇呂氏曰紀侯未見有強爲善之實又不能發死而弗去方之太王養人之言則不類比之孟子守死之説則有愧聖人之書大去其國非罪之也亦非許之立傷之而已矣〇陸氏曰趙氏云失國而曰大去何也

紀侯賢而無罪恃力者幷之故力不足者君子不咎之也不曰出奔所以護紀惡齊也不書滅不絕其祀也

六月乙丑齊侯葬紀伯姬

胡氏曰不稱齊人而目其君者見齊襄逼逐紀侯使之去國雖夫人在殯而不及葬然後襄公之罪著矣我魯君滅其婚姻之國而葬其女是猶加刃於人以手撫之也而可以爲禮乎○陸氏曰淳聞之所曰葬者臣子之事非由鄰國也齊侯恃其強大幷人之國而禮葬其妻是謂豺狼之行而爲婦人之仁也

秋七月○冬公及齊人狩于禚

[redacted]氏曰齊侯書人隱辭也不忍公之與讐會獵也謂之齊人似不詳也齊人何以知其爲

齊之君曰會獵遊田之事也遊田微者則君何爲與之會會之非微者也○高氏曰狩以奉祭祀與人共且不可況其親之仇乎不沒公而書及以深罪之○胡氏曰父母之讐不共戴天則無時可通也而與之狩是忘親釋怨非人子矣

五年 壬辰 周莊王八年

春王正月。○夏夫人姜氏如齊師

胡氏曰師者衆多之地曰會曰享猶爲之名也至是如齊師羞惡之心忘矣夫人之行不可復制矣春秋書此以戒後世謹禮於微慮患於早之意也○王氏曰前此會禚享祝丘皆歷日而返故書月至此歷月而返故止書時○愚按如此無狀之事而必書其實所以爲信史也而謂春秋以日月爲褒貶可乎

秋郳黎來來朝

杜氏曰附庸國其後數從齊桓以尊周室王命以爲小邾子○李氏曰郳後復役於宋故宋仲幾曰滕薛郳吾役也其不得與邾儀父書字例者未能同於中國也其不與介葛盧書來例者已能盡於禮也

冬公會齊人宋人陳人蔡人伐衛

吴氏曰三年齊師會魯伐衛以納朔而不克納故今又會四國之兵以納之也○劉氏曰不言納衛侯朔不與納也諸侯失國諸侯納之正也有其實者居其名無其實者不得居其名有其名者享其功無其名者不得享其功納朔非正也何以非正天子命黜年矣○陳氏曰凡會伐有諸侯在焉則其大夫稱人有諸侯在而其大夫不稱人自齊國佐始

癸巳　周莊王九年

六年

春王正月王人子突救衛

按周禮伍長下士兩司馬中士卒長上士旅帥下大夫師帥中大夫軍將命卿夫王室命將出師必無遣百人以下之理則王人必大夫而子突其字也朔以麀聚之孽譖殺其兄而篡居其位旋爲國人所逐天子所黜令五國之君乃反輔之以争國子突奉王命以救之乃爲天吏而伸天討也成敗非所計矣。董子曰仁人者正其義不謀其利明其道不計其功吾於子突之救衛見之。張氏曰救衛者奉天王之命以存黔牟而拒朔也朔構兄篡國天討之所當加而子突能奉王命以救之春秋一經王旅之出而合司馬九伐之法惟此一事所以雖微者帥師而書字以褒之也

夏六月衛侯朔入于衛

衛侯入放公子黔牟於周殺左公子洩右公子職乃即位王救無功而諸侯之罪於是乎不可逭矣故書名以絕之劉氏曰朔故嘗有國矣入而不言復者不與復之意也爲諸侯受之君君所不命而自取之雖有鄰國之助大亂之道也爲此乃非所以復也。張氏曰名之又書入與鄭伯突同篡逆之罪。邵氏曰於衛朔見君命之重於齊荼見父命之重

秋公至自伐衛

汪氏曰去年冬伐衛今年秋始至師出經年黷武以抗王師考其時而惡自著。家氏曰出而至必告於廟禮也今公輔朔之篡而納之於衛又敗王師以歸一舉而二罪從之將何辭以告書至自伐衛不與其至也

螟。冬齊人來歸衛俘 俘公穀皆作寶

俘軍實所獲也子女玉帛皆在其中矣納朔者齊連諸侯者齊故得俘而歸之四國者亦齊也齊人來歸俘而魯分受其咎矣。澹菴胡氏曰諸侯逆王而納朔志在於衛俘蓋志於利則叛其君矣春秋書齊人歸俘以見諸侯之逆王命蓋本志於利也

甲午周莊王十年

七年

春夫人姜氏會齊侯于防 防魯地

師氏曰凡夫人與齊侯享皆一一書之而不遺所以著其已甚也

夏四月辛卯夜恒星不見夜中星隕如雨 見音現

吳氏曰恒星謂有名之經星星隕謂無名之衆星夜無日光則暗而星見晝有日光則明

而星不見恒星不見者夜明如晝故也大星之常見者不見則小星之無名者亦無也隕謂自天而隕没於半空而不至地如雨之衆多不可爲數也。汪氏曰經星没而不見乃天地常經泯滅之。象衆星奔流乃諸侯放恣互相凌駕之證也。張氏曰蓋王運將終而覇統方作之祥自此。堯舜禹湯文武之綱紀法度掃滅殆盡矣。朱子曰月見於晝星明於夜天道常理今夜有日光常星不見此陰不陰陽不陽君不君臣不臣之應也

秋大水無麥苗

張氏曰書大水爲異非常也蓋文姜宣淫陰盛不制之所感也周之秋今五月麥熟苗將秀因水漂盡故麥與苗俱無民食之絶有國之大事故書

冬夫人姜氏會齊侯于穀穀齊地

胡氏曰一歃再會其爲惡益遠矣年無知弑諸兒其禍淫之明驗也

乙未 周莊王十有一年

八年

春王正月師次于郎以俟陳人蔡人

齊會伐郕徵兵于魯與陳蔡魯次于郎以待之而陳蔡不至

甲午治兵

汪氏曰周禮大司馬因秋獮治兵以教戰之令莊公不以仲秋而教戰又不治兵於出兵之時而治兵於次郎之後皆非禮也蓋非預備不虞之意實久役不得已而治之爾大閱治兵皆一經之特筆而桓公有所畏而大閱非其時莊公有所俟而治兵非其地故皆特書以示貶不然常事不書

夏師及齊師圍郕郕降于齊師

吳氏曰郕畏齊而不畏魯故齊魯同圍而郕獨降齊也○胡氏曰書及齊師者親仇讐也圍郕者伐同姓也郕降於齊師者見伐國無義而不能服也於是莊公之惡著矣

秋師還還音旋後倣此

張氏曰春秋書魯用師未有如是之詳者蓋莊公此年之師爲非義無故次郎可謂無名甲午治兵可謂亢黷武圍郕而郕降齊可謂無功歷三時而師還可謂害民夫逆天道親仇讐圍同姓勦民力與國不信伐國不服故聖人備書之以見其惡○胡氏曰書師還譏久役也其次其及其還皆不稱公者重衆也義繫於師故不書公以著勞民毒衆之罪爲後戒也○邵氏曰君將不稱師稱師者正也三稱師而不及君變乎正矣

冬十有一月癸未齊無知弒其君諸兒

無知僖公母弟公子夷仲年之子襄公從弟也齊侯使連稱管至父戍葵丘過時弗代以襄公絀無知遂因之作亂弒襄公而立無知夫襄公昏德惡積罪大宜乎喪身然惟天子方伯得以治之為之臣子豈敢推刃於君父故被之以惡名而不得辭也○陳氏曰弒君者連稱管至父專罪無知何君弒而無知受之則賊不在二人矣春秋誅利心是故連稱管至父實弒齊襄無知與聞故者也而無知受之則無知為逆首公子棄疾實弒楚靈比與聞故者也而比受之則比為逆首○張氏曰齊襄之見弒以禍本言之則無知之亂積漸於僖公之時而襄公之惡積不可掩如抗王伐衛殺魯桓公色荒禽荒暱比小人以禍發於蕭牆身殲賊手考其即位至今所書齊事無非七國戕身之媒所謂積不善之餘殃

也。胡氏曰按左氏齊侯游於姑棼遂田於貝丘徒人費遇賊於門先入伏公出而鬬死於石之紛如死於堦下是能死節者其不見於經何也倚便辟私暱之臣逄君之惡田獵畢弋而不脩民事使百姓苦之與大臣孔父仇牧義形於色不畏強禦以身死其職則異矣致亂之臣死不償責又何取乎

丙申 周莊王十有二年

九年

春齊人殺無知

胡氏曰殺無知者雍廩也而曰齊人者討賊之辭也弑君之賊人人之所惡夫人之所得討故稱人人者衆辭也。陳氏曰無知當踰年其曰齊人殺無知何是不成君之辭也無知不成君而雍廩得書人是國猶有臣子也春秋之初王道猶未墜人心猶止於禮義以

齊襄不道，詩人屢致意焉，冀幸一悟，而長惡不已，至於遇弒，然猶不忘討賊之義也。○張氏曰：稱人者，弒君之賊，人無貴賤，皆得殺之，所以尊君父、廣忠孝而誅惡逆也。

公及齊大夫盟于蔇。蔇，其器反，魯地。

杜氏曰：來者非一人，故不名。○王氏曰：莊公素無報讐之念，自以為出於齊，而倚齊為援，故於襄之死，要齊大夫至於魯地，而謀立糾，以為君為植黨市忌之計，初非以德報怨，實欲以德報德也。使莊公翻然悔悟，思其父之所以沒，因無知之亂，仰大義而伐之，跡其棺而暴其罪，謀於齊衆，擇信公之賢子而立之，豈不為桓公之孝子、春秋之賢君也哉？聖人獨於齊大夫盟蔇，書曰公及者，蓋深疾其僣於理，而又傷其不能勇於事也。○邵氏曰：盟以謀納糾，內則釋怨親讐，外則輔少抗長，如倫理何？人莫甚於父母之讐，國莫大於長幼之

入老逆
辭小白
進當立
而無王
命亦逆
也春秋
以尊王
爲主

亭

夏公伐齊納糾齊小白入于齊

吳氏曰諸皃糾小白皆僖公之子襄公遭弑而無嗣則糾與小白皆可君齊齊人初欲迎糾既而當國者知糾不如小白故拒糾而召小白先入於國而奉以爲君蓋齊國公議爲社稷計也則小白爲齊國之所共戴而糾特魯君之所私納故曰齊小白言其當爲齊君也入者難辭雖齊大夫之所欲立然有魯兵見伐奉糾爭國故小白亦藉莒兵護送而後得入齊非如歸之易也○汪氏曰韓亭謂齊桓衛姬之子有寵於僖而程子謂襄公子今不可考然以經考之忽繫鄭而突不繫鄭羈繫曹而赤不繫曹則嫡庶之辨也捷菑不繫邾而書不克納則長幼之辨也今小白繫齊則鄭忽曹羈之例也糾不稱子而稱納則捷

菑之側也是則小白當立而糾不當立明矣况夫子盛稱管仲之功而不責其忘君事讐則其長幼是非豈不灼然可見哉魯莊忘讐而納其公子奉少奪長興師以助不正卒至於敗書公伐書納糾而罪惡著矣

秋七月丁酉葬齊襄公

杜氏曰九月乃葬亂故

八月庚申及齊師戰于乾時我師敗績

乾音干乾時齊地不書公蒙上文公伐而言○杜氏曰小白既定而公猶不退戰遂大敗

九月齊人取子糾殺之

初襄公立無常鮑叔牙奉公子小白出奔莒

亂作管夷吾召忽奉公子糾來奔至是鮑叔
師師請殺子糾召忽死之管仲請囚鮑叔薦
以爲相書子糾者明其爲先君之子況桓未
正儲位則子糾不得爲篡奪取而殺之亦已
甚矣○吳氏曰魯君戰敗力不敵齊故齊聲
子糾爭國之罪僞魯殺之魯不能庇遂殺之
於生竇殺之者雖魯從齊令也是猶齊人取
之於魯魯以畏齊而殺之焉耳○家氏曰此
桓公殺之而書齊人殺子糾以路人絕之絕
之於天倫所以大誅斥之也魯不能納糾又
使受而甘心焉魯亦有罪矣○李氏曰前不
書子　責子糾以天倫之義此復書子責桓
公以天倫之恩也○黃氏曰魯莊納糾有四
罪忿讎德怨一輔邪姦正二事定復戰三既
納復殺四○汪氏曰王者之道自脩身齊家
以及於爲國桓公殺子糾晉文殺懷公以取
國夫子糾懷公論長幼之序雖不當立而桓
文之殺亦非也以是得國而霸諸侯其本固

不言齊伐我何無名也魯既爲齊殺糾矣而復

已不正矣

冬浚洙

張氏曰洙水在魯北齊伐魯之道也魯雖殺子糾猶有長齊之心故浚而深之以備齊師之至書此以見不能明政刑結人心使大國畏之而重勞民力務以深險自守不知困民於無益古人徹彼桑土綢繆牖户之意不知是之陋也

十年

丁酉 周莊王十首三年

春王正月公敗齊師于長勺

長勺魯地

楊耻菴曰齊入魯魯迎而敗之凢戰皆罪主兵故乾時以罪魯長勺以罪齊餘倣此

二月公侵宋

興師焉無名甚矣

潛師掠境曰侵○蜀杜氏曰周官九伐之法負固不服則侵之此蓋天子命諸侯使侵之非列國可得而專春秋之世侵伐戰圍者甚衆必詳録之以示譏也○張氏曰莊公以僥倖得志於齊遂肆無名之師掠宋境此所以致郎之師也

宿亦先王封國而宋擅遷之無王甚矣

三月宋人遷宿

高氏曰宿介於宋魯之間屬於宋而親魯宋公以爲貳於魯而遷之○許氏曰遷之使未失其國家以往其義猶有所難則是王澤之未竭也僖文以後亦滅國無遷國矣○胡氏曰其曰遷宿者宿非欲遷爲宋人之所遷也懷土常物之大情遷國重事也雖違害就利去危即安猶或不肯寧從況迫於橫逆非其所欲棄久宅之田里刈新徙之高遂道塗之勤營築之勞起怨咨傷和氣豈不惻然有隱乎肆行而莫之顧其不仁亦甚矣

夏六月齊師宋師次于郎公敗宋師于乘丘乘丘魯地

李氏曰齊之忿魯始於子糾之納宋之忿魯始於公之侵而其實則齊挾宋以圖霸也◦汪氏曰齊宋書師著兵力之強也書次見其師出之無名也魯書公書敗見其以千乘之君而勝人不以其道也記稱戰於乘丘馬驚敗績公墜佐車授綏公雖能勝宋魯亦殆矣此春秋所以目公而譏之也與◦陳氏曰其言次何以桓公之圖霸而未集也桓公所甚汲汲者魯也苟不得魯不可以合諸侯宿師於郎將以詘魯耳於是書次見桓之未得志於諸侯也是故書齊宋次郎以志齊霸之難書楚次厥貉以志楚霸之難於此焉可以知人心矣不苟於從齊是人心猶有周也不苟於從楚是人心猶有晉也有王者作天下歸

往之矣

秋九月荊敗蔡師于莘以蔡侯獻舞歸荊即楚芈姓子爵熊繹後○吳氏曰蔡侯爲荊所獲而以之歸留於楚九年○胡氏曰蔡侯何以名絕之也凡書敗書滅書入而以其君歸皆名者爲其服爲臣虜故絕之也國君死社稷正也逃之雖罪猶有耻焉虜甚矣春秋之法諸侯不生名失地則生而名之比於賤者欲使有國之君戰戰兢兢長守富貴無危溢之行也○劉氏曰楚祝融之後其上世有元德顯功通於周室與中國冠帶之君無異僭稱王故以州舉

冬十月齊師滅譚譚子奔莒

胡氏曰：滅而書奔，責不死位也。不書出國，已無所出也。國滅身奔而不能守其富貴，何以書爵乎？已無取滅之罪，爲橫逆所加而力不能勝，至於出奔，則亦不幸焉爾矣，其義蓋未絶也。按左氏，齊侯之出也，過譚，譚不禮焉。及其入也，諸侯皆賀，譚又不至。責其失事大之禮可矣，坐此見滅，可乎？○茅堂胡氏曰：管仲相桓公霸諸侯，只是詭遇。如譚有恨便滅之，鄣可取便降之，若學聖人，則行一不義、殺一不辜而得天下不爲也。○汪氏曰：齊桓圖霸之初，滅譚滅遂，降鄣遷陽，專以威力凌暴小國，以恐懼天下之諸侯，其後雖能存三亡國，而功不足以掩過矣。春秋書荊敗蔡師于莘，以蔡侯獻舞歸；齊師滅譚，譚子奔莒，則齊侯亦熊貲之爲耳，不待敗絶而惡見矣。

戊戌

周莊王十有四年

十有一年

春王正月。夏五月戊寅公敗宋師于鄑鄑魯地

王氏曰宋既敗而不知懲魯既勝而不知止其黷武甚矣。孫氏曰書公敗宋師於鄑甚之也

秋宋大水

李氏曰外災告則書弔則書。張氏曰比歲交兵怨不厭禮盖古意之猶存而未泯者也閔公不能踐敬之一言而以蘄宋萬自禍乃董子所謂出災異以譴告之而不知變者春秋之存災異可不察哉

冬王姬歸于齊

孫氏曰羣公受命主王姬之婚者多矣惟元年與此書者惡公忘父之讐再與齊接婚姻

也○王氏曰主襄公之婚其罪大故書之詳主桓公之婚其罪小故書之畧

己亥周莊王十有五年

十有二年

春王三月紀叔姬歸于酅

胡氏曰莊公四年紀侯去國叔姬至此始歸于酅者紀侯方卒故叔姬至此然後歸耳歸者順辭以宗廟在酅歸奉其祀也魯爲宗國婦人有來歸之義紀既亡矣不歸於魯所謂全節守義不以亡故而虧婦道者也魯人高其節義恩禮有加焉是故其歸其卒其葬史册悉書爲後世勸○張氏曰叔姬伯姬之娣隱七年歸于紀者伯姬既亡叔姬實攝內事而能不以國之存亡貳其事君子之心不以身之榮悴變其奉宗廟之志故必歸于酅以終其身易曰眇能視利幽人之貞於叔姬見之矣春秋可不錄其本末以示婦道之正乎

○陳氏曰紀亡矣曷爲謂之紀叔姬存紀也國滅而後見者善辭也是故紀亡書紀叔姬陳亡書陳災

夏四月。秋八月甲午宋萬弑其君捷及其大夫仇牧

宋萬弑閔公於蒙澤遇仇牧於門批而殺之遇太宰督於東宮之西又殺之立子游○胡氏曰仇牧可謂不畏強禦矣徒殺其身不能執賊亦足爲求利焉而逃其難指之訓矣太宰督亦死於閔公之難削而不書身有罪也

冬十月宋萬出奔陳

宋人以曹師殺子游立桓公南宮萬奔陳宋人賂陳人乃使婦人飲之酒而以犀革裹之

宋人醢之○胡氏曰[illegible]為不書陳人殺萬而葬閔公陳人不以萬為賊而納之又受宋人之賂而使婦人飲之酒是與賊為黨非政刑也特書萬出奔陳而閔公不葬以著陳人與賊為黨之罪而不能正天討共法嚴矣○汪氏曰春秋書逆賊出奔一以責國人之失賊一以責鄰國之不當受也陳人既受賊及貪賂而後以狙詐戮之則非天討矣

庚子　周僖王元年

十有三年

春齊侯宋人陳人蔡人邾人會于北杏侯穀梁作人北杏齊地

吳氏曰是時管仲為政四年矣教齊桓糾合諸侯以圖霸而始為此會也按上年宋有弒君之亂蕭叔大心僅能率五族殄亂賊立桓公御說會北杏者定御說之位也以平宋亂

會諸侯其名正矣然列國僅有陳蔡小國僅有邾莒宋四國而已若魯若衛最近於齊而皆不會是齊桓之信未能孚於諸侯也○敬齊胡氏曰北杏之會世道之大變周王不能號令中國以時會而發禁齊桓之興假仁義以圖霸業以平宋亂爲義爲會北杏四國翕然宗之自古以來諸侯無主會盟桓公創之故書齊侯以見其尊列國書人以見其衆以爲予齊桓而書其爵誤矣

夏六月齊人滅遂遂虞舜後

家氏曰遂人不會北杏固爲有罪然未至於可滅也霸者假公義以濟私欲滅譚又滅遂不過爲拓土開疆之計春秋於三年之間聯書二滅以著齊桓之罪功過不相掩也○胡氏曰取國而書滅奪人土地使不得有其人民毀其宗廟使不得奉其祭祀非至不仁者

莫之忍爲見滅而書滅亡國之善詞上下之同力也其亦不幸焉爾○陳氏大圭曰齊桓方修北杏之會而先滅譚繼滅遂其滅也有二曰譬諸侯曰倍兵力故有滅國之事齊桓所以爲霸無柔遠能邇之心也有滅國之事齊桓之所以能霸得近攻遠取之術也

秋七月○冬公會齊侯盟于柯柯齊地

孫氏曰公不及北杏之會桓公既滅遂懼其見討故盟於此○胡氏曰始及齊平也世讐而平可乎於傳有之敵惠敵怨不在後嗣不於襄公有不共戴天之讐當其身則釋怨不復而主王姬狩於禚會伐衛同圍郕納子糾故聖人詳加譏貶以著其忘親之罪今易世矣而桓公始合諸侯安中國攘荆蠻尊天王乃欲修怨怒鄭而危其宗社可謂孝乎則以爲釋怨而平可也○張氏曰魯莊自齊桓入國屢與之戰雖一再勝而齊方修軍政以圖

覇魯有見伐之虞至此始及齊平公穀所載曹劌劫盟之事齊桓捐小利以收魯容或有之皆覇術也但公羊言之過其寔耳

辛丑周僖王二年　十有四年

春齊人陳人曹人伐宋

宋入背北杏之會會諸侯伐宋○吳氏曰北杏之會齊侯本以定宋君之位而宋即背之盖服仁義非誠心故人心不孚也

夏單伯會伐宋

吳氏曰伐宋之役齊止用近宋之陳曹不煩遠兵然魯方從覇故齊雖不徵於魯而魯亦遣單伯以兵往會之

秋七月荆入蔡

吳氏曰齊雖圖霸力未能以帖荆十年荆方敗蔡而虜其君今又破蔡而入其國春秋屢書病中國之不競也。張氏曰息之亡蔡之入皆哀侯致之惟干戈省厥躬亦足見蔡自會鄧懼楚之後非但不為桑土綢繆之謀而以一婦入之故再召楚師始則身虜繼則國破楚熊貲以悅婦人而興兵當時齊桓之霸業未成遂致其橫行於江漢耳

冬單伯會齊侯宋公衛侯鄭伯于鄄鄄音絹衛地

吳氏曰春齊陳曹三國伐宋其夏魯單伯方往會伐將宋已成而三國還師單伯不及至宋境故冬而單伯復會齊宋之君以結成而衛鄭之君亦求會也此衣裳之會之一齊霸畧定矣若陳蔡曹邾已歸齊者不復與盟蓋齊之霸政務簡便不欲煩諸侯也。卓氏曰

衛朔入國不通諸侯者九年鄭突自遇垂不通諸侯者十一年今皆不敢不至宋服故也

壬寅 周僖王三年 十有五年

春齊侯宋公陳侯衛侯鄭伯會于鄄

許氏曰三合諸侯而不盟以示慎重是以盟則衆信莫敢渝也。張氏曰傳以爲齊桓始霸蓋指諸侯始定而言然魯未信服而自是之後宋人猶或主兵衛鄭未免復叛蓋齊之霸業驟驟向定而諸侯之心猶未一也

夏夫人姜氏如齊

張氏曰文姜不如齊八年矣至此復如齊桓公欲求魯好以定霸業而不之拒也文姜播惡於襄公之世桓公絕之義也以欲求魯之故而不鑒還車之轍豈未聞行一不義而得

天下不為之法乎春秋特書以景桓也

秋宋人齊人邾人伐郳

杜氏曰宋主兵故序齊上○蜀杜氏曰齊桓内不能率諸侯以朝天子外不能攘荊楚以救中國為宋討一附庸以求其服從斯德之小乎

鄭人侵宋

張氏曰閒諸侯伐郳而侵宋不誠服齊以背二鄭之會鄭之反覆於齊楚之閒蓋始於此故書侵以惡之○李氏曰按左氏鄭厲公以此去年自櫟侵鄭傅瑕殺子儀而納之忽儀雖死而莊公之子尚多也齊桓若能明大義告諸侯聲厲公之篡逆之罪而廢之豈不為霸業之光哉不此之顧首列於二鄭之會及其反覆三國伐之又以宋故為辭亦何足以服之

矣宜乎於幽既成而旋有鄭詹之執也

冬十月

癸卯　周僖王四年

春王正月。夏宋人齊人衛人伐鄭

家氏曰鄭突以庶孽篡嫡昭得返國突復據櫟以逼之昭以弒死突之爲也齊桓始覇當聲突舊惡請於王正其罪宣示遠近以警羣聽今乃爲宋而伐鄭非名也

秋荊伐鄭

李氏曰鄭桓公始寄帑於虢鄶得十邑而國之前華後渭左洛右濟主芣騩而食溱洧實春秋要領之國而南北之樞紐也故楚之禍及鄭始此而終春秋爲霸主之輕重焉

冬十有二月會齊侯宋公陳侯衛侯鄭伯許男滑伯滕子同盟于幽公羊作公會許男下公穀有曹伯。滑姬姓

劉氏曰同所以名盟焉爾以周禮言之殷見曰同同者巡狩殷國也以儀禮言之則諸侯方盟主日月而命事者同盟也覲禮諸侯覲於天子爲宮方三百步四門壇十有二尋深四尺加方明於其上方明者木也方四尺設六色六玉注方明者上下四方神明之象也會同而盟明神鑒之王巡狩至於方岳之下諸侯會之亦爲此宮以見之○張氏曰古者方岳有同盟以示其考禮尊德以事天子之意桓公至是以諸侯既授以事而霸業定因舉是禮約束諸侯○尊周以掩其無王之事自此欲制諸侯而齊從之者皆書同而善惡則各繫其事焉○薛氏曰許何以先乎曹滑也非禮班之序也桓公倡霸而亂周班之序

非長諸侯

之道也

郳子克卒

高氏曰不能五十里爲附庸若有功加地滿五十里則列爲子男郳本附庸齊桓始覇從其征伐有功王室以是請命而爵之爲子春秋因其卒而著之

甲辰　周僖王五年　十有七年

春齊人執鄭詹

張氏曰詹不氏與柔溺同諸侯不服不能修德以來之則小國之從齊皆出於力之不贍而非有心悅誠服之意爲可見矣○王氏曰宋大鄭小齊桓葢德宋而威鄭文王之與大邦畏其力小邦懷其德而桓反之是以爲霸道也至於宋襄執鄫子之虐則桓不爲矣

夏齊人殲于遂

胡氏曰殲者盡也齊滅遂使人戍之遂之飲民飲戍者酒而殺之齊人殲焉夫以亡國餘民能殲強齊之戍足爲強而不義之戒而弱者亦可省身而自立矣家氏曰遂之餘民鼓其餘勇猶足以殲滅齊戍春秋特爲之書義之也○許氏曰齊師滅譚譚奔莒著其君不絀也齊人滅遂齊人殲於遂著其民不歸也

秋鄭詹自齊逃來

張氏曰執列國大夫踰歷三時不令其服罪防閑弛慢國已已逸齊之罪也竊身逃竄同於苟免之匹夫無人夫之行失節辱國詹之罪也爲逋逃主以取伐於霸主魯之罪也

冬多麋

杜氏曰麋澤獸鹿之大者。孫氏曰以有爲災則書有蜮是也以無爲異則書無冰是也麋者常有之物惟其多則書之。高氏曰聖人於災之中各爲之辨麋書多者以多爲災也蜚蜮書有者以有爲災不書多也麋則常少以多爲災不繫於有也螟螽之書不以其多不以其有但爲災則書也

十有八年（周惠王元年）乙巳

或不書朔或並不書日皆史逸也綱目於戰國時亦多缺文

春王三月日有食之

范氏曰天子玄冕而朝日於東門之外故始出而有虧傷之處是以知其夜食也。家氏曰夜食云者必在丑寅之間故晨興而猶見日食云。按彙纂云既見其虧傷之處則時刻可稽其爲朔日無疑若或食於亥子之交則日未出而明復何從見其虧傷之處此足以破千

古之疑矣

夏公追戎于濟西濟水名

胡氏曰此未有言侵伐者而書追戎是不覺其來已去而追之也爲國無武備啟戎心而不知警危道也

秋有蜮蜮音域

柳子厚曰蜮居水中以氣射人者名射工居水傍林木間含沙射人者名沙蝨○陸佃曰蜮陰物也麋亦陰物也是時莊公上不能防閑其母下不能正其身陽淑消而陰慝長矣此惡氣之應也○張氏曰麋者迷也蜮者惑也是時文姜爲亂於閨門之内其遺毒餘患至哀姜卒再成篡弒之禍物類之感天之示人顯矣

冬十月

丙午　周惠王二年　十有九年

春王正月。夏四月。秋公子結媵陳人之婦

于鄄遂及齊侯宋公盟

楊耻菴曰媵者使事之名公子列於兄弟女
木異姓使逆非遠嫌之道又等於父兄婦乃
同姓使媵示親授之理故可媵而不可逆陳
人之婦陳侯夫人衛女也未入國不可稱夫
人故稱媵陳人之婦此爲公族女公子女不
可知但大夫無私交結之媵婦必公命也結
送媵至衛向鄄聞齊宋爲會停女會盟故言
于鄄非本期送女至鄄也案聘禮受命不受
辭出境有可以安國家利社稷則專之謂本
有此命得以便道從之特不受專對之辭耳

蓋當時出境止在五服之内故非原無是命而可以專主行之也諸侯專相爲盟猶曰不可況以大夫不奉君命而專之乎故書遂以惡之○呂氏曰使結旣盟而齊宋不來伐猶當以擅命之罪加之況無益而有害乎

夫人姜氏如莒

楊耻菴曰莒非父母之邦不知何所私亦不知何所託較之翱翔歸齊其蕩更甚而莊公之不能幹蠱莒之不能遠嫌其失皆可見矣或曰姜氏至是年六十矣未必有所私不書人無故踰境即作私斷故經但書如莒不書有私而不以爲私則不可所謂禮之所去刑之所取也餘做此○吳氏曰夫人自齊襄弒後八年不出因十五年又一至齊蓋假國事以愚其昏懦之子莊公不能制故於今如莒也父母没不得歸寧雖兄弟之國且不可往況他國乎

冬齊人宋人陳人伐我西鄙

鄙者邊陲之地○程子曰齊桓始霸責魯不恭故來伐也○家氏曰是歲周有子頹之亂衛師燕師稱兵伐周立子頹天子播遷於外桓公不能討乃以三國伐魯是春秋所責也

二十年丁未周惠王三年

春王二年夫人姜氏如莒

汪氏曰文姜以桓三年至自齊至是蓋年六十矣淫妷之行老而尤甚比歲如莒備書不削雖國惡不諱也朱子綱目於武曌將殂之際屢書周以張易之爲奉宸令周賜張昌宗爵鄴國公其亦春秋志姜氏如莒之遺旨也與

夏齊大災

彼既君臨一國又卒葬

杜氏曰來告故書天火曰災

秋七月。冬齊人伐戎

孫氏曰齊桓於是舉攘戎之兵戎在徐州之域最近齊魯故先治之。家氏曰周有子頹之亂齊桓爲盟主若罔聞知鄭伯虢公胥命於弭以兵討亂殺子頹王入於王城齊不能預也去年伐魯今年伐戎大率逐利以自私於王室何有

戊申　周惠王四年

二十有一年

春王正月。夏五月辛酉鄭伯突卒

張氏曰篡弑竊國之人而春秋終始君之且後記其卒於位所以著小人肆志亂賊得終王法不行而世之所由亂也。家氏曰自鄭突之入於櫟春秋蓋絕之矣及周惠王以子

如禮春秋亦不得而削之也

頹之亂出居于櫟諸侯勤王者獨鄭與虢耳厲公雖有簒國之罪亦有勤王之功是以春秋於其卒與葬復録之

秋七月戊戌夫人姜氏薨

張氏曰文姜之行惡矣而卒以國君之母寵榮終身此魯之禍所以未艾必至於莊公之終而君弑哀姜慶父誅而後魯亂始息也

冬十有二月葬鄭厲公

王氏曰據左氏鄭伯有納王之功勲在王室然不免謚爲厲者其始以賂而簒立中以虐而出奔周室雖衰公議尚在臣子雖謚不敢妄加美名古意猶可考也

己酉　周惠王五年

二十有二年

春王正月肆大眚

肆放也眚過也〇胡氏曰肆眚者蕩瑕滌垢之稱也周官司刺掌赦宥之法壹宥曰不識再宥曰過失三宥曰遺忘壹赦曰幼弱再赦曰老耄三赦曰惷愚未聞肆大眚也大眚皆肆則廢天討虧國典縱有罪虐無辜惡人幸以免矣故諸葛孔明曰治世以大德不以小惠其爲政於蜀軍旅數興而赦不妄下斯得春秋之旨矣肆眚而曰大眚譏失刑也

癸丑葬我小君文姜

劉氏曰夫人之謚皆私謚也婦人不尸兼名不當別謚〇高氏曰婦人無爵何謚之有先王之制但取夫之謚冠於姓之上以明所屬豈有不繫其夫而別自爲謚者哉夫人姜氏弒逆淫亂之人得罪於宗廟國人之所不容分也云亡雖以母子之故不忍棄絕則葬之

足矣又別爲之謚曰文而不復繫於桓公自
是魯國從而效尤凡夫人之死皆爲之別立
謚後世因循不改
大失春秋之旨矣

陳人殺其公子御寇

張氏曰不稱世子未誓於天子也未誓則稱
公子重王命也○楊耻菴曰國君不得專殺
其臣父豈得專殺其子春秋天子之事也故
書而宣公之不仁不必言御寇之有罪無罪
但可勿
問矣

夏五月

孫氏曰春秋未有以五月首時者此蓋下文
有脫事爾○吳氏曰書時之首月而四訛爲
五
也

秋七月丙申及齊高傒盟于防防魯地

以後者盟上卿非事大之禮也

冬公如齊納幣

程子曰齊疑婚議故公自行納幣後二年方逆齊難之也○呂氏曰莊公失禮者三娶讐女一也喪未畢二也親往納幣三也○愚按文姜昵於齊襄必欲魯莊娶其女故齊女待年而姜越禮以求速婚也遵母之遺命而忘父之深讐豈非走獸之道乎

庚戌周惠王六年

二十有三年

春公至自齊。祭叔來聘

汪氏曰祭采地叔字天子之大夫也但曰來聘見其假王命而私交也○啖氏曰私行假

言聘故不言王使以譏之○陸氏曰不言使者原其來意非天子之命耳

夏公如齊觀社公至自齊

程氏曰諸侯非王事不出境且諸侯各有其社國舍所事而觀他國之社已非禮矣況齊為讐國又有新婚之嫌於此見莊公之棄國政無君父廢禮法忘廉恥縱遊觀罪具見矣○吳氏曰社者諸侯祭其土示之常事未聞鄰國之君往觀之者如齊而曰觀社此何禮哉孩襄公二十四年齊社蒐軍實使客觀之蓋齊俗每因祭社則蒐軍以誇示威衆而聚人觀之故莊公得託此為名以如齊也

荊人來聘

張氏曰楚自四五年來先加兵於鄭蔡而聘使至魯用遠交近攻之術

杜氏曰不書荊

子使其來聘君臣同辭者蓋楚之始通未成其禮

公及齊侯遇于穀穀齊地

張氏曰爲婚姻而齊難之也不可爲婚姻則當絶之數與之約而後與之書此所以著莊公之不子而齊桓之待人不以義也

蕭叔朝公

胡氏曰蕭叔附庸之君也爲禮必當其所而後可以言禮蕭叔朝公在齊之穀非其所也嘉禮不野合而朝公於外是委之於野矣故禮非其所君子有不受必反之於正而後止此亦春秋撥亂之意也

秋丹桓宮楹

桓宫桓公之廟楹柱也。穀梁子曰禮天子諸侯黝堊大夫蒼士黈丹楹非禮也。高氏曰莊公不能爲桓復讐而反娶其女以奉祭祀故丹楹刻桷以示孝甚矣莊公之行詐也夫宗廟之飾國有彝典而妄肆奢麗加於禰宫亂王制瀆先君不恭莫大焉聖人直書其事具文見意

冬十有一月曹伯射姑卒。十有二月甲寅公會齊侯盟于扈扈鄭地

程子曰遇穀盟扈皆爲要結姻好。愚按魯弱而齊強文姜尚存則以母黨自託文姜既没又以妻黨自固自以爲得繫援之至矣孰知娶婦不擇德而擇勢適足以釀異日亂家之禍哉

辛亥 周惠王七年

二十有四年

春王三月刻桓宮桷

穀梁子曰禮天子之桷斲之礱之加密石焉諸侯之桷斲之礱之大夫斲之士斲本刻桷非正也○家氏曰宗廟祀享之禮自天子至公侯卿大夫士降殺有等然後盡於禮不以踰禮爲榮也不以僭禮爲孝也今莊公娶仇女爲夫人既又丹桓公之楹以刻其桷以蓋其無父之恥知有母而不知有父無父也隆於其父而薄於其祖無祖也無父無祖禽獸之道也五廟並列而桓廟獨遠制而盛飾深著莊公之罪也

葬曹莊公○夏公如齊逆女○秋公至自齊

吳氏曰親逆常事不書公納幣越三年而後得親逆以非常而書故志之以示譏也○張

氏曰王裒讀蓼莪之詩而哀痛終其身莊公忌妃偶之合兩年之間三至齊庭而念不及其父春秋之所以詳書而誅其心也〇楊耻菴曰公於今三十七年矣而始親迎非禮也雖在喪不可婚而未喪以前胡爲不婚乎輕內治緩嗣續玩宗廟於此皆可見矣其義與納幣無異者結正緩婚之罪也諸公婚於即位之前或得禮不書故所書止此

八月丁丑夫人姜氏入

張氏曰妻者齊也書八月丁丑入見後公而至之日多也〇胡氏曰何以不致不可見乎宗廟也姜氏齊襄公之女入者不順之辭以宗廟爲弗受也昏義以正始爲先而公不與夫人皆至姜氏不從公而入已失夫婦之正弑閔孫邾之亂兆矣

戊寅大夫宗婦覿用幣

御孫曰男贄大者玉帛小者禽鳥以章物也女贄不過榛栗棗脩以告虔也今男女同贄是無別也男女之別國之大節也而由夫人亂之無乃不可乎○楊恥菴曰大夫兼同姓異姓而言而宗婦則同姓大長之妻也○胡氏曰公事曰見私事曰覿見夫人禮也曷爲以私言之夫人不可見乎宗廟則不可以臨羣臣故以私言之也○張氏曰夫人至大夫見於宗廟婦見於內禮也並覿同贄是失男女之別矣○汪氏曰男女有別人倫之本也非公以大夫宗婦同贄俱覿而致哀姜通共何弒嗣君之禍唐高宗以百官命婦同宴於麟德殿而致武后淫毒遂移唐祚嫌疑之際可不慎夫春秋書娶夫人惟哀姜最詳自盟防納幣於始至宗婦覿用幣於終見於經書其事十有四以其禮之非常故辭繁而不殺也

大水

汪氏曰莊公娶仇女又奢僭以誇示之故有陰沴之應唐高宗立太宗才人武氏爲昭儀而萬年宮夜大雨水幾溺其身天人相感之際焉可誣也

冬戎侵曹曹羈出奔陳赤歸于曹

張氏曰羈繫於曹明其正也赤不繫國妾孽也赤以庶逐嫡天子方伯不能正病之也○陳氏曰戎既侵曹而羈始出奔是曹懼戎而出其君明矣羈既出赤乃入是戎出羈而納赤亦明矣

郭公

胡氏曰此郭公也義不可曉而先儒以爲郭亡者於傳有之齊桓公之郭問父老曰郭何故亡以其善善而惡惡也公曰若子之言乃賢君也何至於亡父老曰郭君善善不能用惡惡

惡不能去所以亡也考其時與事謂之郭已理或然也夫善善而不能用惡惡而不能去君子所以高舉遠引小人所以肆行而無忌僤然則非有能亡郭者郭自亡耳○汪氏曰說文亾字從人從已與公字相似故傳誤

二十有五年

壬子 周惠王八年

春陳侯使女叔來聘

杜氏曰女氏叔字季友相魯原仲相陳二人有舊故女叔來聘季友冬亦報聘○黃氏曰陳女叔故來聘雖其君使之實出其臣之私意也大夫交政於中國其見於此乎

夏五月癸丑衛侯朔卒

汪氏曰朔之入國魯莊與有力焉未必不會其葬所謂治其罪而不葬者也

六月辛未朔日有食之鼓用牲于社

穀梁子曰鼓禮也用牲非禮也天子救日置五麾陳五兵五鼓諸侯置三麾陳三兵三鼓大夫擊門士擊柝言充其陽也○陳氏曰諸侯用幣於社伐鼓於朝○呂氏曰天子伐鼓於社社陰之神也日食則陰勝陽也天子尊以責神諸侯卑自責而已諸侯鼓於社非正也復用牲非禮也牲者祭祀之事牛必在滌三月三月之後方成牲日食川牲取具於臨時耳

伯姬歸于杞

胡氏曰其不言逆何也逆者非卿其名姓不登於史策則書歸以志禮之失也

秋大水鼓用牲于社于門

社土示也門秋所祀者於是而鼓用牲[illegible]
反助陰矣○高氏曰古人遇水旱雖有一[illegible]
祈禳之禮然靡神不舉靡愛斯牲先王必[illegible]
身脩行以爲之本况于社于門非所以致[illegible]
災者也自古豈有伐鼓
用牲救水災之禮乎

冬公子友如陳

杜氏曰報女叔之聘諸魯出朝聘皆書
如友莊公之弟稱公子者史策之通言

癸丑 周惠王九年 二十有六年

春公伐戎夏公至自伐戎

張氏曰爲追於濟
西之恥報怨也

曹殺其大夫

家氏曰曹殺其大夫不惟譏其專殺又誅其
濫殺曹赤挾戎援以篡兄之國又挾戎威以
去兄之黨所殺者必皆無罪而又不止一人
魯史不得其姓名是以闕之耳○陳氏曰凡
殺大夫恒名之此其不名何惡君也莊公卒
有戎難羈出奔陳赤於是篡曹篡而殺其大
夫則必不義其君者也宋杵臼無道而殺其
大夫則亦不義其君者也是彧曹僖公之大
夫不名宋昭公之大夫不名○胡氏曰亢者
諸侯之卿大夫士命於天子而諸侯不敢專
命也其有罪則請於天子而諸侯不敢專殺
也及春秋時國無六小卿大夫士皆專命之
而不以告於王朝有罪無罪皆專殺之而不
以歸於司寇無王甚矣凡諸侯之大夫方其
交政中華會盟征伐雖齊晉上卿止錄其名
氏至於見殺雖曹莒小國亦書其官或抑或
揚或奪或予聖人之大用也
明此則可以司賞罰之權

秋公會宋人齊人伐徐徐嬴姓伯爵伯益後

胡氏曰是年春公伐戎秋又伐徐者必戎與徐合兵爲魯國之患也故雖齊宋將卑師少而公獨親行其不致者没不淹時而齊人同會則無危殆之憂矣○汪氏曰宋先於齊而公書會則宋主兵明矣蓋桓公霸業未盛亦若伐郳伐鄭之先宋也

冬十有二月癸亥朔日有食之

甲寅周惠王十年

二十有七年

春公會杞伯姬于洮洮魯地

伯姬雖莊公之女然行會禮則非事于洮則非地失歸寧之常矣故書○卓氏曰伯姬歸寧當在魯而會于洮豈哀姜方挾嬌寵不以子女待伯姬故伯姬未敢遽來而與乃父謀

其適與

夏六月公會齊侯宋公陳侯鄭伯同盟于幽

張氏曰再舉同盟之禮以申霸令而一諸侯之心也曹宋陳鄭皆至而衛獨不來故明年伐衛

秋公子友如陳葬原仲

吳氏曰無會葬鄰國大夫之禮季友與原仲有舊而欲往會其葬以大夫不可私行出境請於公而公命之行故書○吳宥函曰大夫三月而葬同位至夫使同位而弟爲本國之僚友無爲須三月矣其須三月者必外臣可知哭諸寢門之外則必送諸首丘之原情有所難已禮有所不癈故惻然請命於君以往焉不然豈以季子之賢而違禮抗命以自遂乎

冬杞伯姬來

張氏曰：志其往來之數非歲一歸寧之義，防以厚男女之別也○張氏曰：杞伯姬既于洮會公，又復來魯，何爲哉？及觀杞伯來朝，始知伯姬之來爲伯道殷勤也。然郳朝荆聘繒皆進之，杞固夏後，獨不能班滕薛乎？來朝於魯，必假伯姬以自託，於是見莊公之過愛其女而弱杞之過崇其夫人也

莒慶來逆叔姬

胡氏曰：莒慶，莒大夫也。叔姬，莊公女。何以稱字？大夫自逆則稱字，爲其君逆則稱女，尊卑之別也。何以書？諸侯嫁女於大夫，公自主之，非禮也○陳氏曰：必使大夫同姓者主之

杞伯來朝○公會齊侯于城濮城濮衛地

杜氏曰賜齊侯命爲侯伯會於城濮者將討衛也

（乙卯）周惠王十有一年

二十有八年

春王三月甲寅齊人伐衛衛人及齊人戰衛人敗績

胡氏曰按左氏衛嘗伐周立子頹至是王使召伯廖賜齊侯命且請伐衛則齊人興兵乃奉王命聲衛立子頹之罪以討之也今衛不徵辭請罪而上逆王命下拒方伯之師直與之交戰則是衛人爲志乎此戰故以衛主之也書日者見齊人奉辭伐罪方以是日至而衛人不請其故直以是日與之戰所以深疾之也齊稱人將卑師少也○汪氏曰衛立子頹其罪固不容誅然已越十年而衛君又易世矣當其時不能治後之人何罪且受賂而

下能仲天討雖曰齊將[illegible]
貶而比事觀之齊桓亦不可以[illegible]

夏四月丁未邾子瑣卒。秋荆伐鄭公會齊人宋人救鄭

胡氏曰按左氏楚令尹子元無故以車六百乘伐鄭入自純門是凌弱暴寡之師也故以州舉伐狄之也鄭人將奔桐丘諸侯救之楚師夜遁是得救急恤鄰之義也故書救鄭善之也桓公主兵攘蠻戎安中國之事見矣

冬築郿

凡土工大曰城小曰築郿書築蓋田獵之地臺囿之類也歲凶而興不急之力役可謂知務乎

大無麥禾

張氏曰不言水旱而言大無麥禾天時人事兩不足也

臧孫辰告糴于齊

辰字文仲○劉氏曰不言如齊告糴而曰告糴于齊者言如齊則其辭緩告糴于齊則其情急所以譏大臣任國事治名而不治實之咎也魯人以悦其名而以急病讓夷爲功君子責其實而以不能務農重穀節用愛人爲罪○張氏曰一年不熟而上下相顧無以粒民重臣自往告糴若不遇齊桓則魯之民溝壑矣

二十有九年

周惠王十有二年　丙辰

春新延廄

王氏曰養馬欲其富故馬廐謂之延猶藏、欲其有餘而謂之長府也禮凶年歲不登馬不食穀馳道不脩去冬大無麥禾而今春新延廐廐有肥馬民有饑色可謂不恤國矣○汪氏曰興工作以聚失業之人亦荒政之一事而春秋書新延廐以爲識何也夫國有備蓄倉廩實府庫充則興工作以聚窮民使無轉徙之患亦云可也今乞糴於鄰邦以救朝夕之急而猶興不急之役何莊公之不知務乃至此耶

夏鄭人侵許○秋有蜚

羅氏曰負蠜今謂之蜚盤蟲好以清旦集稻上食稻花田家嘗以蚕作掇拾置他所日出則散去又其氣臭惡能熯稻使不蕃春秋書之當由此耳○劉向曰蜚色青非中國所有南越盛暑男女同川而浴淫風所生爲蟲臭惡公娶齊女故蜚至天戒以爲將生臭惡聞

於四方也

冬十有二月紀叔姬卒

季氏曰不書日國亾無赴者也猶書卒者魯人聞而往弔恩禮有加焉故也

城諸及防

吳氏曰凡書土功雖時非善之也愈於非時與不時皆貶也若此兩年築郿新延廐又城諸及防豈不為亟而譏之乎

丁巳　周惠王十有三年

三十年

春王正月。夏師次于成　成魯地

趙氏曰魯蓋欲會齊圖鄣至[illegible]聞鄣已降不復行耳以前會日城[illegible]之理

汪說似得其實情故並存以備考

必然也汪氏曰郱紀附庸覲魯加恩於紀叔姬未必合兵以滅鄣蓋畏齊強盛欲援鄣而不敢故佯爲救鄣之名猶前次滑之意也

秋七月齊人降鄣降户江反鄣紀附庸

萬氏曰以齊桓之賢嘗有存亡繼絶之功得鄣之地不足以爲廣幷鄣之衆不足以爲強乃必降而有之使紀之土地人民無復孑遺聖人所以書降鄣而深致其誅貶也

八月癸亥葬紀叔姬

家氏曰滅國不葬此以賢叔姬故特書葬娣媵不葬此以賢叔姬故與伯姬俱得葬春秋以叔姬不爲國亡變其所守特録之以勸後世以此坊民猶有儷體宸居國亡不能死委身於仇敵如晉惠后者可爲痛哭流涕者矣

○汪氏曰國滅而葬其君夫人若娣媵皆閔

其亡滅而存之之意也

九月庚午朔日有食之鼓用牲于社○冬公及齊侯遇於魯濟

杜氏曰濟水歷齊魯界在齊界爲齊濟在魯界爲魯濟○許氏曰齊桓伐鄭伐鄭伐徐皆以宋人主兵與公會城濮而後伐衛與公會魯濟而後伐戎以是知齊桓之覇不自恃也用人之能以爲能集人之功以爲功遂能力正天下澤潤生民

齊人伐山戎

此戎病燕齊人伐之蓋桓公管仲親至燕鄙而後命將以迫逐之也故稱人使召公之裔不至等於邢衛之危亡者微夫人之力不至此一匡天下豈其然乎○汪氏曰上遇魯齊

謀山戎下獻捷皆以齊侯書則知伐山戎非微者矣。王氏曰據史記山戎伐燕燕告急於齊則不得不救矣然春秋不以救書而下書獻戎捷則齊侯之志實在遠畧宰孔已知之矣

戊午　周惠王十有四年

三十有一年

春築臺于郎

胡氏曰何以書厲民也天子有靈臺以候天地諸侯有時臺以候四時去國築臺於遠而不緣占候是爲游觀之所厲民以自樂也

夏四月薛伯卒。築臺于薛。六月齊侯來獻戎捷

軍獲曰捷獻者下奉上之辭書獻捷史尊內也。張氏曰齊桓恃功而不知禮魯不當納而輕受之皆罪也。黄氏曰魯濟之謀莊公與焉捷獲而過我因歸功於魯云爾敵愾獻功諸侯事天子之禮也齊與魯皆失之。汪氏曰春秋書來獻捷者二齊桓獻捷而稱齊侯所以著其誇服戎之功而譏之楚成獻捷而書楚人所以微其猾夏之威而抑之也然於齊書戎捷而於楚不書宋捷則所以尊中國而賤山戎也昭昭矣

秋築臺于秦

張氏曰莊公一歲三築臺所謂及是時般樂怠敖者則治國治家之當務荒廢多矣此所以踰年身死而蕭牆之禍至奕世而不能定也可不鑒哉

冬不雨

張氏曰莊公無憫□之志獨酉戌亥之月不雨故不得歷時而言也

三十有二年己未周惠王十有五年

春城小穀

薛氏曰去年三築臺而不雨今又城小穀平歲猶不可況荐饑而輕用民力乎

夏宋公齊侯遇于梁丘

汪氏曰盟會則序主會者居上若遇則以簡禮相見比於邂逅而莫適爲主故以爵之尊卑爲序爵同則以國之大小爲序耳

秋七月癸巳公子牙卒

牙莊公之弟傳謂牙之死乃季友因其有欲立慶父之言而酖之夫事未形而即殺其人

此言駁不倒先前其羽翼古有行之者矣只當以經爲斷

且元惡尚在而先誅其從無是法也使其果爾則春秋何不明書以戒骨月之相殘者乎若以爲爲季子諱則致辟管蔡于商書未嘗爲周公諱也以爲内臣當諱則公子買公子偃之刺又何以不諱乎

八月癸亥公薨於路寢

穀梁子曰路寢正寢也男子不絶於婦人之手以齊終也○趙氏曰君終必於正寢就公卿也大位姦之窺也危病邪之伺也若蔽於隱則小人女子得行其志矣

冬十月己未子般卒

子般莊公長子書名者尸柩尚在君前臣名也在喪故稱子慶父使圉人犖賊之而書卒者將立爲君故諱其弑猶未成君故不書薨也○張氏曰子般見弑而書卒者諱之也塟

公主魯之社稷而君道不立上不能正其妣使出入淫縱配偶不早致冢嗣之位不足以自定內失閑家之道而使圉人犖得以戲侮公子觀其告子般之言非不知犖之可誅而欲以誅殺之權委其子亦終不能殺而貽身後之患春秋自夫人孫於齊以來三十年閒蒲載莊公內治之失而終之以此所以罪其爲風教之本而不免於首惡也

公子慶父如齊

汪氏曰既書子般卒則知其無君命矣慶父專兵日久上下畏之宜其出入自如而莫敢誰何也○陸氏曰齊爲霸主而不能討又許其來惡可知也

狄伐邢

許氏曰春秋戎先見荆次之狄次之而荆暴於戎狄又暴於荆當惠王世戎狄荆楚交伐

諸夏無齊桓攘服定之豈復有中國哉

閔公名啓方莊公子謚法在國逢難曰閔

庚申周惠王十有六年

元年

春王正月

不書即位主少國疑不行即位之禮也

齊人救邢

王氏曰按經三十二年冬書狄伐邢比年正月書救邢則桓公之救未爲緩矣於邢之初齊獨出兵將卑師少既而狄又入衛其勢益張齊恐其乘勝遂滅邢也於是帥諸侯之兵共救之邢幾亡而復存者小白之功也

夏六月辛酉葬我君莊公

汪氏曰莊公之薨至是十有一月而始克葬蓋以國亂子弑嗣君幼弱危不得葬也

秋八月公及齊侯盟于落姑季子來歸落姑齊地

張氏曰邦之揑杌有親且賢孰不頼之子般之亂季友力不能討而遂去之非其罪也故魯人思之齊侯從魯人之請而召之歸魯春秋從諸侯昆弟之例特字之而許來歸所以嘉季子足爲國之輕重而叙魯人喜其來歸之情也○陸氏曰季友之出不書者慶父之難季子力不能正違而去之權也君立見召而來義也故聖人善其歸不譏其去以明變而得中進退不違道也○朱子曰季子來歸以爲季子之在魯不過有立僖之私恩耳初何有大功於魯又況通於成風與慶父之徒何異春秋書季子來歸恐只是因舊史之

文或是魯亂已甚後來季友立得僖公再整頓得簡社稷起有此大功故取之與取管仲之意同然季子罪惡與慶父一般春秋若褒之則此一經乃淪三綱斁九法之書耳季子賜族此亦只是時君恩意如秦呼呂不韋作尚父耳○正淳曰季子雖來歸亦有放慶父之罪曰放慶父罪小它自身上罪大亦治慶父不得

冬齊仲孫來

仲孫名湫齊大夫○陳氏曰書來譏也仲孫之來覘魯也莊公薨子般弒閔公幼落姑之盟嘗請於齊僅能復季子而已而慶父夫人之志未可知也桓公不能正鬩然使人以覘魯曰是可取乎桓公霸諸侯將因人之難以為利書來不書事所以病桓也○張氏曰仲孫固有罪矣然其言魯秉周禮於此見周公之澤入人者深是以維持其國於政亂俗壞

之曰仲孫之猶善於覘國而不能輔君速行方伯之義春秋所以雖貶仲孫而不名以爲猶有以愈於傾險乘釁者之可誅也

辛酉 周惠王十有七年

二年

春王正月齊人遷陽

啖氏曰移其國於國中而爲附庸蓋桓公之彊力施於可取者如此非有興滅繼絶之心也

夏五月乙酉吉禘于莊公

吳有函曰禘有三其名同而其義則異有時禘有大禘有吉禘時禘之禘夏祭也以依時次第而得名禘次第也大禘之禘追祭太祖所自出則以始生之帝而得名禘帝也吉禘之禘免喪即吉致新入廟之主於太廟也則以審諦昭穆而得名禘諦視也晉人告穆叔所

謂以寡君未禘祀是也吉禘不比大禘不必五年但免喪則行之蓋免喪則必致主於廟致主於廟則必合享而告焉故或疑於祫而春秋以爲吉禘也第吉禘舉於祖廟而不舉於宮寢其日禘於莊公者必其有所不能待焉耳其不能奈何莊公之薨至是僅二十有二月未滿乎三年二十七月之期也閔公方十齡童稚無知未必汲汲焉欲免喪而即吉也竊意是時慶父蓄無君之心欲行篡弒之事故鹵莽以除其喪以速了前人之一局耳

秋八月辛丑公薨

初公傳奪卜齮田公弗禁慶父使卜齮賊公於武闈不書地諱之也○劉氏曰公薨何以不地弒也何以不書葬賊未討也賊未討而葬慢也非臣子之事也○汪氏曰或謂慶父已殺何以不書葬今考慶父謚共而公孫敖爲卿則慶父之誅不以賊討是以不書葬如

宋閔公之例耳

九月夫人姜氏孫于邾

汪氏曰哀姜習聞文姜淫佚禍賊之行而莊公不能防閑則於莊公乎何有是以通乎共仲而無羞惡之心與弒閔公而無惻隱之心實莊公不知防微謹始有以致之也○吳氏曰哀姜不奔齊而奔邾者蓋有淫行預弒謀身負二惡自歉於心而畏齊桓故不敢歸聘

公子慶父出奔莒

張氏曰慶父與哀姜謀弒閔公欲自立而不遂此魯國秉禮之驗也方季友以僖公適邾之時使魯國無人安能逐姜氏慶父哉季友既立僖則當正慶父之罪致辟於甸人以致兩弒其君之討乃以賂求於莒不許其入而已又立孟氏與叔牙同無復輕重之別豈非

邦憲之大失此所以不書國賊之討而閔不書葬與○汪氏曰魯人求慶父於莒既至而縊不書喪歸豈非聖人以共仲弒逆削其喪歸以絕之與○陳氏曰宋萬奔陳雖殺之不書慶父奔莒雖殺之亦不書所以嚴佚賊之責也

冬齊高子來盟

高子名傒齊大夫○程子曰高子來省難然後盟盟未前定也稱高子善其能恤魯○胡氏曰齊桓使將南陽之甲至魯而謀其國高子至則平魯難定僖公魯人賴焉以爲美談至於久而不絕曰猶望高子也聖人美其明人臣之義得奉使之宜特稱高子以著其善其不曰齊侯使者權在高子也○劉氏曰齊桓驁然有取魯之心使高子將南陽之甲而至著非伐之也非正之也非聘弔之也高子深能執忠臣之義勉其君覇因事制宜立僖

公而盟之魯國遂安以此見權在高子高子之爲人臣忠也從義不從命矣

十有二月狄入衛

張氏曰衛之滅非特懿公好鶴失人心白惠公即位宣姜淫恣耽樂忘政習慣爲常公又重之亡形已具故狄人一至而渙然離散國隨以亡兆齊桓救而封之則康叔之後無譙類矣桓公迎其遺民立文公而爲之建國家所以止書入也以衛爲春秋時之大國纔五十年淪於滅七故治國必先齊家而淫亂之禍不篡則滅其可不戒哉

鄭棄其師

左氏曰鄭人惡高克使帥師次于河上久而弗召師潰而歸高克奔陳觀此則鄭棄其師可知矣入君擅一國之名寵生殺予奪惟我所制爾使克不臣之罪已著按而誅之可也

情事未明黜而退之可也愛惜其才以禮馭之可也焉有假以兵權委諸境上坐視其失伍潰散而莫之恤乎然則棄其師者鄭伯乃以國稱何也二三執政股肱心膂休戚之所同也不能進謀於君協志同力黜逐小人而國事至此是謂危而不持顛而不扶則將焉用彼相矣書曰鄭棄其師君臣同責也○張氏曰當時如楚如狄方有狡焉啟疆之心一旦乘鏄擣虛則鄭必束手就亡矣

春秋集傳卷之四

湘川李文炤編輯

僖公

名申莊公子謚法小心畏忌曰僖

壬戌　周惠王十有八年

元年

春王正月齊師宋師曹師次于聶北救邢　聶北邢地

程子曰齊未嘗與大衆此稱師責其衆可救而徒次以爲聲援致邢之不保其國也○家氏曰桓公存三亡國惟救邢最力使其疾驅而往尚能存之於未潰惟其有聶北之次而邢遂潰矣然狄入衛毀其宗廟國君死焉邢則其君尚在率百姓而去之謂非救之功不可也故先書次以譏其緩繼書救書城再叙三國以美其救不沒其實也

夏六月邢遷于夷儀齊師宋師曹師城邢

諸侯救邢邢人潰出奔師師遂逐狄人具邢器用而遷之師無私焉夏邢遷于夷儀諸侯城之救患也○張氏曰邢雖已遷無力自城諸侯若不城之終未能以自定桓公因其既遷命三師爲之板築使之足以守而居之安故再叙三師以見春秋以來悉力存亡惟有此舉得南仲城朔方仲山甫城東方之遺意○吳氏曰邢欲自遷故不曰遷邢邢既遷則夷儀邢國之所在故不曰城夷儀而曰城邢也

秋七月戊辰夫人姜氏薨于夷齊人以歸夷齊地

汪氏曰先儒皆謂齊人以喪歸魯竊詳以歸之後越一百七十日始至無此理也經凡言以歸者歸其國也蓋殺之於夷而以喪歸齊國然後魯請而歸之於魯耳不曰齊侯而曰齊人討賊之辭也○張氏曰書薨于夷者諱國惡也言齊人以歸則爲魯誅其罪而以喪

此義不的宣王時已稱楚矣

歸齊可知矣自文姜弑桓公得逃致辟而淫縱益甚使魯國三四十年間濁亂昏迷卒成再弑其君之禍至此齊桓舉方伯之職慶父哀姜皆誅死不赦然後三綱稍明人倫粗正此縱罪皆誅惡失得之明驗也○吳氏曰自齊桓既霸之後諸侯無敢有弑君者僅魯甞有弑閔一事然亂賊遄誅無得幸免霸政之有功於世道也哀姜襄女桓公以義奪恩必殺無赦與石碏殺厚義同

楚人伐鄭

趙氏曰此荊稱楚人之始稱楚其自改也人則春秋人之前乎此者舉號以為常中間雖或稱人乃因其慕義而進之也自此稱人以為常無復舉號矣又其後稱子以為常中間稱人乃貶辭也

八月公會齊侯宋公鄭伯曹伯邾人于檉檉勑呈反

○檉宋地張氏曰楚人伐鄭桓公不遠救而會諸侯謀之葢楚方強而公謀制楚十全之策也

九月公敗邾師于偃偃邾地

高氏曰邾受姜氏公不請於會而討之乃既會而敗其師非禮也

冬十月壬午公子友帥師敗莒師于酈獲挐酈力知反挐居他反○酈魯地

慶父走莒莒人逐之因而自縊莒人來求賂而魯不與是以與師以魯人主之者莒有不黨賊之義則當遜辭以謝之遽然與戰是徒知責人而不知返已者矣

十有二月丁巳夫人氏之喪至自齊

高氏曰齊誅之是齊已絕之矣魯請之是魯不忍絕之也是以聖人因其喪至特去姜以絕之於齊而存夫人氏以見魯之不忍也然則哀姜之喪不當歸魯將如之何曰即其死所而葬之可也○張氏曰古者兵死尚不入於兆况得罪於先君見誅於方伯而可以配祖廟秩烝嘗乎故春秋於其喪至而貶之以罪魯僖之不知義也○王氏曰哀姜帷薄不餙與弑二君大義已絕不可入廟魯不當請齊亦不當歸也齊以大義誅之魯以私意請之絕於前而請於後魯之過也誅於始而歸於終齊之失也

癸亥周惠王十有九年

二年

春王正月城楚丘

此說恐非是得罪祖宗安可入

狄既入衛衛之遺民渡河立戴公卒文立文公廬於漕齊桓公使公子無虧帥甲士戍之以歸以乘馬魚軒祭服犧牲門材文師諸侯以城其國都焉城耶魯不與其役故叙三國之師城楚丘魯與其役故舉魯以概諸國也既城而後遷故不曰城衛或乃以為不與桓公之專封夫衛立戴文二君非桓公之策命也卒諸侯定其國都助其力役豈得謂之專封乎東晉南宋之方鎮生視鄰境之崩潰而莫為之恤安得一齊桓者出而救之吁可歎哉○孔氏曰不言城夷儀而言城邢邢已遷也言城楚丘不言城衛衛未遷也

夏五月辛巳葬我小君哀姜

吳氏曰哀姜有罪齊桓以霸令誅之者義也然姜實莊公之正配僖公之嫡母也子無絀母之道故僖公以小君之禮葬之也○季氏曰先儒皆謂哀姜僖公之嫡母子無絀母之

廟僖公
自桒過
於廬也

義得用小君之禮竊謂既得罪於夫宜絕於
宗廟以私禮葬可也以小君禮祔不可也

虞師晉師滅下陽虞姬姓公爵虞仲後○晉姬姓侯爵武王子唐叔虞後○下陽虢附庸

胡氏曰按孟子晉人以垂棘之璧與屈產之
乘假道於虞以伐虢宮之奇諫百里奚不諫
然則晉人造意以虞首惡何也貪得重賂遂
其強暴滅人兄弟之國以及其身而亡其社稷
所以爲首乎下陽
既舉而虞虢亡矣

秋九月齊侯宋公江人黃人盟于貫貫宋地

胡氏曰按左氏盟于貫服江黃也荊楚天下
莫強焉江黃者其東方之與國也二國來定
盟則楚人失其右臂矣桓公此盟其服楚之
慮周矣其攘蠻戎安中夏之義著矣○張氏

曰齊桓謀楚先服此二國皆迫近楚之境者所以遠交而孤楚之勢此桓公服楚之規模也惟宋與盟不煩諸侯也

冬十月不雨。楚人侵鄭

甲子周惠王二十年　三年

春王正月不雨。夏四月不雨

穀梁子曰不雨者勤雨也每時而一書閔雨也閔雨者有志乎民者也歷時而總書不憂雨也不憂雨者無志乎民者也。楊耻菴曰每時一書蓋仲春之月非無霡霂不沾足也歷時而總書蓋恒暘也

徐人取舒　舒偃姓子爵

家氏曰舒與楚比而爲中國患其來久矣徐入伐舒爲中國撓楚也十五年楚伐徐齊桓帥諸侯之師救之是以知徐益受命於齊也○李氏曰徐始見經而得書人始滅國而得書取皆末減之詞先儒以爲舒者楚之黨徐人取舒爲中國通伐楚之經也春秋以其效績於中國也故書人書取此說疑得之

六月雨

穀梁子曰雨云者喜雨也喜雨者有志乎民者也○李氏曰一經書雨此爲特筆與他公止書不雨者異矣

秋齊侯宋公江人黃人會于陽穀陽穀齊地

家氏曰桓公之伐楚所謂慮勝而動好謀而成者也宋魯鄭衛同盟已久猶未敢聲楚人之

之罪必江黃至而後定計出師去年盟江黃今年會江黃皆為伐楚計也諸侯之師嘗其前江黃之師擬其後楚將腹背受敵有不戰戰必勝矣

冬公子友如齊涖盟

涖臨也史尊內也○公羊子曰涖盟者往盟乎彼也來盟者何盟乎我也○趙氏曰來盟彼欲之也不書其誰敵者也涖盟我欲之也不書其誰敵者也皆簡辭也

楚人伐鄭

乙丑周惠王二十有一年

四年

春王正月公會齊侯宋公陳侯衛侯鄭伯許男曹伯侵蔡蔡潰遂伐楚次于陘陘楚地

齊侯以諸侯之師侵蔡蔡潰遂伐楚楚子使
問師故管仲對曰爾貢包茅不入王祭不共
無以縮酒寡人是徵昭王南征而不復寡人
是問對曰貢之不入寡君之罪也敢不共給
昭王之不復君其問諸水濱師進次于陘
張氏曰蔡自獻舞以來屢服於楚桓公欲討
楚而加兵於附楚之蔡先責其以文王之冑
而甘心於僭竊之邦蔡衆既潰則威震而兵
強故可以遂伐楚也然桓公本無湯武之學
而管仲復未嘗有聞於君臣之大義故摠之
天吏討罪之法則不奉天子之命未敢正其
僭王之罪故曾西鄙其功烈之卑書遂以識
其專書次以著其師**有節制**用能備服楚人免
民塗炭也○吳氏曰孫子云自戰百勝非用
兵之善不戰而屈人兵者善也齊以楚衆方
強若不持重而輕進則勝負未可知也故次
于陘以待其自來屈服所以爲節制之師也
○王氏曰荆楚僭王罪之大者也包茅不入

罪之小者也昭王之不復則非其罪矣舍其大而問其小仗義執言固如是乎楚大國也僭王大惡也我以入惡責之彼肎弭然受責哉攻之不克圍之不下何辭以退故舍其所當責者而及其不必責者庶幾楚人之爲辭也易我之服楚也亦易吁此其所以爲霸者之心也

夏許男新臣卒

趙氏曰許國與楚近蓋許男遇疾而歸故不言卒於師

楚屈完來盟于師盟于召陵召陵楚地

胡氏曰楚大夫未有以名氏通者其曰屈完進之也其不稱使權在完也來盟于師嘉服義也盟于召陵序桓績也桓公帥八國之師侵蔡蔡潰伐楚楚人震恐兵力強矣然桓公

周公嘗作戍湯

退師召陵以禮楚使卒與之盟而不遂也於比見齊師雖強桓公能以律用之而不暴楚人已服桓公能以禮下之而不驕春秋之盟於斯為盛而揚子稱之曰齊桓之時緼而春秋美召陵是也○杜氏曰齊桓伐楚使管仲責之其言正而不譎是以未加兵而強楚自服故書曰屈完來盟于師明桓公兵不血刃而楚人聽命於師也桓公退舍而與之盟故言盟於召陵亦以見齊桓伏禮義以服楚也

齊人執陳轅濤塗

濤塗恐師出於陳鄭之間國必甚病勸齊侯觀兵於東夷循海而歸於是還師濱海而東大陷於沛澤之中顧而執之○公羊子曰古者周公東征則西國怨西征則東國怨桓公假塗於陳而伐楚則陳人不欲其反由已者師不正故也不脩其師而執濤塗古人之討

則不然也

秋及江人黃人伐陳

吳氏曰時江黃之師在其國伐楚之役未嘗勞之且以其國近陳故令伐陳也然使魯人及之者江黃遠國不可無魯主兵也

八月公至自伐楚

穀梁子曰有二事偶則以後事至後事小則以先事至其以伐楚至大伐楚也○謝氏曰或原其志而至之或舉其盛者而至之

葬許穆公

劉氏曰左氏云卒於師葬之以侯非也似當時臣子欲追美君父故引許方會諸侯而卒

私以加等之
禮葬之耳

冬十有二月公孫茲帥師會齊人宋人衛人鄭
人許人曹人侵陳

穎氏曰伐陳侵陳皆討濤塗之不忠也前曰
伐當其罪也後曰侵已甚也沙隨程氏曰濤
塗既執又再侵伐陳陳罪特暫謀之不善耳
非有荆楚之罪也桓公責强國甚畧罪弱國
甚備非道也○家氏曰夫子大齊桓之功而
小管仲之器於伐楚之役見之蓋規模宏大
者憂樂吉凶不足以動其方寸而識量淺狹
者勝負得喪足以移其常心斯王霸之所以
辨而伊尹周公與管仲狐趙事業所以分也
當桓公之始霸管仲佐之謙以處已和以遇
物諸侯小國會不會朝不朝不深責也遠近
咸服小大俱孚遂率之以伐楚楚伏其罪還

自召陵君臣俱驕憂喜易位濤塗謀避軍難以紓其國於齊未大有所損執其人命諸侯之師伐之以伐為未足又從而侵之楚無亡矣遺鎌之賚而陳久被侵陵之禍志得而驕倡狂妄行管仲曾不能諫則仲與桓俱墮驕爲之域由其器量淺狹如貧人之家一朝獲千金而莫知所措故是行也責楚之無王而楚之無王自若欲服蔡而蔡卒不與會本以救鄭未幾逃盟雖稍伸中國之威終不能大挫其強楚之焰於是滅弦伐許使中國自救之不暇而桓之霸浸衰矣惜哉

丙寅　周惠王二十有二年

五年

春晉侯殺其世子申生

申生祭其母齊姜於曲沃歸胙於公驪姬置毒而獻之申生不忍辨而自縊姬遂譖二公子皆知之重耳奔蒲夷吾奔屈胡氏曰申生

進不能自明退不能遠難愛父以姑息而陷之不義讒人得志幾至亡國先儒以爲大仁之賊也而目晉侯斥殺何也春秋端本澄源之書也內寵竝后嬖子配適亂之本也驪姬寵奚齊卓子嬖亂本成矣尸此者其誰乎是故專罪獻公使後世有欲椉妃妾之名亂適庶之位以敗其國家者知所戒焉以此坊民猶有以尭之母名門使姦臣逆探其意有危皇后太子之心以成巫蠱之禍者○張氏曰春秋斥晉侯而目殺世子者蓋獻公嬖寵庶孽聽讒如流輕世適之重忽社稷之計申生既死而公卒卒後奚齊卓子亦被殺徒設此心兩與棄之致晉亂二十餘年兵敗國破可以示有國之鑒戒矣

杞伯姬來朝其子

張氏曰杞伯姬來杜氏以爲寧成風也其子蓋年十餘歲杞伯任而使其子隨母以來也

朝者人君見於宗廟朝廷之上父在而使其子行之又使婦人參之皆失正也。高氏曰其先王之制諸侯未冠而即位謂之童子侯童子侯不朝蓋不可以成人之禮接之也伯姬歸杞方十三年有子必尚幼穉如之何而勝朝乎。吳氏曰曹伯有疾遣其世子射姑代父朝魯春秋譏之惠公疑亦有疾伯姬以其子魯之甥故挾之至魯就令攝父行朝禮是年杞惠公卒成公嗣位蓋伯姬豫欲託其子於魯也杞伯失君道夫道失父道伯姬失妻道失母道其子失子道而魯侯受其朝皆非禮也

夏公孫茲如牟

娶而逆之也吳氏曰以私事行而有請於公託君命以往故書以譏之

公及齊侯宋公陳侯衛侯鄭伯許男曹伯會王

世子于首止

首止衞地

張氏曰初惠王娶陳嬀為后生太子鄭及叔帶愛叔帶欲立之恒公以其廢長立幼將啓亂階遂率諸侯會王世子于首止示天下戴之以為王之貳所以尊國本絶亂階也○胡氏曰及以會尊之也以王世子而下會諸侯則陵以諸侯而上與王世子會則抗春秋抑強臣挾弱主撥亂世反之止特皆及以會者若曰王世子在是諸侯咸往會焉示不可得而抗也○陳氏曰諸侯何以會王世子定世子也於是乎帶有龍於惠后世子危不得立桓公率天下諸侯以肖之也子危不得立而為會以定之禮之變者也然則如之何則可殊會世子而不以世子夷於諸侯不以世子夷於諸侯所以定世子也桓公可謂善處父子之間矣○劉氏曰王將以愛易世子諸侯莫知以爭則不可以諫則不得桓公會世子

於首止而諸侯以睦天王以尊後嗣以定故孔子曰止而不爲卜之謂也○愚按桓公此身可歸處變而不失其正者乃郝仲輿則云太子不得於王而背父植黨是脅父也諸侯無王命誘世子植私黨是無君也春秋人倫之至豈以要君脅父爲寧乎竊謂以上哲論王有私愛世子當逃如伯夷可也以中人論已既主器不當徇父之私如漢惠帝亦可也然則齊桓此會正留侯招四皓之意不得由罪之也楊恥菴又云古無世子與會事惟入學以齒故世子殊會非古禮也後世世子既尊故世子或與朝會位有特設雖欲次三公宰臣下不可得矣竊謂世子自處固宜謙而人臣則當尊之道固有並行而不相悖者豈可執一而論哉

秋八月諸侯盟于首止

公羊子曰諸侯何以不序一事而再見者前目而後凡也○高氏曰會者辨上下之禮脩和好之道而王世子與焉猶之可也盟者以不相信故也若王世子亦與焉則是以所不信者加之王世子與約束諸侯無異故齊侯不敢盟王世子而與諸侯自盟諸侯自盟乃所以定王世子也

鄭伯逃歸不盟

胡氏曰逃者匹夫之事以諸侯之尊下行匹夫之事逃歸不盟深貶之也王惡齊侯定世子而使周公召鄭伯曰吾撫汝以從楚可以少安鄭伯喜於王命而畏齊故逃歸不盟然則何罪乎曰春秋道名分尊天王而以大義爲主夫義者權名分之中而當其可之謂也諸侯會王世子雖衰世之事而春秋與之者是變之中也鄭伯雖承王命而制命非義春秋逃之者亦變之中也天下之大倫有常有

變賢者守其常聖人盡其變會首止逃鄭伯處父子君臣之變而不失其中也。張氏曰桓公之舉天下之公義也惠王之命一人之私心也鄭伯背公徇私違棄衆善行同匹夫故書逃歸以深罪之也

楚人滅弦弦子奔黄

任公輔曰地譜光州化光縣故弦國。張氏曰闕穀於菟輔楚顓以當齊桓雖外受盟於召陵而内懷貳固之心至此因王間鄭而帥師滅弦書人罪之也弦子書奔不服於楚而逃去之不名以爲尚可望以與復其國故不絶也黄弦同壞而黄受弦子之奔楚滅黄自此始矣桓公於此時因弦子之奔而卒諸侯以討楚復弦豈不足以立列國之威而制楚之横與故詳書之以罪桓公之失此機會也

九月戊申朔日有食之。冬晉人執虞公

晉侯復假道於虞以伐虢虢公醜奔京師師還館於虞遂襲虞滅之執虞公夫虞以賓客待晉而晉乃以盜賊遇虞且凌滅天子之三公而不忌其罪更甚於滅國矣故特書執虞公以著其無王犯上之罪也虢公奔京師則王或有以位置之故不書其滅亡與。家氏曰虞公天子三公也書晉人執虞公討晉也論者責虞而不治晉豈春秋之意哉。按彙纂云虞虢之滅晉人蓋脩其祀而不以滅告也然其實已滅矣

丁卯 周惠王二十有三年 六年

春王正月。夏公會齊侯宋公陳侯衛侯曹伯伐鄭圍新城

范氏曰齊桓糾合諸侯翼戴世子而鄭伯背義逃歸是以諸侯伐而圍之罪著於上而討

顯於下圍伐之文雖同而善惡之義有殊也。王氏曰伐而不服故圍新城然圍而不舉見桓公以德綏鄭志不在於爲暴也

秋楚人圍許諸侯遂救許

張氏曰楚人圍許蓋攻其所必救以解新城之圍也釋鄭而救許所以抑暴而救患見桓公之急於義也故書遂以予之。汪氏曰楚人圍許以救鄭經不書救者不予楚之救鄭也下書諸侯救許則楚人之罪不可掩矣

冬公至自伐鄭

七年

戊辰周惠王二十有四年

春齊人伐鄭

張氏曰鄭未服故復伐齊力足以制之不煩諸侯也

夏小邾子來朝

杜氏曰郳黎來始得王命而來朝邾之別封故曰小邾。何氏曰齊桓公請天子進之

鄭殺其大夫申侯

吳氏曰鄭伯因惠王撫汝從楚之命而逃首止之盟齊興問罪之師鄭服逃盟之罪則齊師息矣今不自下齊而乃歸罪於申侯蓋信讒而頗於刑也故春秋不罪申侯而責鄭伯殺大夫之罪張氏曰申侯告齊桓以資糧扉屨引鄭伯以王命總以利誘人其見殺也宜矣然鄭伯始則比以趨利既則借以紓禍不罪已而專殺甚失道矣書殺大夫志非刑也

秋七月公會齊侯宋公陳世子款鄭世子華盟于甯母魯地

管仲言於齊侯曰臣聞之招攜以禮懷遠以德德禮不易無人不懷齊侯脩禮於諸侯諸侯官受方物鄭世子華言於齊侯欲去洩氏孔氏子人氏三族以鄭為內臣齊桓將許之管仲曰君以禮與信屬諸侯而以姦終之無乃不可乎齊侯辭焉。李氏曰周禮人行人云侯服貢祀物甸服貢嬪物男服貢器物釆服貢服物衛服貢材物要服貢貨物王寧盛明之時每國貢有常賦天子衰徵諸侯惰慢故霸主總率諸侯量其國之大小號令所出之物以貢天子也。張氏曰齊侯因管件之言而脩禮於諸侯諸侯官受方物又不受鄭世子為內臣之請管仲之於桓公救正多矣。王氏曰鄭伯逃盟于首止齊合六國以圖新城後興伐鄭之師鄭猶未服管仲諫脩禮諸侯鄭伯乃使世子華聽命於會其德禮之效與。太倉王氏曰仲諫桓以辭子華此盛德事也齊可以王矣惜其不學道不自誠意

正心以刑其國使家有三歸國有六嬖之禍故孔子小之

曹伯班卒。公子友如齊。冬葬曹昭公

己巳

周惠王二十有五年

八年

春王正月公會王人齊侯宋公衛侯許男曹伯陳世子款盟于洮鄭伯乞盟洮曹地

王人王朝所使之人其爲大夫爲士則不可考齊雖主會而王人序乎諸侯之上尊周室也。穀梁子曰王人之先諸侯何也貴王命也朝服雖敝必加於上弁冕雖舊必加於首周室雖衰必先諸侯。高氏曰王室有叔帶之難世子之位猶未定蓋惠王疾惠后主叔帶故王人使齊求援而齊會諸侯以謀之。家氏曰前書逃所以誅鄭伯今書乞所以赦。

鄭伯然亦以貶也賤鄭伯不得列於諸侯也○吳氏曰左氏以爲惠王已崩然天王之崩天下所聞豈有一年秘不發喪之禮竊疑此時王雖未崩或是有疾襄王惟恐一旦大故而叔帶簒立周之大臣亦有能爲襄王謀者故遣王人告難於齊桓公於是合諸侯以謀之王人本不當與盟蓋以所謀皆王室之事而王人特爲此事而來故亦與盟至冬王崩而襄王得安其位者齊侯之力也鄭伯前年狥惠王之邪心逃首止之盟蓋不欲定世子也今見齊桓再會諸侯結盟以定世子之位襄王將嗣位爲王矣故鄭伯懼後禍悔前非而乞與此盟也

夏狄伐晉

許氏曰晉恃強且遠不與齊合是以狄得勢之○吳氏曰齊桓嘗存邢衛而不能挫狄師故狄無所忌而伐晉春秋傷齊霸之不能禦

決也

秋七月禘于大廟用致夫人大音泰

王者祭其祖之所自出以其祖配之謂之大禘成王賜魯用天子之禮樂故以文王爲所出之帝而周公配之其來久矣春秋因事而書以著其僭焉○吳宥函曰左氏以夫人爲哀姜前之文義可考而知也夫薨於夷而著其姓者國母薨卒之側也此承前之義故不書姓氏而知爲哀姜猶決夫人孫于齊亦不書姓氏而知其爲文姜也但哀姜比於慶没帷薄不脩連殺二子與聞乎弒日不薨於寢而見殺於齊於禮不應祔廟此則所謂用者不宜用也致者不宜致也○按哀姜喪至以僖公元年十二月至僖四年三月始免喪度免喪之時依於公議而不敢致距今五年方舉大禘則因而致之以爲莫予適也已雖然

此亦仁者之過也仁者以其所愛及其所不愛僖公愛其父施及其母而忘其母之內亂推之在天之靈亦必棄之也此所謂知經而不知權者也然而哀姜之惡益以著矣因其所致而又書之於策蓋曰是即曩者喪至自齊之夫人也則神爭吐之人爭惡之矣

冬十有二月丁未天王崩

吳氏曰蓋惠王前年之冬有疾今年歲終乃崩也

庚午周襄王元年 九年

春王正月丁丑宋公御說卒諡桓公

同盟者四而不會其葬於邦交之誼薄矣

夏公會宰周公齊侯宋子衛侯鄭伯許男曹伯

于葵丘周公名孔葵丘宋地

胡氏曰其曰宰周公者以冢宰兼三公也古者三公無其人則以六卿上兼師保之任冢宰或缺亦以三公下行端揆之職夫以冢宰兼三公其職任重矣而不殊會之何也人臣則有進退之節出入均勞之義非王世子貴有常尊之可比也○穀梁子曰宋其稱子何也未葬之辭也禮柩在堂上孤無外事今背殯而出會以宋子為無哀矣○陸氏曰淳聞君子不奪人之喪齊為霸主而使宋子與會桓公失正可知也○陳大士曰桓有大功三無召陵楚無周也無首止天王無周也無葵丘諸侯無周也春秋所以與桓也○汪氏曰惠王之喪適當同軌畢至之際襄王方居諒陰百官總已以聽於冢宰之時桓公不率諸侯會於京師及徵冢宰於葵丘而春秋無譏者豈桓公能弭王室之大難而功可掩過與抑會

葬既畢而脩禮於葵丘以明王禁與

秋七月乙酉伯姬卒

汪氏曰經書內女未嫁而卒者二雖曰許嫁則喪之以成人之禮亦時君溺愛之過耳○按禮諸侯姑姊妹女子子嫁爲諸侯夫人則服大功大功以下則無服蓋諸侯絕期苟嫁爲諸侯夫人則尊同尊同則爲之服也許嫁未可稱夫人而喪之如成人非禮也

九月戊辰諸侯盟于葵丘

孟子曰五霸桓公爲盛葵丘之會諸侯束牲載書而不歃血初命曰誅不孝無易樹子無以妾爲妻再命曰尊賢育材以彰有德三命曰敬老慈幼無忘賓旅四命曰士無世官官事無攝取士必得無專殺大夫五命曰無曲防無遏糴無有封而不告曰凡我同盟之人

既盟之後言歸於好。程子曰云諸侯盟見宰不與。張氏曰一命之辭三綱所繫蓋脩身齊家之要自此以下尊賢敬臣子民柔遠人懷諸侯之意畧備其提挈綱領以正率人蓋春秋之所未有然桓公於易樹子以妾爲妻之禁終不免躬自犯之則何以令諸侯哉聖人道大德宏以其積累至此是以姑掩其不足而叙其美也。胡氏曰觀初命之詞則以桓公翼戴襄王之事信矣

甲子晉侯詭諸卒。冬晉里克殺其君之子奚齊

○胡氏曰其君之子云者國人不子也不正其廢申生而立之也人君擅一國之名寵爲其所子則當子矣國人何爲不子也民至愚而神是非好惡雖不曉且公也其爲子而弗子若莫能使人弗之子也非所子而子之者

莫能使人之亦子也。張氏曰愚按奚齊謂之其君之子以晉獻公殺嫡立庶而奪之也齊舍未踰年而謂之君以舍之正而予之也或抑或揚得是非之公可以觀矣。陳氏曰遇弑雖未踰年稱君此其稱君之子何獻公殺申生繼重耳夷吾而立其嬖子晉之亂獻公爲之也故奚齊不稱君而稱君之子。愚按諸說如此而公羊子則以此未踰年之君其言殺其君之子奚齊何弑未逾年之號也其說不同以子般子赤之例推之則公羊子似合而以齊舍例之則諸家爲允蓋子般子赤內事也難於未逾年而尊之以公稱齊舍外事也不妨未逾年而正之以君號然此雖稱君之子而里克之罪亦難末滅也殺王之親則戮之況其君之嗣子乎

平未

周襄王二年

十年

春王正月公如齊

程氏曰如者往也故上下內外通言之然外諸侯大夫來魯朝聘皆明書之魯往他國朝聘皆但言如者亦內辭而孔子因之也蓋魯不朝王而朝齊霸業愈盛而王綱愈墜矣魯然則他國可知○張氏曰桓公霸業未盛不則諸侯以朝禮葵丘之後霸體漸肆諸侯不朝天子而朝霸主自此始矣

狄滅溫溫子奔衛

張氏曰溫周畿內國成王時司寇蘇忿生之邑畿內諸侯狄得滅之此天王出居於鄭之權與也○趙氏曰狄滅溫而齊桓不問豈葵丘之會驕心日生以溫爲無足救與視其滅而不救蓋以其無損於齊也豈霸主之公心齊桓於此有不克終之漸矣

晉里克弒其君卓及其大夫荀息

卓驪姬娣所出既屠其兄又翦其弟甚矣其忍也○張氏曰里克因優施烏烏集枯之歌欲中立以免難驪姬遂得以成其殺申生之誅及獻公卒乃殺奚齊卓子而欲納重耳聖人以里克當申生未死之前不能以死正諫而中立以求免坐視太子之無罪而死以成驪姬讒賊之計及其終也逆獻公之遺命而弒二君夫奚齊卓子雖庶孽而有先君之命以立乎其位則固里克之君也君臣之分已定而犯上作亂如此故正名其弒君而荀息不失信於君得以死節書此其定罪所以爲輕重之權衡非聖人莫能修也○胡氏曰人臣所明者義於功不貴幸而成所立者節於死不貴幸而免克欲以中立所免自謂智矣而終亦不免等死耳不死於世子而死於弒君其亦不知命之蔽哉荀息不　言故書及

所以著其節或曰息既從君於昏不食其言庸足取乎世衰道微人愛其情私相疑貳以成傾危之俗至於刑牲歃血要質於神猶不能固其約也息不食言其可少乎○柳子厚曰春秋之進荀息非聖人之情也進荀息以其苟免之惡也○家氏曰既不能止諫於其始又爲之任三孤之寄雖欲臨難苟免其可得乎聖人所原特在於不食其言若以事君大節而言不免猶有所愧也

夏齊侯許男伐北戎

許氏曰當時患有大兒戎者狄及晋楚是也晋滅虞虢狄入衛逼邢伐晋滅溫召陵之後楚滅弦圍許豈可置而不圖乎所謂不務德而勤遠畧況許方患楚而驅以伐戎非用人之道也

晉殺其大夫里克

張氏曰里克在獻公父子則爲賊而惠公之幸奚齊卓子之死而得立初未嘗有討里克之心獨以其志在重耳而不在已懼其又將以已爲奚齊卓子是以殺之蓋其事與專殺大夫者無異故不以討賊之辭書之也○鄭氏曰既書弒君於前誅里克之爲賊於後書殺大夫於後以明惠公之非爲討賊推見至隱曲盡其情非聖人莫能脩之也○問荀息不能正君之非而能守君之命里克欲從君之義而不從君之惑二者孰正潛室陳氏曰效荀息不得猶刻鵠不成尚類鶩效里克不得則畫虎不成反類犬矣

秋七月○冬大雨雪

高氏曰酉戌亥月皆非大雨雪之時故以爲異也

[illegible]十有一年

春晉殺其大夫丕鄭父 丕蒲悲反

丕鄭言於秦伯請出晉君晉侯遂殺之蓋討里克之黨也○張氏曰惠公志於得國而無君人之度外則失信於秦內則忌克多殺故丕鄭雖有私謀之心而春秋以累上之辭書之

夏公及夫人姜氏會齊侯于陽穀

薛氏曰夫人齊侯之女也歸寧可也為會而從大夫於外非歸寧之禮也○汪氏曰書及以會所以別男女也桓公如齊稱公與姜氏此稱及則僖公猶能防制云爾魯頌稱聲姜為令妻則聲姜必無文姜之行矣

秋八月大雩○冬楚人伐黃

胡氏曰按穀梁子云貫之盟管仲言於桓公曰江黄遠齊而近楚楚爲利之國也若伐而不能救則無以宗諸侯矣桓公不聽遂與之盟今被兵城守更歷三時告命已至而援師不出則失救患分災攘蠻荆安與國之道矣滅弦不書伐滅黄而書伐者罪桓公既與會盟而又不能救也

癸酉

十有二年 周襄王四年

春王三月庚午日有食之○夏楚人滅黄

汪氏曰江黄二國之滅皆不書以其君歸亦不書其君奔者蓋君臣同力效死以守而待中國之救也故滅不書伐而黄則書伐江則書闕齊不救黄其罪可知晉雖救江而所以救之者非其道與不救無以異也○程子曰江黄國小而近楚齊桓既與之盟而不救則君子之責有所歸矣夫齊桓未霸求諸侯如

此之勤也霸業既盛而棄江黃如敝屣者何也以德行仁者德愈盛而心愈固以力假仁者力盡志滿則怠矣故貴王賤霸春秋之大義也

秋七月○冬十有二月丁丑陳侯杵臼卒

甲戌周襄王五年 十有三年

春狄侵衛

張氏曰楚既滅黃而莫之恤狄侵衛之師所以肆也○趙氏曰前年狄滅溫溫子奔衛今狄侵衛以納溫子也霸主豈容安視而不討乎楚滅黃畏其大而不救狄滅溫以其小而不恤大者吾畏之小者吾忽之則諸侯安用夫霸主也

夏四月葬陳宣公○公會齊侯宋公陳侯衛侯

鄭伯許男曹伯于鹹鹹衛地

左氏曰淮夷病杞故且謀王室之有戎難也○汪氏曰十一年揚拒泉皐伊雒之戎同伐京師入王城焚東門王子帶召之也十二年王以戎難討王子帶子帶奔齊此謀王室爲戎難也

秋九月大雩○冬公子友如齊

家氏曰陽穀寗母及鹹之會其後公子友皆如齊葢伐楚服鄭城緣陵之事魯皆同之亦以見友之專魯政也

乙亥周襄王六年 十有四年

春諸侯城緣陵

淮夷病杞諸侯城緣陵而居之○陳氏曰但曰諸侯者不繫之霸者之辭也但曰大夫者不繫之君之辭也○吳氏曰元年齊以救邢之諸侯城邢同在一年諸侯猶且再叙著齊桓之志方勤而一霸業向盛也今以會鹹之諸侯城緣陵各在一年而不重叙著齊桓之志怠霸業向衰也不曰杞緣陵者杞未遷也

夏六月季姬及鄫子遇于防使鄫子來朝鄫姒姓禹裔防魯地

呂氏曰女子許嫁笄而字書曰季姬則字也婦人書字許嫁之辭也豈其許嫁於鄫而未歸於鄫故遇之而使來請已乎○楊卹菴曰公怒鄫子之不朝爲愆其期季姬遂與鄫子遇於防使來請已其道淫可知矣○張氏曰此足以見僖公之不父鄫子之不夫季姬之

不婦且不子也

秋八月辛卯沙鹿崩

孫氏曰鹿山足也謂山連足而崩爾詩山冢崒崩猶以爲異此異之甚也○掦耻菴曰晉山名不繫之晉者古者名山大澤不以封爲天下紀異也○胡氏曰晉沙鹿崩於前書獲晉侯於後雖不指其事應而事應具存此春秋畏物之反常爲異使人恐懼脩省之意也其垂戒明矣

狄侵鄭○冬蔡侯肸卒

劉氏曰臣子慢則赴不具日月春秋不改者因文以見也

春秋不能追考何以能改

丙子　周襄王七年

十有五年

春王正月公如齊

張氏曰公十年朝齊此又朝齊純用五年一朝之制同於事天子之禮矣

楚人伐徐

吳氏曰徐首僭王楚次僭王徐楚同惡者也因齊和之合諸侯匡天下徐亦革面而即諸夏以即諸夏而爲楚所伐可悲也夫

三月公會齊侯宋公陳侯衛侯鄭伯許男曹伯盟于牡丘遂次于匡公孫敖帥師及諸侯之大夫救徐

牡丘齊地○匡衛地

胡氏曰楚都于郢距徐亦遠而舉兵伐徐暴橫憑陵之罪著矣徐在山東與齊密邇以封

境言之不可以不救以形勢言之非有餽糧越險之艱也令書盟於扗丘見諸侯救患之不協矣書次于匡見霸主號令之不嚴矣書大夫帥師而諸侯不行見桓德益衰而禦蛮戎安中國之志急矣凡兵而書救未有不善之也救而書次則尤罪其當速而故緩失用師之義也○許氏日遂救許遂之善者也以其進也遂次于匡遂之不善者也以其止也○汪氏日不獨言大夫若日受命於其君故書諸侯以統之蓋當時諸侯雖以其權畀之大夫而春秋之法必欲其權係於諸侯也

夏五月日有食之○秋七月齊師曹師伐厲

高氏曰諸侯大夫救徐而齊侯獨帥曹司伐厲厲雖可討然非所以救徐也見強楚○專禦中國之威已頓矣

八月螽。九月公至自會

李氏曰不以救徐至者諸侯不親行也

季姬歸于鄫。己卯晦震夷伯之廟

震雷也夷伯魯大夫展氏之祖父大夫既卒書字夷伯之廟過制是以天災加之○張氏曰震爲霤凡霆擊之怒皆震之發也程子以爲夷伯之廟震而言震夷伯之廟天應之也然天之怒擊每在於惡稔而人不加誅之後春秋書震者惟此事耳詩云敬天之怒無敢戲豫敬天之渝無敢馳驅君子知天之日監而畏其威如此所以事天也○穀梁子曰因此以見天子至於士皆有廟天子七廟諸侯五大夫三士二故德厚者流光德薄者流卑是以貴始德之本也始封必爲祖

冬宋人伐曹張氏曰莊十四年曹從齊桓伐宋至今憾之今諸侯始貳曹伯伐厲救徐而襄公乘虛以伐之尚可繼桓而圖霸乎於此見桓德之衰而襄志之私矣

楚人敗徐于婁林婁林徐地高氏曰齊桓大合諸侯以救徐固有餘力而師出三時無功而返故書楚人敗徐于婁林以罪之。張氏曰書以見楚兵之獨勝而救徐之威不立伐厲之謀無補也

十有一月壬戌晉侯及秦伯戰于韓獲晉侯秦嬴姓伯益長子大廉裔韓晉地晉侯之入也許賂中大夫既而背之賂秦伯以河外列城五既而不與晉饑秦輸之粟秦

饑晉閉之糴故秦伯伐晉三敗及韓秦獲晉侯以歸晉陰飴甥會秦伯盟於王城改館晉侯饋七牢焉於是秦始征晉河東置官師焉夫責賂遲忿秦之罪也背施幸災晉之罪也秦無可執之辭故不書伐晉無責己之意敵以晉及之書敗書獲賤之也然一怒而哀人之師辱人之君幾使之至於亡國則已甚矣春秋之諸侯蠅營狗苟其曲直亦不足深較此桓文所爲彼善於此也○張氏曰晉惠背惠蔑施以虛氣撓秦所以師敗身執而大辱其國也秦舍晉君於外已而歸之所以不言以歸也○胡氏曰君獲不言師敗績君重於師也大夫戰而見獲必書師敗績師與大夫敵也君爲重師次之春秋之法也與孟子之言何以異孟子爲財君牛羊用人莫之恤也故以民爲貴君爲輕春秋正名定分爲萬世法此經世大常也惟此義不行然後叛逆之黨有託以爲民輕棄君親者矣

丁丑周襄王十八年　十有六年

春王正月戊申朔隕石于宋五是月六鷁退飛過宋都

程子曰隕石于宋自空凝結而隕六鷁退飛倒逆而飛必有氣驅之也春秋所書災異皆天人響應有致之之道故石隕于宋而言隕石此天應之也人以淺狹之見以爲無應其實皆應之然漢儒言災異皆牽合不足信儒者見此因盡廢之○張氏曰是隕爲石不祥也鷁退飛不順也宋襄欲圖霸而無其德故天出怪異以警畏之○楊耻菴曰稱是月者見災異之頻仍也○何氏曰後五年見執六年終敗如五石六鷁之數天之與人昭昭著明甚可畏也

三月壬申公子季友卒

吕氏曰春秋之初公之子爲大夫則稱公子公子之子爲大夫則稱公孫非公子公孫而爲大夫則但書名自僖公以後則皆書族已使之世爲卿矣是故魯有仲孫叔孫季孫臧氏孫齊有高氏國氏崔氏陳氏衛有孫氏甯氏晉有郤氏欒氏韓氏趙氏魏氏鄭有罕氏駟氏游氏皆世卿也先王之禮制蕩然矣○張氏曰書季友蓋友以立僖公之功生而賜之氏俾世其卿也故特書其氏以著待大臣不以禮法爲陰始凝之戒

夏四月丙申鄫季姬卒

不葬以其國微也魯人之於骨月無乃簡乎

秋七月甲子公孫兹卒

兹叔牙子○冬十有二月公

會齊侯宋公陳侯衛侯鄭伯許男邢侯曹伯于淮

左氏曰謀鄫且東畧也城鄫役人病不果城而還〇汪氏曰桓公安攘之志至會淮而愈怠矣會淮之前楚伐黄滅黄而不能恤狄侵衛侵鄭而不能遏僭於存杞不若存邢之功緩於救徐不若救許之速宜淮夷之徵亦肆其暴有所窺而動也〇萬氏曰許以男而先於邢曹邢以侯而後於鄭許聖人之作春秋從主會者之所為而無所改正所以著其罪也

戊寅 周襄王九年

十有七年

春齊人徐人伐英氏英氏皐陶後

澹菴胡氏曰楚人病徐齊桓不能服楚而伐其與國足遷戮也

既齊滅何故止公自是魯滅項但恐不是季孫耳

夏滅項

淮之會公有諸侯之事未歸而取項齊人以爲討而止公。程子曰滅人之國罪惡人矣在君則當諱故魯滅國書取滅項君任會季孫所爲也故不諱。家氏曰僖公德季氏擁佐之私假之以權待之不疑其後遂至不可制襄公在楚而亦取卞昭在晉而意如納邾叛人每乘公出肆其無忌由比年滅項有以啓之耳。按彙纂云公穀以爲齊滅於理亦通蓋不書齊者蒙伐英氏之文也當是時季友已卒友子無佚不見於經是未爲卿也無佚卒行父幼及其旣長而後爲卿然則滅項之季孫何人耶

秋夫人姜氏會齊侯于卞（卞魯地）○九月公至自會

楊耻菴曰齊桓入魯地而聲姜會之也雖父子無嫌而公適未歸夫人非歸寧而出門踰

爲夫解紛恐未可議書會滷濼侯也

閫止宿於下邑非禮也○吳氏曰以夫人會齊侯故公於中路得釋而歸公未至齊故云

至自

會

冬十有二月乙亥齊侯小白卒

齊侯多內寵公與管仲屬孝公於宋襄公以爲太子管仲卒五公子皆求立齊桓公卒易牙入與寺人貂因內寵以殺羣吏而立公子無虧孝公奔宋○呂氏曰桓公雖能用管仲有一匡天下之功然仲無正心誠意格君之學徒急於一時之功利卒致五子之亂其所以有始無終者家法不正也管仲且有三歸之失豈能正其君哉○趙氏曰脩內者王脩外者霸脩內者逸脩外者勞脩內者本於心遇機之來則應之機靜則止何勤何息脩外者本諸物物來無窮而智力有限一日少懈則智力有窮矣齊桓五霸之盛其初勤諸侯

則會北杏會鄄盟幽救邢封衛城杞伐楚伐山戎勤王室則會首止定世子會葵丘明王禁及內和諸侯外攘戎楚上定王室則怠心生狄滅溫楚滅黃狄侵衛鄭晉滅虞虢皆不問救徐不親卒之閭門無法五子爲讐一桓公耳何勤怠之殊也脩外而不脩內也

己卯 周襄王十年

十有八年

春王正月宋公曹伯衛人邾人伐齊

張氏曰長幼有定分桓公管仲不能自制其尊卑正名之辨而輕屬幼少以爲亂階君臣既失其制命之義矣今桓公未葬長子已立宋襄不能從宜因勢順其少長以撫定之使得以終桓公之喪乃成桓之私意率四國之諸侯奉少奪長大亂齊國春秋書宋公以爲戎首深罪之也

夏師救齊

宋襄公以諸侯伐齊三月齊人殺無虧魯救雖緩而猶書者善之也

五月戊寅宋師及齊師戰于甗齊師敗績

齊人不勝四公子之徒遂與宋戰宋敗齊師於甗立孝公而還夫桓公管仲託孝公於宋襄舍長立少乃私意也宋襄當於密託之時力辭不受且勸其以大義而奪於情則忠告善道無愧於友邦之誼矣今乃猶亂命而伐人之喪果何義哉曹衛邾既去則罪專在宋矣故以宋及之○程子曰書宋及曲在宋矣奉少以奪長其罪大矣書敗責齊臣也○孫氏曰此以宋主兵者不與宋襄伐齊也宋襄伐人之喪擅易人之主甚矣

秋救齊

胡氏曰凡書救者亦有不善者也書師救齊者善魯也救者善則伐者惡矣書狄救齊者許狄也許外裔則罪諸夏矣或曰管仲桓公嘗屬孝公於宋襄公以爲世子矣則何以不可立乎曰不能制命雖天王欲撫鄭伯以從楚春秋猶以大義裁之而不與也桓公君臣乃欲以私愛亂長幼之節其可哉○趙氏曰齊立無虧義也宋納孝公非義也二者曲直已判然救無虧而無虧殺納孝公而孝公立則安在夫義也蓋義不在乎勝敗之間公義而敗其義固存也不義而勝義且安在哉聖人不以勝敗爲褒貶而以公義定邪正故魯書救狄亦書救

秋八月丁亥葬齊桓公

胡氏曰桓公九合諸侯不以兵車威令加乎四海幾於改物雖名方伯實行天子之事然

而不能慎終如始付託非人柩方在殯四鄰以謀動其國家而莫之恤至於九月而後葬以此見功利之在人淺矣

冬邢人狄人伐衛

狄主兵而先邢者不以狄先中國也衛伐齊爲不義故狄亦得稱人以伐焉○李氏曰衛之伐齊正與鄭伯逃歸事同衛知有天王之命而不知世子之不可易衛知有桓公之命而不知長子之不可奪衛文賢君原其心恐非有背恩之實也但不審於義耳春秋於立孝公之事主宋以戰齊人狄以伐衛皆變文以顯之正以宋公此舉似義而實非義耳若止責其不能報德奚知衛人不自以爲報齊乎

庚辰 周襄王十有一年

十有九年

春王三月宋人執滕子嬰齊

宋稱人者恃衆以暴寡也滕稱名者辱身而失國也蓋宋以滕子久不與齊盟故執之以威諸侯不自省其專擅之罪書之以著其虐爾○吳氏曰宋襄志在繼齊桓之霸然去春首伐齊喪奉少以慕長令春首執滕于恃強而凌弱如此欲霸得乎蓋以滕子久不與齊盟執之以威諸侯然非有德義以服人心肆已之暴所以終無成也○程氏曰出乎爾者反乎爾故楚人效尤而執宋公矣

夏六月宋公曹人邾人盟于曹南公公作人曹南曹之南鄙

黄氏曰比杏之會齊霸之首事也雖人心始疑於齊然所致者猶有四國也令宋襄圖霸為盟於曹國之南是不能致曹而乃枉駕以盟曹也曹弱於宋而鄰於宋者猶且不服況

諸侯乎故曹南之盟所與偕者僅一邾人而已寡助如此而以求霸是亡舟楫而涉不測之淵未有不死於溺者也

鄫子會盟于邾

吳氏曰蓋鄫子如會適遇宋公歸國及邾之境故言會盟于邾也

己酉邾人執鄫子用之

宋公使邾文公用鄫子於次睢之社以屬東夷司馬子魚曰齊桓存三亡國義士猶曰薄德今一會而虐二國之君又用諸淫昏之鬼將以求霸不亦難乎得死爲幸○吳氏曰用之者殺之而用其尸爲牲以祭神○高氏曰不書所用之迹蓋聖人所不忍言也但曰用之則知其以人爲用也○張氏曰鄫子會曹南之盟而後期宋公使邾執之邾鄫世讎因

附勢而肆虐用之惡也觀後日戕鄫子亦出於邾則邾之虐鄫必自用鄫子而天子不誅所以後出爲惡也與

秋宋人圍曹

張氏曰盟于曹南口血未乾今後圍曹者討不服也襄公不能內自省德而急於合諸侯執嬰齊非霸討不足以示威盟曹南非同志不足以示信卒於兵敗身傷不知反求諸己欲速見小利之過也

衛人伐邢

胡氏曰衛不自省其從宋伐喪之罪而專以報復爲事罪之也

冬會陳人蔡人楚人鄭人盟于齊

陳穆公請脩好於諸侯以無忘桓公之德故主陳○張氏曰楚欲得志於天下久矣齊桓討而懷之其後桓志稍衰滅黃敗徐駸駸抗衡然尚有所懼也桓公既沒宋襄欲圖霸而諸侯不服故楚假不忘桓德之說求參與列國之會盟陳蔡及鄭皆近楚而素服之者故先受其謀齊孝公親見其父極力攘楚聽其甘言納之國都而與盟僖公亦忘是懲之志偕之同歃楚因以行其志春秋諱公而人諸侯所以譴其始也○王氏曰齊桓仗義以伐楚屈完來盟於師未嘗引楚而內之也內楚而列於齊盟自此會始或者皆以南北之成自向戌始而不知此會已爲之權輿矣陳合齊楚之成而楚執宋公宋合晉楚之成而楚爭爲長楚人衷甲舋不可啓漸不可長此之謂也

梁七

梁嬴姓伯爵伯益後

梁氏曰梁伯不能君國子民以至民逃其上秦、因得以取其地故不書秦滅梁而以自亡爲文。李氏曰書梁亡所以深罪梁非言秦得滅人國也

辛巳 周襄王十有二年

二十年

春新作南門

高氏曰改舊制而增大之罪不止於勞民而已。楊駐菴曰新延廐不言作言作改舊可知。天子五門自外而內皐庫雉應路按孔氏尚書顧命傳南門路寢門也僖公勤於土木泮水閟宮猶曰以教以祭可以無書今新作路門而增大之是不義又不時也故書之

夏郜子來朝郜姬姓國

鄭氏曰郜有二取郜大鼎北郜也郜子來朝南郜也。王氏曰郜分爲南北皆附庸於宋

五月乙巳西宮災

何氏曰禮夫人居中宮右媵居西宮左媵居東宮○家氏曰小寢人君燕私之地災見於是警戒深矣人君之過不在朝路臨涖之時而在深宮燕處之際天之示譴豈徒然哉其後魯僖没於小寢

鄭人入滑

高氏曰鄭伯與滑同等諸侯滑服於衛遽興師而入其國必欲滑爲已屬蓋強之凌弱如此○張氏曰此志天王出居于鄭之始釁也○家氏曰宋襄欲覇諸侯擅兵相侵者告於王而懲之如鄭人入滑當先糾者也舍是弗爲烏能有成哉

秋齊人狄人盟于邢

張氏曰狄例以國稱而同之於齊稱人之列者背伐齊喪而能救之今衛欲滅邢而狄能謀之故人以進之人狄則罪衛之意明矣此見聖人仁天下之公心也○家氏曰甚矣齊孝之無知也桓公征楚而服之巳乃與之盟於國桓公拒狄而却之巳乃與之盟於邢書曰厥父菑厥子乃不肯播厥父基厥子乃弗肯堂其齊孝公之謂乎

冬楚人伐隨 隨姬姓侯爵

李氏曰桓六年楚武王侵隨隨尚能率小國以拒楚而漢陽諸姬尚聽命於隨也八年而敗隨於速杞十一年而隨絞州蓼又欲伐楚師卒以鄖師之敗而止至莊四年楚武王荊尸授師以伐隨其年隨人成楚文即位不復有事於隨蓋隨巳屈服於楚也然自莊以前楚加兵於江漢之間晉不經見盖未有告命也今齊桓既卒中國無覇于齊之後遂爲同

盟之國於是假吉慶之策書為恐動中國之計矣

壬周襄王十午上有年

二十有一年

春　衛　口日前之伐以衛伐喪之惡有罪可數故稱伐今之侵以衛有滅邢之心無事可指故稱侵○汪氏曰前伐衛盟邢以狄有救患之善故稱人此復侵衛惡其侵以亂諸夏故舉其本號也

宋人齊人楚人盟于鹿上　鹿上宋地　張氏曰霸天下者宋之欲也亂天下者楚之欲也欲霸天下而求之於楚與之同盟此春秋所以列序而人之以著襄公之自取辱也○吳氏曰宋襄欲圖霸合諸侯而德義不足

以威人楚人亦乘間合諸侯而其勢力足以威人齊之盟不特陳蔡鄭從之而魯亦從之此宋襄所願欲而不可得者故求之於楚欲借楚之令使諸侯從已是求肉於虎也其遭執辱也宜哉

夏大旱

杜氏曰雩不獲雨故書旱○高氏曰言大者久而且甚之辭也

秋宋公楚子陳侯蔡侯鄭伯許男曹伯會于盂

執宋公以伐宋盂鄭地或曰宋地

杜氏曰不言楚執宋公者宋無德而爭盟為諸侯所疾故總見共執之文○湛氏曰宋公不智楚不義五國之君不勇交譏之○吳宥函曰宋公固嘗使邾子用鄫子於次睢之社

僖公　三〇

諸侯聞之必曰彼無道如是皆自憚其儀矣吾度用鄫子之冬魯會陳人蔡人楚人鄭人盟于齊其以是乎楚於是年始通中國會盟自非中國招之使來楚未易遽入壇坫也而宋不悟方就楚以求諸侯楚即因而餌之餌之斯執之執之斯伐之矣以此觀之則盂之執雖楚子執之實諸侯同執之也故薄之釋非楚子釋之實諸侯共釋之也苟執無罪之人於會盟之中諱其與我且如楚子果伏兵車以行事而盂宋地也師入其境夫誰曰不知而拱手以待其執乎○邵子曰傳稱王者徃也能徃天下者可以王矣周之衰也諸侯不朝天子久矣及楚與中國會盟仲尼始進爵爲子其僭王也不亦甚乎

冬公伐邾

須句附庸之國而僖公母成風之宗也邾人滅須句須句子來奔故公伐之

楚人使宜申來獻捷

宜申鬬氏子西也諸侯從楚伐宋而魯獨不與故楚來獻捷以脅魯不書宋捷爲中國隱之也。汪氏曰晉景公使鞏朔獻齊捷於周天子猶責其姦先王之禮況蠻荆肆虐中國而可受其捷乎

十有二月癸丑公會諸侯盟于薄釋宋公

薄亳宋地

楊耻菴曰盟雖諸侯之所惡而此盟在魯爲恤鄰救患在楚與諸侯爲改過釋怨不得以私盟爲罪矣。趙氏曰執宋公楚子也春秋以諸侯共執之釋宋公亦楚子也春秋以諸侯共釋之雖執之釋之諸侯莫不與其謀而實制於楚也聖人之不書楚書諸侯亦所以病諸侯矣凡諸侯執而反書歸而宋公書釋不書歸蓋歸者若自歸歸在我也俘者彼釋之

制在人也若曰諸侯不會則宋公不得釋也此以重楚之惡亦以病宋公也。邵子曰宋之爲國也爵高而力卑者乎盟不度德會不量力區區與諸侯並驅中原耻居其後其於霸也難乎

癸未　周襄王十有四年

二十有二年

春公伐邾取須句句其俱反。須句風姓伏羲後

汪氏曰文十年再書取須句而傳謂寘邾文公子焉比事而觀則魯之取須句非以存其祀實貪其土耳使果有興滅繼絕之功則春秋必書公伐邾歸須句子於須句以著其善矣

夏宋公衛侯許男滕子伐鄭

吳氏曰鄭知宋霸不可成其力不可恃遂朝於楚宋公不自反己以脩其德義乃遽怨鄭

而興師以伐之所以挑楚釁而取泓之敗也

秋八月丁未及邾人戰于升陘陘音邢。升陘魯地

書及蒙上文伐邾而言。胡氏曰邾人以須句故出師公卑邾不設備戰于升陘我師敗績邾人獲公冑懸諸魚門記稱邾婁復之以矢蓋邾自戰于升陘始也魯既敗績邾亦幾亡輕用師徒害及兩國亦與於誅暴禁亂之兵矣。張氏曰書及公戰也不言敗諱恥也觀此則知春取須句非有存亡繼絶之公心審矣

冬十有一月己巳朔宋公及楚人戰于泓宋師敗績泓水名

穀梁子曰泓之戰以爲復盂之恥也盂之恥宋襄公有以自取之伐齊之喪執滕子圍曹

爲盂之會不顧其力之不足而致楚成王成王怒而執之故曰禮人而不答則反其敬愛人而不親則反其仁治人而不治則反其智過而不改又之是之謂過襄公之謂也古者披甲嬰胄非以興軍也則以征無道也豈曰以報其恥哉○胡氏曰襄公伐齊之喪奉少奪長使齊人有殺無虧之惡有敗績之傷罪一也桓公存三亡國以屬諸侯義士猶曰薄德而一會虐二國之君罪二也曹人不服盡姑省德無闕而後動而興師圍之罪三也凡此三者不仁非義襄公敗行而獨憂重傷與二毛則亦何異盜跖之以均分後出爲仁義乎故宋公書及以深貶之

甲申周襄王十有五年

二十有三年

春齊侯伐宋圍緡

家氏曰齊孝非宋襄之力則不能有國顧忘納己之德乘其敗而圍其邑所謂以怨報德刑戮之民也齊侯書爵以其背大恵而忍於爲不義故目其人而誅之書伐書圍皆所以貶也○趙氏曰齊孝公斯舉可謂以怨報德矣孝公之得齊宋故也今宋不幸爲楚所敗奔比之餘國幾不國而齊孝利其危而伐之且圍其邑人之非人一至於此哉聖人書爵所以愧之

夏五月庚寅宋公玆父卒謚襄公

張氏曰時僖公已有志於附楚故不會宋公之葬

秋楚人伐陳

吳氏曰楚討陳之貳蓋以伐宋之後鄭畏而朝楚而陳未朝楚即誣以貳宋之罪伐之而

取其二邑積其勢不至於滅陳不已也

冬十有一月杞子卒

國微力綿雖送死之禮亦自降而從薄也

乙酉　周襄王十有六年

二十有四年

春王正月〇夏狄伐鄭

鄭之入滑也滑人聽命師還又即衛鄭人復伐之王使伯服游孫伯如鄭請滑鄭伯不聽王命而執三子王怒使頹叔桃子出狄師伐之許氏曰鄭執王使王啓狄師天下何恃不亂

秋七月冬天王出居于鄭

王德狄人立其女隗氏爲后富辰諫不聽太叔帶通於隗氏王絀狄女頹叔懼狄之怨已

遂奉叔帶以狄師攻王王適鄭處于氾明年夏晉侯納王王入于王城取太叔于溫殺之○陸氏曰天王雖自出鄭伯莫敢有其上故曰居禮云天子無客禮莫敢為主焉此之謂也○劉氏曰襄王已出而書居於鄭敬王求入而書居于狄泉國不可一日無君春秋所以立天下之防也○汪氏曰叔帶之有寵于惠王猶子頹之有寵于莊王也叔帶之攻王猶子頹之伐王也襄王之適鄭處于氾猶惠王之適鄭處於櫟也然惠王之處櫟不書而襄王之出居於鄭特書者所以罪襄王也夫叔帶之召戎伐京師已萌禍亂之階矣帶以罪弃齊踰十年而王復之苟能明大倫之義而不致褻御令同氣之息而倖無怨惡綱紀裁然亂何由作今襄王帥狄師以洩忿於伯叔之國立狄女爲天下之母又不以謹男女之别而致肆淫於內廷拒諫而不從臨難而莫禦犯此五不韙之罪則自取危辱覩惠王益

不俟矣故上書狄伐鄭而不曰王師及狄伐鄭者所以諱襄王之用狄也下書天王出居雖以自出著罪而特言出居又以明大一統之義然不書叔帶以狄伐京師尤爲王諱惡也又按外傳經伐鄭之狄后皆在出居之前年而黜狄后則在出居之年豈前年以用狄伐鄭而今年再以狄伐鄭與王之出居必有馴致之漸然不可考矣

晉侯夷吾卒

杜氏曰晉文定位而後告惠公之喪故書于今年。按惠公之子圉立是爲懷公秦穆公納重耳而殺圉于高梁不書者不赴告也

丙戌　周襄王七
十有五年

二十有五年

春王正月丙午衛侯燬滅邢

衛人將伐邢，使禮至昆弟往仕。衛人伐邢，二禮從國子巡城，掖以赴外，殺而滅之，接曲禮曰：「諸侯不生名，滅同姓則名。」然朱子則曰：「諸侯滅國未嘗書名，衛侯燬滅邢，說者以爲滅同姓之故，令經文只闕『夏四月癸酉』一句，便書『衛侯燬卒』，恐是因而傳寫之誤，亦未可知。」張氏曰：「衛侯殘虐不仁，至於同所自出不知相保，而肆虐以滅之，又使其臣爲譎詐之事，行盜賊傾覆之計，人理所不容也，故名之，同於楚子虔之誘殺也。」愚按此說亦通，更考之。

夏四月癸酉，衛侯燬卒。宋蕩伯姬來逆婦。

杜氏曰：「伯姬，魯女，爲宋大夫蕩氏妻，自爲其子來逆。稱婦，姑存之辭。婦人越境逆婦，非禮，故書。」家氏曰：「禮有親迎，婦從夫也。今屈尊者以迎卑者，而亦謂之逆，亂婦姑之分，故特書以譏之。」張氏曰：「姑自逆婦，公不使大夫

主之皆非禮也兩譏之

宋殺其大夫。秋楚人圍陳納頓子于頓

趙氏曰楚納頓子陳之罪也陳不仁不義陵頓子之小而迫逐之楚人貪惏反假仁仗義而納之此誰致之也故陳之罪重於楚也張氏曰頓姬姓國也迫於陳而不能有其國故楚圍陳然後能納之聖人書此見中國諸侯不能恤小而定其位反使荊楚行其義閔中國之無覇也

葬衛文公。冬十有二月癸亥公會衛子莒慶盟于洮

洮魯地也

楊耻菴曰衛成在喪稱子而主盟莒慶大夫而與盟失而又失者也

師字之義二說不同胡說似是

丁亥 周襄王十有八年

二十有六年

春王正月己未公會莒子衛甯速盟于向 向莒地

吴氏曰衛本欲平魯莒之怨洮盟莒子不親至僖公必欲與莒子盟故爲此會也

齊人侵我北鄙公追齊師至酅弗及

劉氏曰齊師者齊人也其稱師何爲公之弗及張之也然則何以言爾譏畏也譏畏柰何諸侯有道守在四鄰以百里爲政於天下者矣未聞以千乘畏人者也○胡氏曰書人書侵書師罪齊也書追書至酅弗及罪魯也前書齊人是見其弱以誘魯也後書齊師是伏其衆以邀魯也其爲謀明矣凡書追者在境内則譏其不豫追戎於濟西是也在境外則譏其深入追齊師至酅是也酅者齊地至者言遠也弗者遷辭也有畏而弗敢及之也齊

魯皆私憤之兵而非正也故交譏之

夏齊人伐我北鄙。衛人伐齊。公子遂如楚乞師

吳氏曰衛平莒魯齊何與焉洮向之二盟雖潰其過在魯非齊人之所當問也孝公乃連興侵伐之師非義甚矣其致衛之伐與魯之伐自取之也。湛氏曰兄弟閱於牆外禦其侮僖公不忍齊人侵伐之怨使遂乞師于楚是置毒於心腹也其害義釀禍孰大焉。高氏曰楚僭王矣而諸侯共推爲盟主魯見侵伐於齊乃乞師於楚以伐之導蠻荆以伐中國於天下之大變也書曰乞師深罪之也魯頌稱公車千乘公徒三萬戎狄是膺荆舒是懲今乃乞師于楚寧無媿乎

秋楚人滅夔以夔子歸夔芊姓子爵鬻熊後熊摯裔

胡氏曰諸侯之祀無過其祖者而夔祖熊摯是不得祀祝融與鬻熊也而楚反以是滅之非其罪矣故特存其爵而不名也

冬楚人伐宋圍緡

吳氏曰前年宋成公忘父之讐與楚平而往朝之今而即晉可謂速於徙義者矣楚伐其國而圍其邑書以著蠻荊之肆橫也

公以楚師伐齊取穀公至自伐齊

吳氏曰公不用魯師而用楚師雖取齊之邑而借援強楚辱國莫大焉將以刷西鄙比鄙之恥而適所以甚其恥也○高氏曰齊人加兵於魯魯欲報之當請命於天子會諸侯以

同討其罪夫楚豺狼也安可遠引其師以伐覩鄰之國乎

戊子　周襄王十有九年　二十有七年

春杞子來朝

趙氏曰伯姬拳拳惟其天託其子於魯庶幾魯能篤甥舅之好也當其身國凡見破兕發世乎僖公號賢君乃不念姑姊妹況他君乎

夏六月庚寅齊侯昭卒○秋八月乙未葬齊孝公

杜氏曰弟潘殺其子而自立是爲昭公三月而葬速也

乙巳公子遂帥師入杞

張氏曰秦方來朝而帥師入之以怨報德欲加之罪何患無辭也○高氏曰杞魯乃甥舅之國伯姬在焉而陵暴之如此魯人不義甚矣僖公之德衰矣

冬楚人陳侯蔡侯鄭伯許男圍宋

趙氏曰宋成以父之讐不屈於楚亦可謂賢子者與於時晉文興霸蓋已四年宋亦有足恃者而楚虐宋不已楚之暴横至是極矣執宋于孟敗宋于泓伐陳圍陳而陳屈圍緡取穀又將以爭齊宋也明年敗楚于城濮豈獨宋賴之天下賴之也

十有二月甲戌公會諸侯盟于宋

圍宋稱楚人子玉主兵也盟宋則槪稱諸侯楚子親歃也不列序者不予楚之主盟也宋方受圍豈敢出盟蓋諸侯相與歃血於其郛門之外也明年楚子入居於申是必見晉之

盛身始去之留子玉於宋耳。高氏曰公畏楚之強而往爲此盟以報乞師之恩耳豈有固衛中國之心哉宋於是告急於晉而文公得以爲資遂覇諸侯也。張氏曰春秋書公會諸侯于薄于宋皆楚爲會主也然猶曰會諸侯不曰會楚使公從楚之罪必待考而後見聖人之忠厚春秋之微婉可見矣

己丑

二十有八年周襄王二十年

春晉侯侵曹晉侯伐衛

項氏曰晉方潛師侵曹出其不意衛固未以爲慮忽焉揚聲以伐衛又出衛之不意魯人狼狽而徹戍楚人自宋而救之晉方與楚爭衛曹固幸而得紓怨焉回軍又出曹之不意徑入其國執其君以畀其仇經文書晉侯侵曹晉侯伐衛明晉文之譎也。朱子曰晉文詭譎如侵曹伐衛皆是當時出此不禮之私却只

名謂治其從楚又曰皆所以致楚師也。揚趾蓭曰既侵曹矣復出伐衛不分書伐衛則嫌於一舉不再書晉侯則嫌於魯伐非一事而再書也。黃氏曰是時諸侯俱已事楚獨宋尚存而令且受圍晉所恃以協力排楚者齊秦兩大國而兩國之師又未能即至於是潜掠曹境以搖四國之心聲言伐衛以致楚類之救及楚救衛晉又不與戰而入曹不過使楚人兩地奔馳寬緩時日以待齊秦之至也

公子買戍衛不卒戍刺之刺七賜反

魯使買戍衛以助守畏晉之強故召歸又恐楚之嫌故罪其辱君命而以不卒戍刺之周官有三刺一刺曰訊羣臣再刺曰訊羣吏三刺曰訊萬民內殺大夫稱刺者若曰刺審其情與衆棄之而隱其專殺之罪耳。張氏曰懼於晉而殺公子買者其實也謂不卒戍而

刺之者以解於楚也蓋戍衛者楚命也魯衛本兄弟之國若推至公之心卹買往戍之則買之不足戍可誅然其名如此而其情則不然書之之詳所以見詞之不直而情之甚私買之死實非其罪不止於專殺大夫爲也

楚人救衛

張氏曰衛服罪請盟文公不許懷報怨之意不聽衛侯之改過自新失霸主寬宏之度故春秋予楚人以恤患之名罪晉文之忌刻也

三月丙午晉侯入曹執曹伯畀宋人

胡氏曰曹伯襄者未卿晉政莫知所承晉文不脩辭令遽入其國既執其君又分其田畀矣欲致楚師而與之戰而以曹伯畀宋人譎矣雖一戰勝楚遂主夏盟舉動不中於禮多

矣。王氏曰執曹伯不歸京師而畀宋人斯不待貶絕而罪惡見者也。李氏曰書法者下奉上也錫者上賜下也。畀者非上非下者也三者據尊卑言之。吳氏曰晉之用師於曹衛也實欲致楚而與之戰先以假道而侵衛之釁衛既不許則還師自南河濟畧侵曹境不深治曹也移師伐衛責其不假道之罪取其邑衛服罪請盟而猶不許以致其君出避魯戍逃還則楚人不得不救衛矣楚既救衛則又移師臨曹而執其君又以之畀受圍之宋多方以激楚之怒則楚人不得不與晉戰矣

夏四月己巳晉侯齊師宋師秦師及楚人戰于城濮楚師敗績城濮衛地

桓公之時楚方興猶可以德綏之文公之時楚極盛則不得不以力屈之桓公所遇子文

之寬和猶可以理論之文公所遇者子玉之
剛愎則不得不以威懾之召陵之盟變而爲城
濮之戰者勢也但召陵則伏義執言而城濮
則陰謀詭道是以有正譎之分耳○呂氏曰
召陵之次一得屈完之盟而退師城濮之役
不至敗楚師不已蓋桓公所爲將以服強楚
之心晉文之舉將以挫強楚之勢也所過不
同用計亦異其爲有功則一也然召陵之師
規模既完聲其罪而伐之楚亦屈服而不敢
校此正也晉文加兵曹衛以設楚復許二國
以攜楚又拘子玉之使以怒楚三舍避之示
怯以誘楚其詭計如此孔子斷之曰譎豈不
信哉○朱子曰齊桓公死楚侵中國得晉文
公遏住如橫波汜濫硬做隕防不然則中國
爲所淪沒必矣○魯齋許氏曰論君子者必
以德論小人者必以詐以德度德君子之優
劣見焉以詐較詐小人之勝負分焉爲君子
而不至於善之長爲小人而不爭於姦之進

則未免亦以過人者蓋嘗於晉楚爭霸之際觀之楚得臣不自料其詐力之所造與文公君臣孰淺孰深遽使伯棼請戰于楚子告於晉師請復衛侯而封曹徒知急間讒慝勇於立功而不知區區小數已墮於文公之譎矣乃欲攘西廣東宮若敖六卒以挫堂堂之晉宜乎其敗也彼文公君臣巧譎萬變分曹衛之田以賜宋者非厚宋也激楚怒也私許曹衛之复使絕於楚者非愛曹衛也致楚師之戰也主於退三舍而言逾恭者用以驕敵用以報德用以感諸侯之心用以作三軍之忿而得臣於此豈惟不知多方以誤彼又且甘投陷阱以致敵於人城濮之師其所以潰亂而莫能支者是果誰之咎邪然愚於楚子怒得臣之際獨有矜焉楚子既命無從晉師而得臣不忍私忿固請一戰楚子雖怒其不可而竟不能止城濮之戰萬不可勝政使偶而或勝則得臣他日恃功專恣之禍必有甚於

喪師之慘矣先儒謂王道之外無坦途舉皆
荊棘仁義之外無功利舉皆禍殃斯言其至矣

楚殺其大夫得臣

子玉既敗王使謂之曰大夫若入其若申息
之老何及連穀而死晉侯聞之而後喜可知
也曰莫予毒也已矣軍敗而將必死亦足以
見其用法之嚴明與孔明之斬馬謖狄青之
斬陳曙柴世宗之誅樊愛能何嶶一也此其
所以爲強於一時乎○胡氏曰謀人軍師敗則死
之城濮敗而誅子玉泜水退而誅子上鄢陵
敗而誅子反屬國叛而誅子辛是乃楚所以
振
爾

衛侯出奔楚

吳氏曰衛侯黨楚之心深固晉雖私許復之
終懷疑而不敢信故聞楚敗懼晉害已而出

奔楚也○汪氏曰陸氏云令叔武攝位而去故不名蓋晉文雖絶衛侯之位而春秋不絶其位罪文公不當廢衛侯也

五月癸丑公會晉侯齊侯宋公蔡侯鄭伯衛子莒子盟于踐土踐土鄭地

杜氏曰諸侯盟于踐土宮之王庭王子虎臨盟不同歃衛叔武攝位受盟從未成君之禮故稱子而序鄭伯之下○愚按晉侯勝楚後為此會以定霸先盟諸侯以待王之下勞也晉序齊上新盟主也齊序宋上霸國之餘威也○張氏曰文公負震主之威不率諸侯朝王而致天子屈尊下勞失正位居體之道非所以正天下之大分諸侯之受盟陳侯之新附皆爲文公而來若書天王下臨而列踐土之盟則尊卑倒置綱常易矣故即其可書者

記之而天王下勞沒而不書以示天下之大訓故曰非聖人孰能脩之○汪氏曰踐土之下勞乃襄王之自失其尊故諸侯朝王而盟于王庭春秋削天王之下臨所以去其降尊之實先書諸侯盟踐土而後書公朝于王所所以全臣子當尊之名是爲襄王隱惡明其所以爲君父之道也

陳侯如會

杜氏曰陳本與楚楚敗懼而屬晉來不及盟故曰如會

公朝于王所

天王下勞晉侯于踐土策命晉侯爲侯伯賜之大輅之服戎輅之服彤弓一彤矢百玈弓十玈矢千秬鬯一卣虎賁三百人晉侯受策以出出入三覲諸侯即踐土之行宫而朝之

曰王所者以别于京師也○吳氏曰春秋魯史故但書公朝非是魯一國獨朝而諸侯不朝也○高氏曰天子不下堂而見諸侯今乃出王畿從諸侯之會尊卑倒置不可以訓故但書公朝王所而知天子在是矣

六月衛侯鄭自楚復歸于衛衛元咺出奔晉

元咺衛之大臣奉叔武以守者衛侯疑元咺立叔武殺其子角及歸公子歂犬前驅射叔武而殺之故元咺奔晉以訴焉夫叔武之死不書于經蓋非衛侯有意殺之也枕之股而哭之歸獄於歂犬而誅之則其本心可見元咺何遽訴之於晉乎衛侯稱名失國之辭也叔武與踐土之盟則失國明矣言復者國其所固有也元咺懷殺子之怨而加君以殺弟之名故雖往訟而書出奔罪之也

陳侯款卒○秋杞伯姬來

吳氏曰杞桓公伯姬之次子繼其兄成公而立即來朝魯而爲魯所卑又使卿帥師入其國魯之待杞可謂無恩矣故伯姬又來謝過而來平也

公子遂如齊

薛氏曰始平於齊也

冬公會晉侯齊侯宋公蔡侯鄭伯陳子莒子邾子秦人于溫溫畿内地

吳氏曰中國諸侯服楚而同圍宋者陳蔡鄭許也楚既敗蔡鄭即從晉陳雖後盟亦來如會許最弱小而僃不改圖故晉文此會蓋合諸侯以討許也衛侯既赦之使復國矣猶欲

討衛者元咺訴之於晉欲晉聽其訴而又欲討衛也陳共稱子班鄭下與甯叔武稱十班鄭下同踐土之會無邾秦至比則小國畏威大國聞風皆至可見晉霸之盛矣

天王狩于河陽

河陽即溫周賜晉地

晉侯召王以諸侯見仲尼曰以臣召君不可以訓故書曰天王狩於河陽言若天王巡狩至此而諸侯畢會也○吳氏曰城濮勝楚之後襄王下勞晉侯故踐土之盟晉侯得以天王在會爲榮而誇示諸侯今溫之會晉侯又欲如踐土故召王來狩於其國之地則天王又在會矣然踐土是王自來故沒而不書存君體也會溫則晉實召王故書天王自狩存臣禮也○胡氏曰以常禮言之晉侯召君名義之罪人也其可訓乎若原其自嫌之心嘉其尊王之意則請王之狩忠亦至焉故夫子特書狩於河陽所謂原情爲制以誠變禮者

也夫踐土之會王實自往非晉罪也故爲王諱而足矣溫之會晉則有罪而其情順也故既爲王諱之又爲晉解之於此見春秋忠恕也○邵子曰傳稱子貢欲去告朔之餼羊子曰賜也爾愛其羊我愛其禮是知名存實亡者猶愈於名實俱亡者矣禮雖廢而羊存則後世安知不有復行禮者矣晉文公尊王雖用虛名猶能力使天下諸侯知有周天子而不敢以兵加之也及晉之衰也秦由是敢滅周斯愛禮之言信不誣矣

壬申公朝于王所

杜氏曰有日而無月史闕文○吳氏曰踐土之盟天王在盟所若主是盟者然故既盟而晉率與盟之諸侯以朝王溫之會天王在會所若主是會者然故既會而晉又率與會之諸侯以朝王也古者天子巡狩方伯率諸侯以朝於方嶽之下此禮之廢久矣今一歲之

間兩受諸侯之朝晉文之心不過欲假此以誇諸侯非真能尊天子也實譎而名則正心非而迹則是焉

晉人執衛侯歸之于京師衛元咺自晉復歸于衛

胡氏曰古者君臣無獄諸侯不專殺為臣執君故衛侯不名而元咺稱復大夫不世其稱復絕之也自晉者晉有奉焉因其力也歸者易辭以文公為之主故其歸無難而方伯之罪亦著矣○家氏曰元咺臣也衛侯非咺所宜訴衛侯執而元咺歸名分掃地矣春秋於晉侯治衛一事再三見之書法責晉深矣然則治此獄宜何歸曰執衛侯治其殺弟之罪執元咺正其訴君之戮

諸侯遂圍許

汪氏曰晉文之圍許雖曰討其不朝王所之罪實乃假公義以逞私忿也當時之小國若滕若薛若杞若郯之類不朝王者不可疏舉豈獨許哉蓋以許附於楚故以兵力脅之使從中國耳○吳氏曰合諸侯勝楚而盟踐土霸業成矣是後當休兵息民修德行禮以服諸侯之心而禮繁威黷踐土之盟血未乾又合諸侯以會溫城濮之大勞甫息又率諸侯以圍許諸侯亦罷於應命矣是以合四國之力能勝強大之楚合十一國之力乃不能服弱小之許所謂強弩之末不能穿魯縞者矣蓋圍許之諸侯亦强從耳孰肯盡心竭力哉

曹伯襄復歸于曹遂會諸侯圍許

晉侯有疾使其豎侯獳筮史曰以曹爲解晉侯恐於是復曹伯何以名失國也身且畀宋

何有於國乎以賂得免幸而獲濟即奉覇令以圍許晉之強已甚而曹之弱可憫也○汪氏曰曹共公之歸不書自蓋言自晉則曹伯始執畀于宋若言自宋則其歸實出于晉故不書自而止曰復歸○蜀杜氏曰晉之專執而罪之又專釋而歸之且逼使遠會諸侯圍許制服出於晉侯以見晉侯專恣之甚也

庚寅 周襄王二十有一年 二十有九年

春介葛盧來 孫氏曰東夷微國不言朝者不能行朝禮也

公至自圍許○夏六月會王人晉人宋人齊人陳人蔡人秦人盟于翟泉 會上公有公字翟公作狄○翟泉王畿地

諸国皆大夫會君雖在會必使大夫盟敖丘書會○陳氏曰晉初以大夫盟王子也踐土之役王子虎不書溢盟也今以大夫盟王子文公之志荒矣大夫之交政於是始文公爲之也○陳大士曰桓公會不適三川文公則盟翟泉矣桓公不以大夫抗王人文公則使大夫矣○楊恥菴曰杜氏云翟泉洛陽城内大倉西南池水十國入王城而不覲王恐無此事勢且不直書王城而但言池水不惟於委巷之談亦[illegible]人見諸侯之逼而敬王居之狄泉又在王城之東兩泉相近而翟狄通稱恐非也

秋大雨雹

范氏曰陽氣之在水雨則温熱陰氣薄而脅之不相入轉而爲雹

冬介葛盧來

以未見公故復來朝

辛卯 周襄王二十有二年

三十年

春王正月○夏狄侵齊

秋衛殺其大夫元咺及公子瑕

晉侯使醫衍酖衛侯甯俞貨醫使薄其酖不死公爲之請納玉於王與晉侯皆十瑴王許之秋乃釋衛侯衛侯使周歂冶廑殺元咺及子適子儀適即瑕儀其弟也○呉氏曰衛侯未入國而殺元咺稱國殺者責衛侯使人殺之也夫元咺以臣訟君君被執而咺偃然歸國之假霸主之權而易置其君如奕碁然其不臣之非所當誅也令以國殺爲文而無討賊之辭者衛侯未嘗正名其罪而陰使人殺之誅之不以其罪也○李氏曰當甯俞始盟既

使居者無懼又可失信以殺咺乎故不去大夫謂宜待以不死也○愚按叔武之死或出誤殺故疑之而不書若瑕之死則實出於衛侯之命矣瑕代君衛乃以臣及君者著元咺之強且明瑕之未嘗簒也特書公子而衛侯推刃同氣之罪不可逭矣

衛侯鄭歸于衛

衛侯何以又書名再失國也夫叔武既死咺署無悔心而又殺公子瑕是長惡而不悛也尚足以君國乎故其歸不稱復所以深絶之也言歸者易辭也○高氏曰晉文受賂免衛侯委罪於天子而又私釋之故不言歸自京師

晉人秦人圍鄭

以其無禮於晉且貳於楚也鄭使燭之武見秦伯而退秦師晉侯亦去之二君皆在而稱

人者蓋雖自行而圍城必遣將也是忿窮兵秦晉之隙自是開矣○胡氏曰晉文以私忿勤民動衆圍人之國秦伯惟利爲向背從燭之武之言皆不以義舉也春秋故於晉侯秦伯貶而稱人

介人侵蕭

蕭宋附庸○張氏曰介再來魯而次年遂侵蕭求援而後舉兵也與荆人秦術之聘同

冬天王使宰周公來聘○公子遂如京師遂如晉

周公名閱○胡氏曰冢宰上兼三公其職任爲至重而來聘於魯天王之禮意莫厚焉公既不朝京師而使公子遂往又以二事出叀周室於列國此大不恭之罪有不待貶絕而

罪惡見者也

壬辰　周襄王二十有三年

三十有一年

春取濟西田

胡氏曰晉侯執曹伯班其所侵地於諸侯不繫國者吾故曰也復吾故田而謂之取何也春秋之法不以亂易亂○張氏曰復魯之舊地亦與非其有而取之者同蓋無王命以正疆理皆取之不以其道也況晉奪之曹以與魯本以其私憾而非有至公之義者乎

公子遂如晉

高氏曰晉未嘗來聘而公子遂去冬既聘今春又往謝取濟西之田何厚於晉而薄於周也

夏四月四卜郊不從乃免牲猶三望

胡氏曰魯諸侯何以有郊成王以周公有大勲勞於天下命魯公世世祀周公以天子之禮樂是故魯君孟春乘大輅載弧韣旂十有二旒日月之章祀帝於郊配以后稷天子之禮也成王過賜而伯禽受之非也歲事之常有不勝書或以卜或以時或以望或以牲或以牛於變之中又有變焉者悉書其事古者大事決於卜卜而不從則不郊矣故免牲猶者可以已之辭其言三望何也天子有方望無所不通諸侯非名山大川在其封內者則不祭魯得用重禮視王室則殺故望止於三比諸侯則隆故河海雖不在其封而亦祭然非諸侯之所得爲也○李氏曰免牲者爲之緇衣纁裳奉之南郊天位歸之於陽也○吴氏曰天子郊祀上帝必望祭山川望祭在郊祀之後因郊而望也郊祀既廢則望禮可以不舉魯既不郊而猶三望故書以識其非禮○朱子曰猶二望是不必望而猶望也猶繹

考辨固爲詳明虞書又有望於山川之支何也
求婦所以託國耳豈意在干政也春秋蓋閔之矣

是不必繹而猶繹也○彙纂云三望之說諸家不同考周禮大司樂奏姑洗歌南呂舞大磬以祀四望奏蕤賓歌函鍾舞大夏以祭山川是山川之外別有四望矣天神曰祀四望亦曰祀地示曰祭山川亦曰祭是四望附於天神山川附於地示不得以山川列於四望矣鄭注賈疏謂日月星辰在天神之列又謂司中司命風師雨師當在四望意者四望爲天神之屬而日月星辰司中司命風師雨師皆在祀中與姑附存之以俟考焉

秋七月○冬杞伯姬來逆婦

吳氏曰杞伯姬自來求婦蓋疑不自來求則婦不可得也求而得僖公之女叔姬爲桓公夫人經不書婚姻常事皆不書也至成公世被出乃見於經○胡氏曰王后之詔命不施於天下夫人之教令不施於境中昏姻大事也杞獨無君乎而夫人主之也故特書於策

以爲婦人亂政之戒母爲子求婦猶曰不可況於他乎此義行無呂武之禍矣◎葉氏曰逆婦非姑道求婦非母道

狄圍衛。十有二月衛遷于帝丘

胡氏曰遷于帝丘避狄難也而衛侯不能自強於政治脩文無卻狄衆安諸夏之功莫不見矣

三十有二年癸巳周襄王二十有四年

春王正月。夏四月己丑鄭伯捷卒衛人侵狄

秋衛人及狄盟

胡氏曰狄有亂衛人侵狄狄請平焉其不地何盟于狄也稱及者所以罪衛也盟會中國

諸侯之禮衰世之事已非春秋之所書況與狄人卽其廬帳刑牲插血以要之哉

冬十有二月己卯晉侯重耳卒

金氏曰晉文霸功不及齊桓之盛而晉世主夏盟齊桓止其身蓋齊桓之家不治而晉文之家治也齊桓之夫人三內嬖如夫人者六人身死不及殯而卽有五公子之亂齊遂以衰傳稱晉使逆夫人嬴氏以歸狄人歸季隗杜祁以君故讓偪姞而上之以狄故讓季隗而已次之故班在四辰嬴賤班在九人但齊姜存否不見於傳而劉向列女傳稱晉文逆之以歸向博極羣書必有考也則晉文之家法大概可見矣家法治所以無身後之亂也有國者當知治亂之本不可以是爲迂

甲午周襄王二十有五年

三十有三年

春王二月秦人入滑

初秦與晉圍鄭鄭納燭之武之言而與鄭人盟使杞子逢孫楊孫戍之乃還至是欲因以襲鄭鄭商人弦高假以君命犒其師且使遽告於鄭鄭人乃覺戍者奔齊宋秦軍知鄭有備滅滑而還○茅堂胡氏曰秦人滅滑而書入者不能有其地非未滅之也而肆其悖心無故滅人之罪著矣

齊侯使國歸父來聘○夏四月辛巳晉人及姜戎敗秦于殽

晉先軫曰秦不哀吾喪而伐吾同姓一日縱敵數世之患也遂發命遽興姜戎子墨衰絰敗秦師於殽獲百里孟明視西乞術白乙丙以歸○程子曰晉不稱君居喪未葬不可從戎也忘親背惠其惡甚矣秦爲無道越晉踰周

以襲人衆所共憤故書晉人其稱及姜戎亦然○愚謂晉以秦滅同姓而興師不爲無名但既勝之後不聞有興滅繼絕之舉則不過邀一時之利以取威定霸耳至於稱秦不言師若胡氏謂客人之館而謀其主因人之信已而逞其詐利人之危而襲其國越人之境而不哀其喪叛盟失信以貪勤民而棄其師狄道也誠哉是言矣

癸巳葬晉文公○狄侵齊

吳氏曰狄之所以兩侵齊者間晉之虞因晉之喪則狄未嘗無畏晉之心也晉縱狄而莫之攘則爲可罪焉爾

公伐邾取訾婁○秋公子遂帥師伐邾

薛氏曰升陘之役十歲矣邾亦嘗侵伐我也夏取其邑秋又伐之無名甚矣

晉人敗狄于箕箕晉地

家氏曰戎狄微賤非中國諸侯之敵故不書戰而止書敗○楊耻菴曰狄侵晉晉敗之雖在喪可也攘狄皆如此其又何譏焉

冬十月公如齊十有二月公至自齊

薛氏曰周公下聘而卿入拜鄰國聘而君往朝輕重不倫不可以言禮矣

乙巳公薨于小寢

家氏曰于小寢歿不以其地也嘗疾革而居於正寢所謂以齊終者也成王將終洮頮水被冕服憑玉几以發命於其公卿大臣俾輔元子弘濟多艱此人君沒於正寢之事也非夫存養有素神明不亂者豈能盡將終之禮也

隕霜不殺草李梅實

吳氏曰霜當重而不能殺草李梅再花而結成實皆冬煖之咎徵也

晉人陳人鄭人伐許

張氏曰許自文公所不能致襄公承業之志自以爲勤然不知怠慢姦民失道之甚也

春秋集傳卷之五

湘川李文炤編輯

文公

名興僖公子謚法慈惠愛民曰文

乙未 周襄王二十有六年

元年

春王正月公卽位

胡氏曰卽位者告廟臨羣臣也國君嗣世定於初喪必踰年然後改元書卽位者緣始終之義一年不二君緣臣民之心不可曠年無君也○朱子曰天子諸侯之禮與士庶人不同故孟子有吾未之學之語謂此類耳如伊訓元祀十有二月朔亦是新喪伊尹以冕服奉嗣王祗見厥祖固不可用凶服矣漢唐新主卽位皆行册禮君臣亦皆吉服追述先帝之命以告先祖蓋易世傳授國之大事當嚴其禮而王侯以國爲家雖先君之喪猶以爲

己之私服也

三月癸亥日有食之。天王使叔服來會葬

汪氏曰諸侯五月而葬僖公薨至是三月而王臣來會葬者豈王室謹禮以懷諸侯惟恐失期而先至也與僖公未嘗遣使會惠王之葬而襄王遣使會僖公之葬比事以觀得失見矣

夏四月丁巳葬我君僖公。天王使毛伯來錫公命

毛國伯爵周禮諸侯諸伯七命其合瑞用信圭其冕服以七章王賜晉懷公命晉侯受王情則合瑞之證也晉武公請命於王詩言子之衣安且吉則加服之證也錫則是而不侯

遣臣往亦須拜送然則拜送服

其朝則非矣○劉氏曰錫命者何命爲諸侯也諸侯在喪稱子踰年即位喪畢以士服見於王王乃於廟命之正也喪未畢而命之非禮也既喪畢而不受命於天子亦非禮也

晉侯伐衛

衛積怨於晉是以不朝而晉遽伐之可謂暴矣

叔孫得臣如京師

得臣叔牙孫

楊恥菴曰如京師拜錫命也錫命本不宜受受則不親拜不可以衰經見不可即服其命服以往不可遲之終喪不可是一失則無不失也令以得臣往而終喪不聞其入覲於王則拜錫之禮闕如矣上陵下替於此可見○趙氏曰錫命固非所宜而拜錫命者庸爲是乎錫之在喪拜之在喪既拜則釋衰服黻矣釋衰服黻文公之心其安乎安則爲之

哀可乎

衛人伐晉

孔達不忍晉之横逆而輕伐盟主無謀之甚也○張氏曰覇主聲罪致討不自反其不仁無禮之失乃稱兵報伐故書人罪孔達也

秋公孫敖會晉侯于戚

薛氏曰卿始會諸侯也大夫而專會諸侯政不在公室矣○程子曰諸侯非王命會罪也況魯國有喪以大夫而會覇主乎晉侯居喪而下會大夫亦非禮也

冬十月丁未楚世子商臣弑其君頵

楚子將黜太子商臣而立王子職商臣謀於其傅潘崇遂以宮甲圍成王王縊穆王立春秋之初楚首僭王是無君也至是又弑父是無父也彝倫攸斁自南國始聖人安得不予

霸者以攘楚之績乎○胡氏曰嫡妾必正而楚子多愛立子必長而楚國之舉常在少者養世子不可不慎也而以潘崇為之師侍膳問安世子職也而多置宮甲乃欲黜兄而立弟謀及婦人宜其敗也夫楚頵僭王憑陵中國戰勝諸侯毒被天下然昧於君臣父子之道禍發蕭牆而不之覺也不善之積豈可掩哉○何氏曰楚無大夫言世子者甚惡弒父之禍也不言其父言其君者君之於世子有父之親有君之尊言世子所以明有父之親言其君所以明君之尊又責臣子當討賊也○王氏曰頵亦弒其兄熊而得位者終不免商臣之禍天道好還豈不昭然

公孫敖如齊

丙申 周襄王二十有七年

二年

春王二月甲子晉侯及秦師戰于彭衙秦師敗績彭衙秦地

程子曰越國襲人秦罪也忘親背惠晉惡也秦經人之國襲人雖憤無以爲辭矣故其來不稱伐不諭秦而與戰故書晉及忿以取敗績○黃氏曰秦穆憤於敗而不能平晉襄狃於勝而不能屈血氣用事而無理義以養其心終於穩怨結讐黷武殘民而已春秋書秦晉之戰所以爲世之不能懲忿窒欲者之戒

丁丑作僖公主

范氏曰主蓋神之所憑依其狀正方穿中央達四方天子長一尺一寸諸侯長一尺○何氏曰禮作練主當以十三月○胡氏曰作主者造木主也既葬而反虞虞主用桑期年而

練祭練主用栗栗者藏主也僖公薨至是十有五月然後作主慢而不敬甚矣○高氏曰周人卒哭而祔祔而易主是謂虞主既期而練練而易主是謂練主僖公薨十有五月非虞練之特而方作主猶未祔廟也猶未祔廟若欲躋之故也○家氏曰逆祀有萌議論未定緩於作主以是故也

三月乙巳及晉處父盟

魯之君卿未嘗如晉是蓋處父來魯而魯使大夫盟之耳

夏六月公孫敖會宋公陳侯鄭伯晉士縠盟于垂隴

垂隴鄭地

蜀杜氏曰春秋盟會未有外大夫列會於諸侯者垂隴之會譏政在於大夫也桓文之覇

或盟王人或致天子是天子受制於諸侯也春秋不與之故書王人以先諸侯晉襄紹霸致諸侯而大夫會之是諸侯受制於大夫也春秋亦不與之故序諸侯以先士穀○吳氏曰晉以士穀士盟魯公孫敖抗三國之君皆非禮也故書以譏之衛敢於伐盟主者孔達之罪也令陳侯爲請而執孔達衛服其罪故免於晉之伐也○陳大士曰翟泉以刘國之大夫盟王臣大夫張也見諸侯之輕天子也乖離以霸主之大夫盟諸侯大夫張也見霸主之輕諸侯也

自十有二月不雨至于秋七月

楊耻菴曰恒暘也不書八月雨不沾足也○胡氏曰不書八月雨者見文公之無意於雨不憂民也

八月丁卯大事于大廟躋僖公大廟之大音泰

胡氏曰大事祫也合羣廟之主食於大廟升僖公於閔之上也閔僖二公親則兄弟分則君臣以爲逆祀者兄弟之不先君臣禮也君子不以親親害尊尊是以僖公父視閔公爲禮而父死子繼兄亡弟及名號雖不同其爲世一矣○高氏曰父子相繼禮之常也至於傳之兄弟則亦不得已焉耳既授以國則所傳雖非子亦猶子道也傳之者雖非其父亦猶父道也凡人君以兄弟爲後者必非有子者也引而爲嗣臣子一體矣而當嗣者反以兄弟之故不繼所受國者而繼先君則是所受國者竟莫之嗣生則以臣子事之死則以兄弟治之忘生倍死況已實受之後君今乃自繼先君不惟棄後君命已之意又廢先君傳授之命人民土地則歸之已而父子之禮則趾不爲此皆不可者也豈所以重受國之

此條與汪說同故錄之以備考

意乎○汪氏曰竊疑古者一君各爲一廟則兄弟同昭穆共爲一世祫祭大廟則魯當以僖公特設位於閔公之下後世同堂異室不可以二先君共祭於一室必至於異昭穆而仍以兄弟共爲一世數之也然魯子問云七廟五廟無虛主諸侯祫祭則祝逆四廟之主是諸侯之昭穆無過四廟天子之昭穆無過六廟考之春秋哀公之世桓宮猶在是祭十君而八世定公立煬宮則是祭二十一傳之祖後世天子之廟有十餘世歷十四五君而其廟皆不毀說禮者及引春秋以爲證而聖王經世之制不可復見矣○黑按二說不同更詳之○范氏曰時三年之喪未終而吉祭於大廟則其譏自明○家氏曰三傳明逆祀皆已得之但謂閔僖昭穆各自爲世不可不辨○左氏曰子雖齊聖不先父食此言君臣猶父子非謂閔爲文之祖也公羊乃云先禰後祖穀梁云無昭穆則無祖也○杜預曰閔

僖不得爲父子嘗爲臣位應下令居閔上逆

也孔穎達發明杜意頗詳若兄弟各爲世紊

昭穆之序斷

不可行矣

冬晉人宋人陳人鄭人伐秦

大夫恒稱人猶

未敢專兵也

公子遂如齊納幣

吳氏曰此年十二月始大祥而行納幣禮是

在喪而圖婚未祥而行嘉禮也非禮故書。

何氏曰禮先采禄問名納吉乃納幣四者皆

在三年之内。高氏曰納幣即納徵也公始

祥而納幣則納采問名納吉俱在三年之内

矣夫三年之内不圖婚聖人於此譏之所以

闡幽

也

丁酉周襄王二十有八年三年

春王正月叔孫得臣會晉人宋人陳人衛人鄭人伐沈沈潰沈姬姓子爵

家氏曰霸者當伸大義於天下楚商臣負滔天之罪於今二年使晉襄仗義而前天下諸侯孰不鼓勇而從之者晉之霸業有光於前矣乃舍其大而務其細以諸侯之兵伐沈而潰之避豺狼而獵狐兎雖潰百沈何益於成敗之數乎

夏五月王子虎卒

吳氏曰王臣無外交以其嘗與魯同盟故來赴然而非禮也

秦人伐晉

秦伯雖在而用孟明上兵故稱人濟河焚舟
取王宮及郊晉人不出封殽尸而還遂霸西
戎○程子曰構怨連禍殘民以逞晉人畏之
而不敢出秦人極其忿而後悔過聖人取其
能終悔耳○鄭氏曰夫子於秦穆錄其悔過
之辭於書以爲法著其窮兵之禍於春秋以
爲戒猶化工之於物生殺並行而不相悖也
○愚按治春秋者必先定五霸之功罪宋襄之
狂愚楚莊之暴詐不足道也獨是周自被犬
戎之禍以來忘讐忍恥偷安東都而秦人屢
世血戰隕身殉國乃至無衣士卒亦奮同仇
小戎婦女甘亂心曲至於穆公并國十二開
地千里伸神州陸沈之憾慰共主戴天之悲
此固祖逖劉琨宗澤岳飛所飲血吞聲而不
得遂者而秦能爲之其一匡天下之功豈不
在桓文之上乎仲尼序秦誓於百篇之末尭
夫亦稱穆公爲五霸之首良有以也向令秦
人增修其德則周祚垂盡與之代興者非彼

而誰奈之何積暴相仍以自促其曆也噫

秋楚人圍江

高氏曰江近楚自貫澤之盟江從中國楚自城濮之役亦未敢侵伐今晉文既没襄公不能討商臣弑逆之惡故楚人輕視中國復有窺諸侯之意而圍江以試之也

雨螽于宋雨去聲

趙氏曰螽自空而下又多有似於雨耳歷代雨血雨毛雨土皆是也

冬公如晉十有二月己巳公及晉侯盟

張氏曰不書地盟於晉都也

晉陽處父帥師伐楚以救江

胡氏曰以者不以者也救江善矣其書以何當是時楚有覆載不容之罪晉主夏盟宜合諸侯聲罪致討楚必震恐而江圍自解矣計不出此乃獨遣一軍遠攻強國豈能濟乎故救江雖善而所以救之者非其道矣此春秋杞用兵之法也○吳氏曰處父畏楚兵之強不敢徑趨江之城下門於方城一見息公之來即避之而返其爲畏怯也明矣○張氏曰楚商臣無父無君乃致患於江是禽獸遏人之甚晉襄不能合諸侯乘此時誅之此春秋特書以正其不能奉天討之罪也

戊戌

周襄王二十有九年

四年

春公至自晉○夏逆婦姜于齊

稱婦姜者有姑之辭謂聲姜也然則納幣之失亦不能無責焉○陳氏曰文公使卿納幣

而使微者逆是以禮聘之而不以禮逆之宜其不終也

狄侵齊○秋楚人滅江

氏氏曰江之不祀晉襄之無遠謀也○汪氏曰黃書伐而江書圍著齊晉之不能救也滅者亾國之善辭上下之同力江黃之君不書奔不書以歸則能固守待援而死於其位又可知矣

晉侯伐秦

程子曰秦逞忿以伐晉晉畏而避之其見報乃常情也秦至此乃悔過矣故不復報晉聖人取其能遷善也○張氏曰晉襄以王官之役不報爲耻未若商臣之得志於江以爲耻之大也報秦而不誅商臣使亂臣賊子得以夷滅弱小逞其凶毒晉襄之爲盟主末矣比事

書之深罪晉侯不以江亡爲恥而敵秦怨也○朱子曰謂書晉侯以常情待晉襄書秦人以王事責秦穆恐未必如此程子所謂微辭隱義未易言也

衛侯使甯俞來聘○冬十有一月壬寅夫人風氏薨

程子曰自成風以後妾母稱夫人嫡妾亂矣仲子始僭尚未敢同嫡也○胡氏曰風氏僖公之母莊公妾也以妾媵爲夫人徒欲尊寵其所愛而不虞卑其身以妾母爲夫人徒欲崇貴其所生而不虞賤其父卑其身則失位賤其父則無本越禮至是不亦悖乎

己亥 周襄王三十年 五年

春王正月王使榮叔歸含且賵

榮采地叔字王朝大夫珠玉曰含所以實口者○胡氏曰不稱天昔弗克若天也夫婦人倫之本王法所尤謹者今成風以妾僭嫡王不能正又使大夫歸含賵焉而成之爲夫人則王法廢人倫亂矣是謂弗克若天而悖其道非小失也故特不稱天以謹之○劉氏曰君臣也父子也夫婦也治之三綱也道莫大焉桓以臣弑君而王命之成風以妾僭嫡而王成之於是三綱廢矣是失人之所以爲人也王之無天不亦明乎

三月辛亥葬我小君成風

高氏曰既以夫人之禮薨之後以小君之禮葬之又别爲之謚焉書實以示譏也

王使召伯來會葬

召采地伯爵天子卿也○程子曰天子以妾母同嫡亂天理也故不稱天聖人於此尤謹

居喪於鄰國有報聘無特往如晉非禮也

其戒也○胡氏曰歸含且賵旆於妾母已稠疊矣又使卿來會葬恩數有加焉是將祔之於廟也而致禮於成風盡矣亂人倫廢王法甚矣再不稱天者聖人於此尤謹其戒不敢畧也

夏公孫敖如晉

高氏曰王含且賵又來會葬矣舍天王而謹事晉不待貶而惡見矣

秦人入鄀鄀音若

高氏曰鄀蓋微國秦以其叛而入之後遂爲楚所并楚昭王復國之後畏吳之強去郢而都鄀矣

秋楚人滅六六皐陶裔

臧文仲聞六與蓼滅曰皋陶庭堅不祀忽諸德之不建民之無援哀哉○家氏曰武王訪諸帝王聖賢之後紹其封盛德事也周綱陵遲先代之後蠶食無餘若滅蔑六蓼是也

冬十月甲申許男業卒

庚子　周襄王三十有一年

六年

春葬許僖公○夏季孫行父如陳　行父季友孫

吴氏曰行父欲逆婦於陳而請於君借聘禮以行前此魯陳未有邦交也

秋季孫行父如晉

汪氏曰諸侯於天子比年一小聘三年一大聘五年一朝文公即位六年君朝於晉而貢卿比年往聘過於事天子之禮而京師之朝終其世不見於經蓋諸侯知有霸主而不知

有王
也

八月乙亥晉侯驩卒○冬十月公子遂如晉

汪氏曰鄭子太叔曰先王之制諸侯之喪士弔大夫送葬穡之於經前此未有使卿送葬者雖齊桓之覇止遣微者會葬蓋晉文昉爲覇令使大夫弔卿共葬事故叔孫婼葬平公季孫意如葬昭公駟致少姜以妾媵而諸侯使卿會葬矣

葬晉襄公

汪氏曰趙盾患秦之送公子雍欲禦秦師故急於襄事也

晉殺其大夫陽處父晉狐射姑出奔狄

晉蒐於夷使狐射姑將中軍趙盾佐之陽處父至自温言於晉侯改蒐於董陽中軍陽子

成季之屬也故黨於趙氏且謂盾能是以上之賈季怨陽子之易其班也使續鞫居殺之晉殺續簡伯賈季奔狄稱國以殺者新君甫立罪執政之不能鎮亂也或以爲罪君漏言則人君聽諫而進退人材豈得不顯諭大廷而乃不使人知乎或以爲罪臣之侵官則人臣以人事君豈可視將相非其人拱默自全而陰聽人主之所爲哉○家氏曰射姑以私怨殺一大夫其罪固當誅而處父以私意黨趙氏使盾由是爲政於晉擅廢立專刑賞其末流遂有弒君之事然則處父固當言言而以私乃其罪也

閏月不告月猶朝于廟

邾氏曰周天三百六十五度四分度之一一日準一度三百六十五日四分日之一是爲一歲天旋地外日旋天中較天行稍遲每日一周天而不及天一度積三百六十有五日

肴三時是盡與天會是為一年而月之行比日又遲日行不及天十三度有零積二十九日半盡與日遇是為一月日月一歲十二遇是為十二月每二十九日半月及於日是以一月二十九日一月三十日也每十五日零二十一刻交一氣而一歲止三百六十日故每歲氣盈六日每月又不能實滿三十日故每歲朔虛六日總之一歲十二月日多十二日積三年則多三十六日可置一閏五年則多六十日可置再閏再閏而無餘日七閏而無餘分此其大畧也禮天子頒朔諸侯奉之藏於祖廟遇月朔朝廟以其月之令告而集羣臣布之備遺忌防廢格也閏月不告廢禮也猶朝幸之繼此便廢朝矣○杜氏曰春秋志文公廢告朔而猶朝廟是幸其禮不盡廢聖人愛禮之深意也○孔氏曰天子用特牛告帝及神以文武配諸侯用特羊告太祖而已非徒議將然所以考已然文惡萁啻

聽之害公也故顯衆以斷之

辛丑周襄王三十有二年

七年

春公伐邾三月甲戌取須句遂城郚

杜氏曰絶太皥之祀以與鄰國叛臣僖公反其君之後邾復滅之令邾文公子叛邾在魯故公使爲守須句大夫○汪氏曰文公以邾叛臣守須句之地又重勞民力築城內邑以防邾師之至心有懷焉故畏鄰國之伐而不知愈重其過也又曰僖公雖曰私其母家猶有崇明祀保小寡之義文公乘霸國之喪貪土地而舍逋逃其罪益甚矣

夏四月宋公王臣卒諡成公

汪氏曰其弟禦殺世子而自立國人殺禦而立其少子杵臼是爲昭公○高氏曰以國亂

是說也
甚是

故不書葬凡治則禮詳亂則禮畧

宋人殺其大夫

昭公將去羣公子穆襄之族率國人以攻公殺公孫固公孫鄭於公宮不稱名衆也且言非其罪也○炎氏曰穆襄之族率國人人衆非一人也故稱宋人死者不辜而遭亂兵非有可殺之罪故不書名○余氏曰成公在殯昭公首為亂階使公族構難大夫罹殃其不君甚矣然則固與鄭也何以不名足必從君於昏[redacted]日昭公被弒蕩意諸不得與孔父仇牧荀息齒即大矣不名之義也

戊子晉人及秦人戰于令狐晉先蔑奔秦令狐晉地

襄公卒太子幼趙盾使先蔑如秦逆公子雍秦康公以師納之襄夫人日抱太子以啼於

朝諸大夫畏逼乃背先蔑立靈公趙盾將中軍以禦秦潛師夜起敗秦師於令狐先蔑奔秦○汪氏曰趙盾始議求長君而中變其說以秦人雖知其立靈公而欲以重兵納公子雍以爭國也夫康公始爲太子送舅氏而念母之不見故作渭陽之詩是固良心也今乃納廢尊而奪嫡甥之位自是兵爭不息豈非怨欲害乎良心而然與不然春秋必釋秦而耑罪趙盾矣○張氏曰特以晉及且不書秦師之敗深罪晉人置君而不定也先蔑書奔使秦而逆公子雍罪之也○高氏曰先蔑以自令狐而復於秦故不言出也

狄侵我西鄙

高氏曰魯間晉難而伐邾則狄亦間晉難而侵魯聖人書此罪魯之不自正也

秋八月公會諸侯晉大夫盟于扈扈鄭地

晉侯宋公衛侯陳侯鄭伯許男曹伯會晉趙盾盟於扈晉侯立故也○吳氏曰經書諸侯者皆前目後凡此年以前並無諸侯之目不列序諸國而但言諸侯以無盟主而大夫強合諸國之君故畧之也

冬徐伐莒

高氏曰徐本戎也厥後自進於中國數與中國諸侯會盟今輒興兵而伐莒以中國無盟主是以敢爾故

聖人復狄之

公孫敖如莒涖盟

高氏曰莒爲徐所伐故來求援而請脩洮之盟敖爲弟娶於莒故許其盟而請往涖之○吳氏曰魯臣每欲娶婦必請於君行聘會之禮假公事以遂其私君之無政臣之無禮也

況敖代弟逆名尤不正卒以淫奔禽獸之行也

壬寅　周襄王三十有三年　八年

春王正月○夏四月○秋八月戊申天王崩○

冬十月壬午公子遂會晉趙盾盟于衡雍衡雍鄭地

高氏曰衡雍晉文公會諸侯朝王之處也夫天王崩諸侯不奔喪而盾遂皆國之正卿乃自相會盟於王畿之內惡莫大焉○汪氏曰前此盟翟泉猶有僖公在會也自是而有袁婁之盟雞澤溴梁諸侯皆在而大夫自盟矣于宋于虢則晉楚大夫卿主齊盟而諸侯不復在矣其事自衡雍始也三桓專魯六卿分晉夫豈一朝一夕之故也哉

乙酉公子遂會雒戎盟于暴暴鄭地

胡氏曰再稱公子各日其會正其名與地以著外之者示中國與戎終不可雜也○張氏曰上首未幾而遂盟離戎不以遂事言之者所以辨內外也

公孫敖如京師不至而復丙戌奔莒

穆伯如周弔喪以幣奔莒從己氏焉○汪氏曰敖豈惟無王實以無君文公既不加壅命之譴於敖又不遣他卿如京師況天王之喪赴告及魯已三越月仲遂盟戎近在王都之側若罔聞知徐徐遣敖方共弔事又不至而還以喪考妣之戚而恝然忘情不曾秦越亦不忍僖公母子之喪王臣將命者至再而至三也○張氏曰國君爲天子斬衰敖受命以赴天子之喪廢君命而徒返已爲不赦之罪況懷桑中之行而淫奔乎文公容其復而奔魯之無政刑也

螽○宋人殺其大夫司馬宋司城來奔

司馬公子卬司城蕩意諸宋王者之後得有命官故獨書司城即司空避武公之諱而改名也宋昭公不禮於襄夫人夫人因戴氏之族以殺諸大夫司馬握節而死司空效節於府人而出奔○吳氏曰宋人者戴氏之族非一人也見昭公無政而臣庶得以擅殺大夫也○茅堂胡氏曰襄夫人乃君祖母而書法若此者可以見婦人不當與政之意○家氏曰司馬司城皆國之柄臣穆襄之族連歲怙亂固昭公何以致之然爲司馬司城者當思所以防患之計乃置之勿戒至於乘釁再作司馬死而司城奔由昭公信任非人以私昵寵臣而在列位既不慮患於平日復不制變於臨時也○黃氏曰綱紀不立政權紛亂則君臣不能相保且仕於亂邦濫攖戮辱非君子見幾之道也垂戒之義明矣

不書使常喪未有君也

癸巳 周頃王元年

九年

春毛伯來求金

毛伯名衛

程子曰家父致命以徵車故書使來求毛伯風魯以求金故不書王使○髙氏曰公孫敖既不至京師魯遂不共天子之喪故毛伯於是來求金也冢宰秉國之鈞豈可以用度之闕而求於諸侯乎○陳氏曰自是魯雖不修貢周無求矣周室益衰而頃王之崩葬不見於經矣

夫人姜氏如齊

吳氏曰出姜當是齊昭公女蓋有所不安而歸寧以愬於父母云爾○趙氏曰父母存夫人歸寧可常事耳何以書蓋於常之中有其故焉不可不志也文公並妃匹嫡故出姜如齊

誅於父母也

二月叔孫得臣如京師辛丑葬襄王

孫氏曰公子遂葬晉襄公今葬襄王魯皆使卿是天子諸侯可得而齊也○王氏曰此雖非禮猶爲可道若夫以微者往會而不登於策不弔不葬而不見於經則又甚矣

晉人殺其大夫先都○三月夫人姜氏至自齊

趙氏曰出姜如齊雖曰不安於魯而謀於父母其實歸寧而已出而歸寧反而告廟於義無愆故告至而書之於策也○胡氏曰夫人與君敵體同主宗廟之事故出必告行反必告至

晉人殺其大夫士縠及箕鄭父

吳氏曰襄公於夷之蒐將登箕鄭父先都使士縠梁益耳將中軍以先克之言而止故先都等陰使賊殺先克時趙盾秉政先克其佐也惡先都等使賊殺其佐不明正先都士縠箕鄭父之罪而使羣下殺之故書衆殺而不書國殺○王氏曰箕鄭之死由士縠之失職士縠之死由趙盾之代其佐也然士縠之徒以失職而謀作亂其罪大矣時晉侯年幼政在宣子故皆不以累上書之而稱人以殺也

楚人伐鄭公子遂會晉人宋人衛人許人救鄭

弒父之賊而圖北方是禽獸食人也救之宜汲汲矣胡爲緩不及事乎故不列趙盾華耦孔達之名而書人微之也○張氏曰楚自城濮以來不得志於天下其君臣之心實未始一日怠也趙盾爲政欲攘楚而大花列國正富力攘其始以振霸國之威乃視爲常役而

緩不及事師及鄭而楚已因鄭公子而去豈奉天討而拯溺救焚之舉哉

夏狄侵齊

張氏曰楚得氣去而狄交侵矣故書以病晉也

秋八月曹伯襄卒○九月癸酉地震

李氏曰周語伯陽父云陽伏而不能出陰迫而不能蒸於是有地震孔鼂云陽伏於陰下見迫於陰故不能升以至於地動○任氏曰前此百餘年未有書地震者而自此至哀公書地震者五地道以靜爲體以隤爲正安以承天者也逆其常理而不得節焉則震而不安其所承矣於此見諸侯變而不承天子大夫變而不承諸侯之象也

冬楚子使椒來聘

椒闘越椒也稱君稱大夫之名弑逆之變荆偃然用中國之禮樂可傷之乇也。張氏曰伐鄭而聘魯亦遠交近攻之意也

秦人來歸僖公成風之襚

衣衾曰襚所以斂死者。公羊子曰其言僖公成風何兼之也兼之非禮也。吳宥自曰僖公薨已九年成風亦五年僖公薨任先故辭先僖公成風薨在後故辭後成風禮諸侯五月而葬同盟至秦人嘗與魯與於溫及翟泉之盟矣葬乃歸襚不以葬時至而以此時至亦大非諸侯相弔賀之常矣。張氏曰是時秦楚交病列國秦欲伐晉而歸襚於魯猶楚欲圖比方而來聘也

葬曹共公

甲辰周頃王二年

十年

春王三月辛卯臧孫辰卒

張氏曰文仲魯之名大夫也知柳下惠之賢而不與立自莊公以來已與國政而四十餘年間魯政多疵而文公尤甚

夏秦伐晉

程子曰晉舍嫡嗣而外求君罪也既而悔之正也秦不顧義理之是非惟是報復爲事非道之甚也故不稱人而但曰秦以黜之

楚殺其大夫宜申

城濮之役子西縊而懸斷王使適至救之至是與子家謀弒穆王穆王聞之並殺之夫春

秋之法不以亂易亂台乎逆賊之朝即逆賊之臣僕也或廢或置或生或殺惟彼所命耳故雖懷先君再生之恩有討賊復讐之志而仍以其大夫稱之一失足成千古恨再回頭是百年身士君子可不審擇所從哉○吳氏曰商臣弒君父天地所不容宜申為工尹不能與同列共謀討賊乃北面事之越十年君臣之分已定而乃謀弒其義不足稱也然其謀不遂而身見戮聖人不以其當受無將之誅而以國殺其大夫為文意深矣

自正月不雨至于秋七月

汪氏曰正月之上不繫王者總書不雨但紀月數而已非若歲首正月之比也

及蘇子盟于女栗

家氏曰頃王即位諸侯莫有朝京師者王命蘇子盟魯文公倘知事君之道辭不敢盟躬

覲於京師而請職事焉可也今及蘇子盟不恭甚矣春秋雖爲魯諱而貶魯之意深矣

冬狄侵宋○楚子蔡侯次于厥貉

按楚子田孟諸宋公爲右盂鄭伯爲左盂惟麇子逃歸而陳侯不可考然則宋鄭之君不列叙者以其失位而自降爲臣僕也故特書蔡侯以著其黨附逆賊之罪○高氏曰楚子者弒父與君之賊將求諸侯恐諸侯疑貳欲前而未敢而宋陳鄭之君乃皆俛首而聽命焉聖人於此不從諸侯會盟之例特書曰次于厥貉次者遲疑不前之意著楚子包藏禍心欲憑陵諸夏而未敢遽前也

乙巳周頃王三年　十有一年

春楚子伐麇麇俱倫反○麇小國近楚

李氏曰傳言欒子逃歸而經不書以其逃楚
也與鄭陳之逃齊晉異矣○家氏曰欒徼國
也恥從孟諸之田宋鄭分左右
孟而不恥楚之伐欒之榮也

夏叔仲彭生會晉郤缺于承筐承筐宋地

王氏曰此會謀諸侯之從楚未為非義然大
夫交為會禮以謀國事諸侯之政大夫擅之
矣○家氏曰郤缺為會諸侯之大夫莫有至
者魯獨遣彭生如會不以楚強替於從晉春
秋亦褒
魯也

秋曹伯來朝○公子遂如宋○狄侵齊○冬十
月甲午叔孫得臣敗狄于鹹

鄋瞞侵齊遂伐我公使叔孫得臣追之獲長
狄僑如初宋武公之世司徒皇父獲緣斯晉

之滅潞也獲僑如之弟焚如齊王子城父獲其弟榮如衛人獲其弟簡如鄋瞞由是遂亡傳稱僑如身橫九畝眉見於軾然則身長四丈五尺首長六尺六寸有餘可謂偉矣然齊頎身滅種與防風氏同譏則恃強肆暴者果何為哉

丙午周頃王四年

十有二年

春王正月郕伯來奔

孫氏曰諸侯失地皆名此不名者非自失其國也莊公八年郕降於齊師自是入齊為附庸此又來奔為齊所偪耳故不名也

杞伯來朝○二月庚子子叔姬卒

趙氏曰時君之女故曰子以別非時君之女也

夏楚人圍巢巢吳楚間小國

王氏曰王道之行小國各安其職而貢獻於天子及其衰也小國困於強暴不得保其社稷者多矣書者惡楚之不仁而小國之無所庇賴也

秋滕子來朝○秦伯使術來聘

術西乞術也○張氏曰秦人以賄結魯而魯亦以厚賄答之賓主相與以貨利而坐視霸主之受兵比事以書而自見矣

冬十有二月戊午晉人秦人戰于河曲河曲晉地

李氏曰不言及無曲直之辭不言敗無勝負之辭

季孫行父帥師城諸及鄆

此魯東鄙也二邑遠偏於莒故帥師城之

丁未　周頃王五年

十有三年

春王正月。夏五月陳侯朔卒。邾子蘧蒢卒

〇自正月不雨至於秋七月。世室屋壞世左穀作太

孔氏曰此周公之廟壞也太廟之制其詹四阿而下室當其中又援出爲重屋此是太廟堂中之室其上之屋壞非太廟全壞也〇吳氏曰世室伯禽之廟也周公封於魯留相王朝使伯禽就封周公雖不適魯然實爲魯之始祖故魯之大廟祀周公百世不毁伯禽雖代受封然上有周公爲之父則不得爲始祖其廟爲昭之第一室親盡則毁成王賜魯重祭俾太廟得以天子之禮祀周公魯人以伯

此說考證有據與異說同故錄之以備考

禽爲始封之君欲不毁其廟故以其廟爲世室如周之文武以尊伯禽睹也文公怠慢久不脩廟遂至屋壞聖人書之因見魯世室之非禮也二說不同未知孰是○趙氏曰周公曰太廟禘於太廟是也伯禽曰太室太室屋壞是也諸公曰宮桓宮僖宮災是也禮曰祀周公於太廟又曰魯公之廟文世室也此說與春秋同則知魯宗廟之制異於諸侯也文公不告月不視朔何有宗廟故太室之祀有所不知焉聖人書之所以責文公者重矣○胡氏曰自正月不雨則無壞道也不雨凡七月而先君之廟壞不恭甚矣○茅堂胡氏日世室始封之祖廟新宮成公之禰宮御廩粢盛之所藏皆當務也故更造而不書者雖用民力不可已也

冬公如晉衛侯會公于沓○狄侵衛○十有二

月己丑公及晉侯盟○公還自晉鄭伯會公于棐棐鄭地

高氏曰凡言公及諸侯會者皆公往與之會也沓之會公已出魯而衛侯因公之將如晉而來會棐之會鄭伯因公還未至魯而就會之故皆曰公會初鄭衛畏晉而從楚豈得已哉強弱之勢不敵滅亡之微可待姑爲一時之計爾而晉未之察季文子相魯侯爲之請成以紓兩國之患春秋善和鄭故詳誌之且見公一出而二國附之如此惜乎其自畫也

戊申周頃王六年

十有四年

春王正月公至自晉

歲首不書所在之途內地也○頃王崩周公閱與王孫蘇爭政故不赴則不書

邾人伐我南鄙叔彭生帥師伐邾

家氏曰魯以七年伐邾取須句邾人不能報至是與南鄙之師亦脩怨耳春秋聯書所以交致其責也○季氏曰此卽叔仲彭生也脫仲字耳

夏五月乙亥齊侯潘卒

高氏曰孝公名昭而謚潘曰昭非禮甚矣

六月公會宋公陳侯衛侯鄭伯許男曹伯晉趙盾癸酉同盟于新城新城宋地

諸侯僭同盟之禮固已非矣況以大夫主之乎○高氏曰去冬鄭衛皆因公而請平於晉至是諸侯之從楚者復附晉也夫天王崩葬諸侯皆若不聞而相與同盟可乎不待貶而

自見也

秋七月有星孛入于北斗

周内史叔服曰不出七年宋齊晉之君皆將死亂○胡氏曰孛者惡氣所生闇亂不明之貌也入於北斗斗有環域天之三辰綱紀星也宋先代之後齊晉天子方伯中國紀綱彗者所以除舊布新也禎祥妖孼隨其所感先事而著後三年宋弑昭公又二年齊弑懿公又二年晉弑靈公此三君者皆違道失德而死於亂符叔服之言天之示人顯矣史之有占明矣○汪氏曰春秋書孛者三此年入北斗而兆宋齊晉之弑昭十七年孛于大辰而兆王子朝之禍哀十三年孛于東方而吳將爲越所滅始而應在霸國繼而應在王室終而應在吳越矣天變愈甚而世變愈極春秋蓋傷之也

稱人識始之不審書弗克善終之改過二說相須其義乃備

公至自會。晉人納捷菑于邾弗克納

穀梁子曰是郤克也其曰人何微之也何爲微之長轂五百乘緜地千里過宋鄭滕薛敻入千乘之國欲變人之主至城下然後知何知之晚也未伐而曰弗克何也弗克其義也貜且正也捷菑不正也○胡氏曰邾文公元妃齊姜生定公二妃晉姬生捷菑文公卒邾人立定公捷菑奔晉趙盾以車八百乘納捷菑于邾邾人辭曰齊出貜且長宣子以義弗克引師而去之故君子善之而曰弗克納也聖人以改過爲大私欲不行可以爲難矣

九月甲申公孫敖卒于齊

高氏曰敖廢命奔莒此誅廢之罪也已而奔齊主齊而請復公於是乎許之則其卒也是亦大夫而已矣所以特書其卒以見典刑之褻且爲齊歸喪起也○張氏曰特書卒於齊

見其俯仰愧怍無所容於天
地之間死而無所寄其身也

齊公子商人弒其君舍

孫氏曰人子之心則未踰年而稱子國人弒
若則未踰年而稱君此春秋所以辨君臣之
分而防篡弒之禍也○陸氏曰淳聞於師曰
春秋之作本懲姦惡也若未踰年之君被弒
而不曰君則逆亂之臣皆以未踰年而肆其
凶惡也故原其情以立此義晉奚齊本不正
又里克不代其
位故異於此也

宋子哀來奔

子哀為蕭封人以為卿不義宋公而出故來
奔夫君既無道不當受其顯位已嘗為卿則
當力諫不從而後去之今遽奔他
國全身遠害則有之蹈道則未也

舍魯作商人

冬單伯如齊齊人執單伯齊人執子叔姬

楊耻菴曰單伯莊元年夏單伯之後蓋世卿也十二年子叔姬僖公女此文公女也僖在位月久文爲世子長生叔姬或元配或媵妾所生皆不可考歸齊舍當在舍未立時故經無書至是舍見弒魯使單伯往聘商人疑與叔姬有諆故羈縻單伯繼閉叔姬執君夫人之罪大於執魯使故兩書稱齊人以別之此春秋輕重之權衡也不稱齊叔姬明終始於魯也魯不能討商人而反致聘問單伯承命而行其辱國辱身宜矣○高氏曰齊人誣單伯以淫子叔姬而並執之不言及者不可及也別而言之若二事焉所以明無是事而重齊人之罪也○愚按稱齊人分惡於有位者也虐鄰國辱君母以逆縣主之惡其罪皆不容誅矣若商人則已正其弒君之罪豈有二頸可加乎

己酉周匡王元年 十有五年

春季孫行父如晉

張氏曰魯不能賀脹明政刑以義討齊而反因晉以求於齊行父爲大夫不能請討弑君之賊晉爲盟主不能奉天討兩人皆罪也

三月宋司馬華孫來盟

孫氏曰昭公闇亂國事廢弛而賢臣外奔華孫懼鄰國諸侯因其闇隙而侵伐之於是不由君命權宜來盟以紓其國之難春秋以其實不受命於君不可稱君使又其憂國而舉職異於高子屈完特書宋司馬華孫來盟見其憂國之難乃其職事之所當爲者不可以矯命罪之也宋大夫見於經者多矣其官舉者三人又皆在昭公之世豈非偽亂之際則

節義之士有以顯其名於後世。張氏曰華耦之來出於自請故不稱使結好合於事宜能其官也

夏曹伯來朝。齊人歸公孫敖之喪

汪氏曰敖實魯之罪人喪無可歸之義而惠叔哀毀以請懇切之至遂許以歸葬之聖人紀之於春秋一以閔其子之孝一以著三桓漸强之由雖有罪獲赦也○楊耻菴曰人臣奔不可復死猶生也但魯旣許之復而立其子爲仲孫氏故不得不聽其歸哀姜之喪不可不受故書曰夫人氏之喪至自齊敖之喪不可受故不書至爲魯諱也

六月辛丑朔日有食之鼓用牲于社

高氏曰莊公两以日食鼓用牲于社其非禮妄作義已著矣今文公復如此必以爲先朝

故事可舉而行也後世人君有舉行先朝故事不顧義理之可否皆因陋承誤不知春秋之義者也

單伯至自齊

楊耻菴曰大夫不至至自齊譏辱命也

晉郤缺帥師伐蔡戊申入蔡

張氏曰君弱不可以怠修德以來蔡上也缺乃以兵伐人而入其國徒示威武暴及其鄙民而蔡終不心服謂之能佐霸主服諸侯可乎言伐而復言入甚之也

秋齊人侵我西鄙

趙氏曰商人大逆無道弑舍而執叔姬又執單伯亦可以已矣今甫釋單伯而又伐我西

鄙嗚呼春秋之公義泯喪齊之罪諸侯不討幸也而反怙逆以伐人可勝誅乎微春秋亂臣賊子何懼哉

季孫行父如晉。冬十有一月諸侯盟于扈

胡氏曰盟于扈者晉侯宋公衛蔡陳鄭曹許入國之君也何以不序畧之也曷爲畧之齊人弑君不能致討受賂而退矣不曰晉人會諸侯盟而曰諸侯盟者分惡於諸侯也。家氏曰入國討齊之弑君者今以賂釋晉靈幼弱趙盾導以賄也不書晉會諸侯削晉霸也

十有二月齊人來歸子叔姬

家氏曰父母志歸其女情之不容已者國君志討鄭賊亦義之不容已者也叔魯甥以弒君殞魯女以執辱霸主不能討魯國所當問文公誠赫然發憤請命天王大興師徒問齊人

書齊侯罪晉也

亦以扈之盟曹伯與焉耳

弑舍之罪縱未能以商人爲戮亦足以申大義於天下乃卑躬下氣以請叔姬置討賊之公義篤婦女之私情書其執其釋在人所以閔姬而病魯也

齊侯侵我西鄙遂伐曹入其郛

高氏曰商人弑君自立諸侯會于扈謀伐之晉取賂而還是成商人之爲君也故自此遂書齊侯商人知諸國之無能爲也無忌肆其威暴且恚魯伏晉以謀已故一歲而再侵惡魯而及曹非理益甚矣凡伐不言入入其郛皆責之也。趙氏曰歸爾吾人而伐吾國必有以責賂也曰吾歸爾人而爾不吾賂是以稱兵於魯焉且侵魯猶可也曹何負於齊哉徒以曹伯西朝魯爲魯與國也商人之滔天極矣宜其不旋踵而取禍也

庚戌 周匡王二年

十有六年

恥已極矣聖人不能爲之隱也

春季孫行父會齊侯于陽穀齊侯弗及盟

汪氏曰齊懿之不與行父盟非果能以大夫不可抗諸侯之禮責魯而不盟也特以勢軋魯而責文公之覲至及襄仲納賂則貪於利而不復責文公之不至矣故直書曰齊侯弗及盟不以商人之傷辱爲恥也○張氏曰商人之亂公能修明政刑告天子方伯以討其罪則雖大國必畏之矣旣不能然反使商人得以強大而威我親戚命使執辱於齊邊鄙被兵與國蒙伐此有志者困心衡慮而圖之之時也文公方且宴安於其國復使其臣犯分求盟以平累日之隙抑何弗思之甚哉

夏五月公四不視朔

汪氏曰告朔乃諸侯所以奉行天子之政令當時諸侯旣不禀命於天子而自立又不朝

子貢有激而然非以爲當廢也

於天子而述職其所以承天子之命而授之民者惟有此耳木本水源之義泯滅而僅存者也文公昉廢此禮而不行之實有無王之心非特怠於事神治民而已蓋公性怠情慈懼齊人之辱已故因微疾而託之以不聽政遂辭齊而不會子貢欲去告朔之餼羊蓋沿襲之弊以是爲不急之務或廢或行至春秋之末雖賢者以爲當廢春秋特筆以罪文公譏其作俑耳高氏曰朔者天子之所須也諸侯上稟天子之命下授萬民之時故其奉王朔告於廟則謂之告朔退而視朝以授民則謂之視朔前此未聞書不視朔者若其有疾則其事之常耳此特書者見公之非有疾而然也蓋欲符季孫行父之言使齊不疑耳

六月戊辰公子遂及齊侯盟于郪丘郪丘齊地

家氏曰齊魯皆千乘之國齊能伐魯魯豈不能扞齊況直而壯者在魯曲而老者在齊彼

以其力我以其義吾何慊於彼而行父襄仲
乞盟不得至納賂求盟魯之君臣有愧甚矣
○王氏曰此盟魯有所畏而強欲與之盟也
然行父請盟則弗及仲遂納賂則俯從商人
之爲君可知矣見
弑於近習宜哉

秋八月辛未夫人姜氏薨

杜氏曰僖公夫
人文公母也

毀泉臺

泉臺即莊公所築于郎者○孫氏曰毀者全
除之之與墮異也先君爲之是而毀之是毀先
君之美也爲之非而毀之是暴先君之惡也
○鄭氏曰魯因妖蛇毀泉臺以惑衆固有罪
矣苟不因妖蛇而毀之亦徒勞百姓之
力彰先祖之過而已何益于政治哉

楚人秦人巴人滅庸

楚大饑庸人帥羣蠻以叛楚楚人謀徙都於阪高蔿賈不可乃出師侵庸七遇皆北庸人遂不設備楚子乘馹會師秦人巴人從之羣蠻從楚子盟遂滅庸○張氏曰庸乘飢饉帥蠻危楚楚一畏徙則無以保其國然御變待敵亦制服之而已夷人宗社豈王法之所容乎

冬十有一月宋人弒其君杵臼

宋公子鮑禮於國人宋飢竭其粟而貸之鮑美而豔襄夫人欲通之乃助之施昭公將田孟諸未至夫人王姬使帥甸攻而殺之夫鮑之厚施所以結民心而取國襄夫人助施文將以結鮑心而遂其欲也人者衆辭言賊黨之盛也夫人乃祖母而亦不免於弒逆之罪若國君之位受之天子傳之先君豈淫姣者所能擅奪乎蕩意諸不得以死節書著君無

道而不能正失致主之忠既出奔而又復歸失保身之哲斯亦不足録也已。高氏曰不書葬賊不討也。趙氏曰稱人以弑失賊之辭也

辛亥 周匡王三年

十有七年

春晉人衛人陳人鄭人伐宋

程子曰行天討而成其亂失天職也故不帥之。愚按經旨凡無主名而稱人者槩辭也有主名而稱人者畧辭也荀林父孔達公孫寧石楚之徒居高位而行不義亦不足詳矣

夏四月癸亥葬我小君聲姜

高氏曰九月乃葬慢也不稱僖姜而别爲之謚非禮也

齊侯伐我西鄙六月癸未公及齊侯盟于穀

家氏曰齊之無道亦極矣魯之不自振亦甚矣齊商徼而日益盈魯文卑而日益索皆將死之證也商惡貫盈宜及於難

諸侯會于扈

汪氏曰二扈之會皆取賂而還見利而忘義也○家氏曰兩扈之會諸侯不序春秋所以削晉覇而著其黨逆之罪也自齊桓之覇中國久無篡弑之禍及齊商人宋鮑弑君覇國無討又從而安定之自是篡弑之禍接跡於中國趙盾實爲之也人以盾有無君之心故黨逆國賊而不問盾何以辭其責哉○愚按凡不惡其事者必將爲其事者也趙盾之謂矣

秋公至自穀

高氏曰公不與扈之會而及齊盟苟免齊難書至自穀則不會扈可知矣

冬公子遂如齊

高氏曰公已與齊盟而遂專往者政在遂故也

壬子　周匡王四年

十有八年

春王二月丁丑公薨于臺下

汪氏曰或謂因隕而薨不能順受其正故以非命而終今雖莫考其詳然經書薨于臺下則其失正終之道亦可睹矣

秦伯罃卒諡康公

○夏五月戊戌齊人弑其君商人

齊懿公刖邴歜之父屍而使歜僕納閻職之妻而使職驂乘二人相激怒遂謀弑之按周

官駁右皆大夫士爲之是有位者也然執政
者未聞討二人之罪則亦與聞乎弒矣故稍
齊人以儆之○張氏曰商人固當討之賊然
齊人不以爲賊北商稱臣而君之首三年以
爲賊則不當事以爲君則不可弒今三年事
之一旦弒之亂作於大分已定之後故曰弒
其君也況商人驟施聚士以成弒舍之謀則
齊人乃同惡之黨所以歠職殺商人而特書
齊人○楊恥菴曰商人鄭弒逆之賊但齊人
實奉以爲君如是者三年矣以爲君而復殺
之故不從討賊之例而曰弒核實以定名春
秋之義也齊人稱弒而齊執政之罪明罪執
政非子商也莽如此始足以明君父之垂
而孤亂賊黨舉几陽順陰逆以爲後圖者
皆不可爲而叛其叛逆首郎爲叛逆以至
因祖拒父子縱孫者律以此義皆在所不
許而未嘗質爲臣者則固在人人得討之
列況天子諸侯有治亂扶危之責尤不得以

篡立之久而弗□其惡長□卽而□著也故討齊人卽所以討商人君商人見所以討商人韓退之謂春秋謹嚴者蓋以平怨爲謹嚴而寬猛之宜本於盡性此游夏所以不能贊一辭也

六月癸酉葬我君文公○秋公子遂叔孫得臣如齊

吳氏曰公子遂將殺適立庶而先聘齊以請故託賀立君及拜葬二事以行也○汪氏曰公子遂假使齊之行挾得臣同往結援強鄰以定弒立之計春秋列書使介分惡於得臣也

冬十月子卒

子名惡字子赤爲襄仲所弒並及其弟視○胡氏曰諸侯在喪稱子繼世不忍當也既葬

不名終人子之事也踰年稱君緣臣民之心也子卒何以不日遇弑不忍言也○陳氏曰惡位未定則其稱子卒何成之爲在喪之君也凡君在喪恒稱子未葬稱子某成之爲在喪之君以弑罪罪宣公也○敬齋胡氏曰不書弑者不忍言也不忍言則惡極當誅可見矣此聖人言外之意也

夫人姜氏歸于齊

胡氏曰書夫人則知其正書姜氏則知其非見絶於先君書歸于齊則知其無罪而魯國臣子殺適立庶敬嬴宣公不能事主君存嫡母其罪不書而並見矣○家氏曰齊人弑舍而歸叔姬于魯魯人弑赤而歸出姜于齊弑君出母後先一轍王綱隳頹覇政廢弛莫有聲其罪而討之者聖人書此重爲慨歎矣

季孫行父如齊

家氏曰經書行父如齊於夫人大歸之後則行父亦與於弒矣君薨太子立正也非姦臣之利也舍適立庶姦臣之利非國之福也強家擅弒立以市恩於新君而專權自茲始矣史墨云魯自東門遂殺適立庶魯君於是乎失國政在季氏於昭公也四君矣或者以是行父為社稷臣誤矣

莒弒其君庶其

按左氏謂莒紀公愛季佗而黜太子僕僕因國人以弒紀公以其寶玉來奔季文子使司寇出諸境是則子弒父而稱國可乎○吳氏曰稱國以弒者一國臣民之衆所欲弒也如左氏之言是僕以太子弒父也春秋何以書國弒乎且僕既與國人同弒君則當自立矣

又何以奔魯乎疑僕因國人之弒君懼並及禍而來奔也

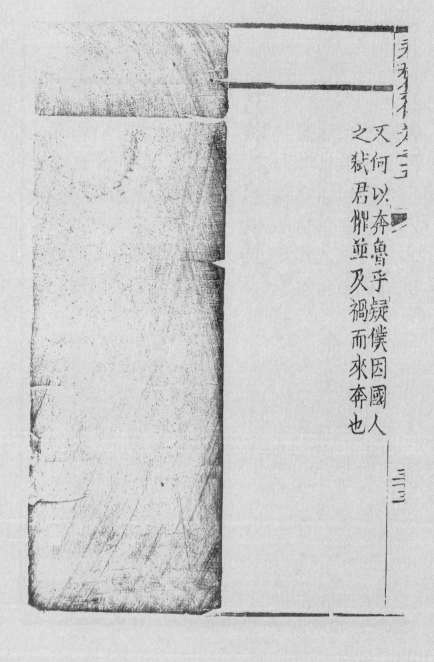

千年學府文庫

春秋集傳

（下）

李文炤　撰
向鐵生　鄧薌子　整理

湖南大學出版社·長沙

春秋集傳卷之六

湘川李文炤編輯

宣公

名接一名倭文公子
謚法善問周達曰宣

癸丑 周匡王五年

元年

春王正月公即位○公子遂如齊逆女

胡氏曰魯秉周禮喪未及朞遣卿逆女何亟乎太子赤齊出也仲遂殺子赤及其母弟而立宣公懼其見討故結婚於齊為自安計越典禮以逆之如此其亟而不顧者必敬嬴仲遂請齊立接之始謀也○吳氏曰文公使公子遂納幣已非禮況宣公逆夫人而可遣僖祖之弟乎然負弒逆之罪而急於結齊婚以定其位者乃惡之大喪娶卿逆之非禮則其惡之小者耳○石氏曰翬弒隱公遂殺子赤桓公之立逆女使翬宣公之立逆女使遂斯

二人者在國則爲賊而桓公以爲忠也

三月遂以夫人婦姜至自齊

家氏曰夫人非大夫所得以也遂挾齊以弒其君娶齊女爲簒君之婦魯之家國實制於遂書以著其罪也於子卒之後書夫人姜氏歸於齊於宣公始立書遂以婦姜至自齊所以責齊受人之出母而與之婦所以責魯棄母於齊而娶齊女事悖妾以爲姑也絶滅天理甚矣○汪氏曰有姑則以婦禮至無姑則專以夫人禮至不稱姜氏而稱婦姜著敬嬴之欲速而以姑自若也○趙氏曰書遂以者見娶齊之謀本於遂也書婦姜誅敬嬴也所以見妾母專政而娶齊之謀遂與敬嬴同之也○愚接宣公以子逐母敬嬴以妾奪嫡而汲汲圖昏母子皆有責焉故稱夫人文稱婦而忘父喪母喪之罪更不待言矣

夏季孫行父如齊

高氏曰公既昏矣然後季文子如齊納賂一請列於會蓋春秋時國君不以其道立苟得一與諸侯之會他國不得復討其罪所以季文子不憚自行者欲假一大國之權以定宣公之位也宣公之位定則一時臣子黨亂誤國之罪皆可以逃矣○張氏曰文公世子之死在官當誅者公子遂其首行父次之觀春秋所書則知之矣

晉放其大夫胥甲父于衛

吳氏曰河曲之戰及今八年豈有不用命之罪八年而後討哉必胥甲以他事取惡於趙盾而逐之也○汪氏曰放胥甲者弒夷臯之兆也殺胥童者弒州蒲之兆也

公會齊侯于平州平州齊地

胡氏曰按左氏會于平州以定公位魯宣纂立踰年舉國臣子既從之矣若之何位猶未定乎春秋以來弑君纂國者已列於諸侯則不復致討故曹人以此請負芻於晉夫纂弑之賊毀滅天理無所容於天地之間身無存沒時無古今其罪不得赦也以列于會而不復討是率人類爲禽獸矣此仲尼所爲懼春秋所以作也○汪氏曰齊惠因歎職之逆得立乎其位故魯宣納賂求會驩然而從蓋同惡相濟耳特齊之强大足以庇魯故宣公若臣殫意以固結之也○陳大士曰子赤之弑出姜之歸行道之人皆不忍也翔覇餘乎翔齊出乎叔姬之誣含之死而弗克問也魯爲齊弱久矣夫以齊之强不先得其意未有敢動於惡者也仲遂得臣先如齊蓋討而弑之也不先得其意未有啟即於會者也行父繼如齊蓋嘗而親之也書曰公會齊侯于平州平其辭焉無汲汲之意斯其責齊至矣

公子遂如齊

汪氏曰遂得臣同如齊見公子接而請立之逆謀之始也今既定宣公而拜成於齊逆謀之終也

六月齊人取濟西田

程子曰宣公不義得國賂齊以求助不義故書取不義不能保其土故不云我非爲彼強取故不諱不能有而失者皆諱○家氏曰魯桓之弑君鄭不與也魯畏其討以是爲賂故書假諱之也魯宣之弑君謀出於襄仲事成於齊惠故直書其事以兩討之蓋田者先祖受之於王魯國之封疆也宣公既簒人之國又割先祖所受之土疆以爲齊賂齊惠既輔人之簒又受其賂田以爲已有此所謂盜竊之取其罪有大於侵伐之取矣○黃氏曰許

田入鄭而桓簒成部鼎入魯而督罪釋濟西入齊而宣位定春秋備書於策以見利賂之禍如此其極也

秋邾子來朝○楚子鄭人侵陳遂侵宋

宋人弒昭公取賂而還鄭穆公以晉爲不足與遂受盟於楚○家氏曰使鄭從楚之後能以楚師討宋聲於境上問昭公之故宋人必能以鮑爲戮更議立君則不失其棄晉之初志今乃與楚侵陳遂侵宋此無名之師非討亂之舉也

晉趙盾帥師救陳

家氏曰書救陳與其能救陳也不書救宋不與其救宋也宋負弒君大惡晉人受賂不能討而楚伐之雖楚之存心未必誠於爲義然弒逆之賊夫人得而討之也楚討之晉救之

故春秋不予其救與○張氏曰陳無罪而蒙伐常救也宋有弒君之罪不常救故畧之

宋公陳侯衛侯曹伯會晉師于棐林伐鄭棐林鄭地

此趙盾移救陳之師以伐鄭也不書趙盾大夫不可以殊會也晉人黨賊故激鄭即楚何乃不自反而聲罪以致討乎○張氏曰不討有罪固晉之無義而亦未至於僭王之罪大也鄭舍晉從楚亦非也

冬晉趙穿帥師侵崇

胡氏曰崇在西上秦所與也晉欲求成於秦不以大義動之而伐其與國則爲諼已甚矣而傳謂設此謀者趙穿也意者趙穿已有逆心欲得兵權託於伐國以用其衆乎不然何謀之迂而當國者亦不裁正而從之也○家氏曰晉欲求成於秦發[illegible]先君之

好而秦成合矣今伐崇以求之秦愈怒而兵愈不可解矣蓋穿志在作難託伐崇以專兵也

晉人宋人伐鄭

家氏曰鄭背華而即楚諸侯會晉而討之公也晉取宋賂而輔之以篡今復偕宋伐鄭私也蓋鄭可伐也爲宋而伐鄭則不可也○高氏曰宋怨鄭與楚之侵也復請晉伐鄭晉亦以前救之無功也遂連兵伐之夫晉以貪賂致諸侯之叛不能退而自責乃謀動干戈於境外以遂宋之復怨況宋入弑君豈可與之合兵乎

甲寅 周匡王六年 二年

春王二月壬子宋華元帥師及鄭公子歸生帥師戰于大棘宋師敗績獲宋華元 大棘宋地

華元爲宋大臣忽警黨賊鄭國致討慴終不悛衆喪身辱咸其自取故以宋及之○胡氏曰兩軍接刃主將見獲其負明矣又書師敗績辭不贅乎比明大夫雖貴與師等也或曰元帥三軍之司命而輕重若是班乎自行師而言則以元帥爲司命自有國而言則以得衆爲邦本明此義然後知王者之道輕重之權衡矣

秦師伐晉

張氏曰欲求成而反召兵所以深著趙穿之妄動干戈而欲竊兵權誅其意也

夏晉人宋人衛人陳人侵鄭

家氏曰鄭叛華侵之可也以報大夫之役則不可也鄭惡晉之釋宋不討而從楚晉不知自愧猶爲宋報鄭是以四國之大夫皆書人是時晉趙盾欲據兵權託於伐國實無鬭心

故棐林之役楚因解揚晉師即還是役也與鬬椒遇即二為之辭曰彼宗競於楚殆將斃矣復去之盾本無欲戰之心也左氏乃曰晉侯侈趙盾驟諫不入是以不競於楚何失實之甚耶。呂氏曰諸侯之從晉謂晉之可依也率諸侯以討宋乃立公子鮑而還是立賊也鄭由是謂晉為不足與而從楚以侵宋晉乃庇宋以伐鄭鄭復使歸生伐宋蓋有辭於宋也晉復黨宋以侵鄭一動之非義而與國叛之敵國侮之彼得以奉辭而我疲於奔命至一再而未已也覇主之舉動詎可輕哉

秋九月乙丑晉趙盾弑其君夷臯

晉侯欲殺趙盾盾與公鬬而出奔其弟趙穿攻弑靈公於桃園盾未出山而復太史董狐書曰趙盾弑其君以示於朝且謂盾曰子為正卿亡不越境及不討賊非子而誰。胡氏曰亡而越境謂去國而不還也然後君臣之

義絕及而討賊謂復讎而不釋也然後臣子
之事終不然是盾僞出而實與聞乎故也殿
令不與聞者而縱賊不討是有今將之心而
意欲穿之成乎弒矣雖欲辭而不受其可得
乎。家氏曰晉襄託其孤於趙盾盾乃與甚
大夫謀而求外君及畏逼不得已而後立靈
公則靈公之立非盾意也齊商宋鮑弒君篡
國盾爲政不惟不討又爲之定篡竊之位於
邑之會盟知盾有他志不能事君矣。高氏
曰靈公之立非盾本慾及專國政國不知君
靈公不堪故欲殺盾觀擊輒內叛提明格鬪
無婁臣禮矣堂上之甲方與桃園之攻隨至
靈公固在趙氏宜網之內欲無及不得也及
其反國非獨解賊不討反使往逆新君則盾
之爲弒又誰擠乎。辟氏曰君將殺盾而穿
行弒君之事則主弒者盾也穿受命而加刀
者也在律家人共犯止坐尊長威力使令被
使爲從此春秋之義也。汪氏曰司馬昭族

誅成濟未全忠殺友恭叔琮等尚不免君子直筆之討況盾使穿逆成公於周以固新君之寵則元惡之誅不於盾而誰任乎。朱子曰左氏見識甚卑云孔子曰惜哉越境乃免如此則專是回避古使宜着得討聖人作春使而亂臣賊子懼豈反爲之解免耶。劉氏曰盾之免使不免有賊之討與不討而不在境之越與不越也

冬十月乙亥天王崩

乙卯周定王元年

三年

春王正月郊牛之口傷改卜牛牛死乃不郊猶三望

公羊子曰其言之何緩也曷爲不復卜養牲養二卜帝牲不吉則扳緩牲而卜之帝牲作

於滌三月於稷者惟具是視郊則曷爲必祭稷王者必以其祖配王者則曷爲必以其祖配自內出者無匹不行自外至者無主不止○胡氏曰禮爲天王服斬衰周人告喪於齊史冊已書而未葬也祀帝於郊夫豈其時而或謂不以王事廢天事禮乎○張氏曰此因事之變以明魯郊之非禮蓋僭禮之中復有忘哀從吉之罪三年之喪乃臣子斬衰奔赴之時豈可僭天子越紼行事之禮春秋所以譏之○家氏曰此魯宣除喪始郊而天示之譴也宣公篡弒逆理亂常持是饗帝故天譴之也○邵子曰此因魯事而表之聖人何容心哉無我故也豈非出性命而發言乎

葬匡王

胡氏曰四月而葬王室不君其禮畧也微者往會魯侯不臣其情慢也○呂氏曰或謂桓

王臣王之葬皆公親往然以他文考之葬諸侯而使卿者則備而書之其他不書其人者皆爲公親往可乎

楚子伐陸渾之戎

楊耻菴曰允姓之戎本居陸渾在秦晋之西北不知何時遷居於伊洛逼近王都誠周室之隱憂也楚子果有寧周之志當請於王合諸侯而遷之故地令無故而伐之猶之無名之師耳歷周彊而不入覲於王則其伐非爲周伐亦可見矣○趙氏曰陸渾在伊洛之間逼近王都楚於陸渾無絲髮之憾莊王之兵非疾陸渾也蓋將撼周鼎焉霸業以尊周爲義舍尊周無以令諸侯而弗王首犯天下之忌其不能霸諸侯而徒爲戎首無足怪也

夏楚人侵鄭

惡鄭之即晉也鄭本以皆釋宋賊而從楚來聞楚之討宋賊也何乃罪鄭之即晉哉○胡氏曰按左氏晉侯伐鄭鄭及晉平鄭本以晉靈不君取賂釋賊爲不足與而往從楚今晉成公初立背僣竊僞邦而歸諸夏則是反之正也故著楚人侵掠諸夏之罪鄭既見侵於楚則及晉平可知矣

秋赤狄侵齊

張氏曰赤狄狄之别種謂之赤狄白狄俗尚赤衣白衣也地譜洛州春秋赤狄之地

宋師圍曹

宋文公即位蕩逐武穆之族二族以曹師伐宋及宋師圍曹報武氏之亂○高氏曰武氏之亂非曹人所致也宋不能安睦九族而興兵以圍人之國不亦左乎○家氏曰宋鮑太罪未討以兵伐人春秋書之即所以惡之不

待貶斥而見矣

冬十月丙戌鄭伯蘭卒○葬鄭穆公

吳氏曰葬速禮不備也

丙辰周定王二年

四年

春王正月公及齊侯平莒及郯莒人不肯公伐

莒取向

郯已姓子爵太皞後

高氏曰莒郯相怨而郯乃魯婚姻之國公爲郯平莒而挾齊以爲重公之義不足以服莒之心莒所以不肯肯者心以爲然而從之也曰莒人見不肯者非特其君也不知自反而取邑於人亦已甚矣○楊耻菴曰平而不肯伐而取邑是得太盡得失而又失者也况止

此言可加於君乎君可以老畜比乎

以不宥而伐取則其失又大矣公之失即鄭之失但公雖私鄭而平實善道莒之不寗亦不爲無過齊雖因魯及鄭然惟以平來不平即止而伐取不與可謂善矣○王氏曰魯挾強齊以平鄭莒假力以爲義也及其不服取向而還假義以爲利也春秋書及以見公之所欲書取以見公貪利之罪

秦伯稻卒諡共公

○夏六月乙酉鄭公子歸生弑其君夷

公子宋欲弑君謀於子家子家曰畜老猶憚殺之而況君乎反譖子家子家懼而從之○吳氏曰歸生貴戚之卿秉國重權嗣君新立必有所不獲於其君者因宋之有邪謀陽爲畜老憚殺之言陰實似手於宋以除其君此亂臣之首而宋特其從也○鄭氏曰凡人同

惡相濟非同有是心則不敢同謀是事惟歸生有無君之心故宋以無君之事謀之觀鄭人討幽公之亂斲子家之棺逐其族則通國以爲首惡何必孔子歸獄於歸生哉

赤狄侵齊。秋公如齊。公至自齊。冬楚子伐鄭

高氏曰中國諸侯不問鄭國弑君之罪而荆楚興兵以討之所以病中國也。趙氏曰鄭弑其君諸侯不問而楚伐爲有辭雖楚兵之與志於得鄭非爲討罪而來也然其兵壓境未必不以是爲辭聖人亦因其辭而權予之非與楚也責晉重矣。楊耻菴曰賊無主名罪在執政賊有主名而不討罪在繼世之君非德其立已而庇之即畏其圖已而容之不共戴天之謂何而可宴然民上乎雖襄公之罪與與弑有間而楚師實來無名不必問

其爲何而伐也此義行而天下無可逸之賊則亂賊懼而君父安矣美惡同辭而不別者得失在經可考而知也

丁巳 周定王三年

五年

春公如齊。夏公至自齊。秋九月齊高固來逆子叔姬

公如齊高固使齊侯止公請叔姬焉公自爲之主故曰來。吳氏曰宣公負篡國之罪倚齊以安數朝數聘卑身事齊猶以爲未甚至齊之臣強娶其女甘心與之而不敢違自爲之主如敵體然蓋身爲不義故忍恥忍辱而屈於人下如此曹子臧吳季札強與之國義不肯受不降其志而常伸於人上者果何人哉。家氏曰委巷之人爲強有力者脅之而婚且猶不受况於堂堂之侯國乎脅而求婚已爲不可而又以大夫伉禮於國君所以陵暴魯者甚矣宣公用齊之力篡弒得國固不以爲辱魯之宗社重爲之辱矣春秋書之責魯也責齊也正高固陵犯之罪也

叔孫得臣卒○冬齊高固及子叔姬來

家氏曰反馬不躬至歸寧無並行高固列國之卿而挾婦俱來前日以臣伉君猶以爲未足更挾婦以要魯宣館甥之禮宣固無嫌而魯之宗廟朝廷實重爲之辱矣○高氏曰子叔姬不冠夫氏者承上高固及之也

楚人伐鄭

家氏曰書楚伐而不書晉救者歸生弒君晉當出師討賊而不當救也晉人苟能爲[illegible]討

盾亦賊也豈苟討歸生以自彰乎

晉柄操於盾成亦無如之何稍動便如高貴鄉公矣

賊即所以存鄭楚師將不禦而自去何勞救乎○張氏曰屢失機會大義不立徒營營於救鄭以致楚人益陵諸侯攜貳茲晉之所以失道與

戊午 周定王四年 六年

春晉趙盾衛孫免侵陳

家氏曰陳之叛晉即楚以鄭故耳鄭穆暮年棄楚弗事而託身於中國亦望晉人有以大極其危急曾未期年鄭有歸生之亂晉坐視莫之顧陳叛而與楚良以是耳晉成孱君政在趙氏豈能為鄭討賊然陳鄭每相視以為向背賊之不討無以服陳入之心陳雖受伐而終不為晉屈也○楊恥菴曰擅伐大罪也況以弒君之賊而帥師伐人國則晉成不惟失刑且見柄用與弒同科不得以弱見貸矣

春秋集傳卷六　宣公　十二

夏四月。秋八月螽

高氏曰書八月者惟八月有之螽爲農災王道所重今以月書則爲災不久異於以時書者矣○汪氏曰春秋書螽災者十有六而宣公之世有四焉蓋身爲不義而貪暴於民是以致天災之亟數也

冬十月

己未周定王五年 七年

春衛侯使孫良夫來盟

家氏曰魯宣因齊得篡不事晉矣晉將有討衛人來告欲魯之預於會也非苦齊大夫齊而求盟是以無譏○汪氏曰宣公倚齊篡國晉爲盟主鈌於脩好故與衛結盟而不能遑

霸者之討蓋於已有慊而欲借小信以免辱其足恃乎

夏公會齊侯伐萊○秋公至自伐萊

胡氏曰及者内爲志會者外爲主平莒及郯公所欲也故書及伐萊齊志也故書會公與齊侯俱不務德合黨連兵恃強凌弱是以爲此舉也

大旱

汪氏曰旱之爲言悍也上之人持亢陽之節暴虐於下則旱災應之○季氏曰以大旱書者不雩故也宣公以六月爲龍見之雩故秋旱不復再雩是愛牲樂怠而無恤民憂國之心也

冬公會晉侯宋公衛侯鄭伯曹伯于黑壤黑壤一名

黄父

晉地

左氏曰晉侯之立公不朝聘晉人止公於會盟於黄父公不與盟以賂免故黒壤之盟不書諱之也○汪氏曰忽盟主而不事缺於朝聘之禮特小過耳宣公簒立得罪於君父是大惡也晉人畧大惡而問小過蓋當時覇者逞其私欲惟利之求故罪其慢已以取賂而已使晉成之討如晉厲之執曹成而歸于京師則殘正之刑將何所逃耶

庚申　周定王六年

八年

春公至自會

汪氏曰春秋爲尊者諱然冬會而春書至考其故而義自見矣○黄氏曰黒壤之會晉人止公以賂免焉蓋宣爲不義不特齊人得以無道加之而晉人亦得以無道加之也

夏六月公子遂如齊至黄乃復

胡氏曰至黄乃復壅君命也有疾亦不復可乎大夫以君命出聞喪徐行而不返未致事而死以尸將事其曰復事未畢也○杜氏曰遂有疾而還大夫受命而出雖死以尸將命遂以疾還非禮也○汪氏曰乃者繼事之辭而有專意士匄之乃還專而合於義者也仲遂之乃復專而不介於義者也

辛巳有事于大廟仲遂卒于垂大音泰

吳氏曰有事者時享之常禮也禮有一犆一祫之說或分享於五廟或合享於太廟合享則書有事於太廟分享則書四時祭名時享常事不書欲知仲遂以祭之日而卒故書○李氏曰不書公子蒙上文也○張氏曰仲遂得罪於文公以翬不書卒例之不當書卒因

事之變卒之也書仲遂其字也蓋宣公德之如季友之於僖公同有輔立之恩故亦生而賜氏俾世其官也

壬午猶繹萬入去籥（去起呂反）

檀弓仲遂卒猶繹仲尼曰非禮也卿卒不繹〇胡氏曰繹者祭之明日以賓尸也猶者可已之辭萬舞也以其無聲故入而遂用籥管也以其有聲故去而不作是謂知其不可存其邪心而不能格也禮大夫卒當祭則不告終事而聞則不繹不告者盡肅敬之誠於宗廟不繹若全始終之恩於臣子今仲遂國卿也卒而猶繹則失寵遇大臣之禮矣〇孫氏曰仲遂雖卒猶當追正其罪宣公不能正遂之罪則當為之廢繹何者君臣之恩未絕也〇張氏曰言怒哀樂發而中節謂之和仲遂殺適宣公以其私於已而愛之生賜之氏今

出使擅返不正其罪喜樂既不以正聞喪嘗哀又復心知其不可故行吉禮春秋謹書始未以見其心之不正而施之宗廟朝廷者謬戾如此詳觀書法見聖人格心之道矣

戊子夫人嬴氏薨

敬嬴文公妾也嬖事襄仲而屬宣公故以子貴援成風例而稱夫人也○汪氏曰春秋既書夫人姜氏薨于夷又書夫人風氏薨則知哀姜爲莊公夫人而成風乃妾也既書夫人姜氏歸於齊又書夫人嬴氏薨則知出姜爲文公夫人而敬嬴乃妾也直書於策讀者比事以考之雖微傳而嫡妾之分明矣

晉師白狄伐秦

家氏曰不書及偶晉於狄亦狄晉也○胡氏曰秦人之怨起自侵崇其曲在晉責之可也

既不知自反釋怨脩睦以補前過已可咎矣乃復興師動衆會狄以伐之獨不惡傷其類乎直書於策貶自見矣

楚人滅舒蓼

張氏曰地譜上義陽之蓼文五年已滅於楚此即如舒鳩舒庸蓋羣舒別種非二國也

秋七月甲子日有食之既○冬十月己丑葬我小君敬嬴雨不克葬庚寅日中而克葬

胡氏曰喪事即遠有進無退不爲雨止禮也雨不克葬喪不以制也潦車載蓑笠士喪禮也有國家者乃不能爲雨備何也○孫氏曰雨不克葬譏無備也葬既有日不爲雨止已丑之日喪既行而遇雨也且雨之進久不可俱而知或浹旬彌月其可停柩路次而不行

矛○愚按内事以柔日庚寅而葬是用剛日矣何以卜爲哉○張氏曰孝子事親莫大乎葬禮庶人葬不爲雨止豈國君而獨無備乎冬有母喪明年春即如齊朝會其哀心之微也久矣

城平陽

李氏曰城平陽三傳皆無說豈非黑壤既歸魯仍事齊故城邑以備晉乎

楚師伐陳

高氏曰陳以晉衛見侵復棄楚而從晉故楚以爲討然晉不能救陳陳遂復即楚○汪氏曰書師書伐所以著楚之强而傷晉霸之不振也

辛酉 周定王七年

九年

春王正月公如齊公至自齊

孫氏曰公有母喪而遠朝強齊無哀甚矣

夏仲孫蔑如京師

胡氏曰當歲首月公朝于齊夏使大夫聘於京師此皆比事可考不待貶絕而惡自見者也

齊侯伐萊

許氏曰亦秋比侵齊不敢報萊不伐齊齊亟伐之可以觀惠公畏強凌弱矣

秋取根牟

汪氏曰根牟蓋小國內諱滅故書取

八月滕子卒謚昭公○九月晉侯宋公衛侯鄭伯

曹伯會于扈晉荀林父帥師伐陳

汪氏曰黑壤之會討魯而宣公以賂免扈之會謀齊陳而二國不會蓋晉成爲弑君者所立不能致討侵陳之役奄然以元惡主兵足以外不足以却荆楚内不足以服諸侯今此謀齊而篡立之魯宣獨事齊而不會無所忌憚故成公世覇僅能兩會諸侯卒無成功者秋於荀林父之討陳書帥師書伐雖日與晉而不能庇陳其失亦著矣

辛酉晉侯黑臀卒于扈謚成公○冬十月癸酉衛侯鄭卒謚成公

魯皆不會葬蓋晉私憾也可謂以怨廢禮矣胡氏曰衛成欲爲晉致魯特使孫良夫來盟以定之及會于扈黑壤而晉人止公賂然後免是以二國以喪赴皆不會葬此所謂無其事而

闕其文
者也

宋人圍滕

金氏曰宋以柔弱卑屈俛仰晉楚五六年間幸無兵革不能及是時明其政刑強於爲善乃乘小國之喪而圍之其爲不仁亦甚矣春秋人之者賤之也

楚子伐鄭晉郤缺帥師救鄭

楊耻菴曰凡書救未有不善者但身居親喪禍非切己謹守封疆可也越紼救患是亦不可以已乎子道有虧而責人之無王不可也且我可往彼亦可來不得以伐喪罪之矣□

汪氏曰五年荀林父救鄭不書者以是時鄭方有弑君之亂所當討而不當救也今此書郤缺之救據明年傳載鄭討歸生之罪斲其棺而逐其族蓋此時歸生已死矣故書救以

于晉也

陳殺其大夫洩冶

陳靈公與孔寧儀行父通於夏姬皆衷其衵服以戲於朝洩冶諫曰公卿宣淫民無效焉且聞不令公以告二子二子殺之○胡氏曰稱國以殺者君與用事大臣同殺之也稱其大夫則不失其官守而殺之若有專轍之罪矣○汪氏曰洩冶之失在於不能早諫以畜止其君之惡然其捐生盡言未可深責苟皆爲避禍之訐則忠言不入於耳淫虐之君無所不至其禍不可勝言矣○黄氏曰左氏載孔子曰民之多辟無自立辟其洩治之謂乎此非孔子之言也昔者紂爲無道微子去之箕子爲之奴比干諫而死孔子曰毀有三仁焉以比干爲仁則必不以洩治爲非矣邦無道危行言孫此明哲見幾不生而高尚者之

爲也若夫有位於朝食君之祿則既以身許國矣豈可緘默苟容與俗俱靡以自立辟爲戒以善保身爲得哉此非所以爲人臣之訓也春秋書陳殺其大夫洩冶所以見君殺諫臣未有不喪亡者也觀洩冶見弒而明年靈公殺又明年楚子縣陳可爲後世殺諫臣之明戒矣

壬戌周定王八年

十年

春公如齊公至自齊○齊人歸我濟西田

程子曰齊魯脩好故歸魯田田魯有也齊非義取之故云歸我不足爲善也○呂氏曰取不言我者宣公以立之不正而欲賂齊以求會故不言我以見內無惜之之意也於其歸也則公比年如齊情好以篤外有朝聘之禮內有婚姻之故魯亦欲得而齊以歸之是以

言我以見內有欲之之意也

夏四月丙辰日有食之○己巳齊侯元卒○齊崔氏出奔衛

崔杼有寵於惠公高國畏其偪也公卒而逐之○許氏曰崔杼出而能反反而能弒者以其宗強於此欒氏辨之早也○家氏曰是歳至杼弒君蓋五六十年使杼得年七十此時方在弱冠不應權勢已盛爲人所畏疑非杼之身或其父但不可考耳

公如齊○五月公至自齊

家氏曰天王之喪魯君不奔不賻今也懷輔篡之私恩如齊奔喪事之悖也故備書以貶之

癸巳陳夏徵舒弒其君平國

陳靈公與孔寧儀行父飲酒於夏氏出戲言徵舒射殺之夫喪國敗家亡人必先去其禮靈公君臣之謂也但國人不以徵舒爲賊而討之毋乃誅其不得已乎孰知彼既不能正家視株林之來往徒以一言之戲已而忿懟以坐動於大惡是王法之所必誅也故直書其名與○楊恥菴曰君父雖惡不可手刃者以身乃君父之身身且非我有又將何物與君少論曲直乎故徵舒於母息不可逃而於君義不可仕如是而已矣

六月宋師伐滕

宋鮑以篡弒得國宜其視陳鄭逆亂恬不爲怪而汲汲於侵小也○李氏曰滕自宋人執嬰齊之後遂爲宋私屬故宋之盟叔孫豹曰滕宋私也成周之城仲幾曰滕宋役也小國之偪於強暴非一日矣

公孫歸父如齊葬齊惠公

胡氏曰宣公德齊侯之能定其位而又以濟西之田歸之也故生則傾身以事之而不辭其屈辱没則親往奔喪而使貴卿會其葬亦不顧天王之禮闕然莫之供也比事考辭義自見矣

晉人宋人衛人曹人伐鄭

家氏曰自晉襄没靈成景皆不克負荷而楚莊日以強盛北向而爭諸侯侵陳侵鄭觀兵周疆將逞其所大欲晉人僅出偏師畏縮不敢犯其鋒惟伺其去釋恨於小國而已蓋晉自趙盾爲政宋齊魯皆弑君胥内有所慊置而不問今郤缺爲政又不能治侯国之賊其君者乃帥三國爭鄭而以討逆遺楚遂使蠻荆挾仗義之名以風示天下晉霸自是愈衰矣

秋天王使王季子來聘

王季子王之母弟食采於劉爲劉康公○汪氏曰定王始則徵聘於魯中則厚賄於仲孫終則命貴弟報聘是猶爲人父而不責子之很傲乃三揖於定省之常禮而德色於借耰之微恩也宣公既不知所尊而王亦不能以自尊矣

公孫歸父帥師伐邾取繹

汪氏曰宣公簒立而猶稱兵於邾以奪其地者蓋以晉霸之不振而強齊爲之援故耳不幾頑鼠欺人之不見而竊食於盆盎之間者乎下書歸父爲邾故如齊則魯之竊魯可知矣

大水

家氏曰宣即位以來六年螽七年大旱今復大水咎徵頻仍未有甚於此時旱而書大水

而書大以變常言也宣以臣弒君以子逐母罪大惡極天討未加發而爲水旱之災民受其虐書以示戒也

季孫行父如齊○冬公孫歸父如齊

高氏曰以伐邾故恐齊人以爲討遂謀伐莒焉甚矣魯之懼齊也二歲之間而公與大夫五如齊矣○汪氏曰自反而縮則可以自立何畏於齊宣公行已有歉故君臣相及如齊而猶懼其獲戾也

齊侯使國佐來聘

高氏曰惠公之葬既遠又未踰年而以君命遽遣使來聘焉譏伐莒也當凶釁而行吉禮忘哀思而結懽好書曰齊侯著其惡也

饑○楚子伐鄭

家氏曰士會用偏師無益於救鄭是歲鄭即楚故畧而不書耳

癸亥周定王九年 十有一年

春王正月○夏楚子陳侯鄭伯盟于辰陵 辰陵陳地

張氏曰楚莊於是合二國為盟而欲討陳夏徵舒也春秋以齊晉二大國方且致勤於莒狄而不能討獨楚莊合諸侯以討之所以楚子書爵於陳侯鄭伯之上與之也○楊耻菴曰陳成在喪盟楚而楚卒入之則徵舒之殺必非以請討而來而陳侯之黨逆忌讐亦可見矣

公孫歸父會齊人伐莒

張氏曰莒恃晉而不事齊魯從齊而伐之兵不討亂而挾強凌弱深著齊魯之罪也

秋晉侯會狄于欑函欑函狄地

胡氏曰中國有亂天王不能討則方伯之責也又不能討則四鄰諸侯宜有所請矣而魯方會齊伐莒晉方求成於狄是失肩背而養其一指不亦傎乎○張氏曰晉侯爲盟主而往與狄會舍夏徵舒以遺楚討又欲與楚爭鄭楚直晉老所以敗于邲也

冬十月楚人殺陳夏徵舒丁亥楚子入陳納公孫寧儀行父于陳

程子曰人衆辭大惡衆所欲誅也誅其罪義也取其國惡也入者不受而強之也致亂之臣國所不容也故書納○邵氏曰誅惡者衆人之公心故曰楚人取國者一人之私意故

曰楚子楚子有欲取之心焉故曰入罪人斯得則無事於入矣其入也何爲哉然卒不取也故不口取○孫氏曰此楚子殺陳夏徵舒也其言楚人若與楚討也徵舒弒其君天子不能誅諸侯不能討而楚能之故聖人與楚討也○胡氏曰楚莊以義討賊勇於爲善舜之徒也以貪取國急於爲利蹠之徒矣爲善爲利特在一念須臾之間而書法如此故春秋傳心之要典不可不察者也或曰聖人大改過楚雖縣陳而復封陳猶書入陳以貶之何也曰楚莊意在滅陳雖復封陳然鄉取一人焉以歸謂之夏州而又納其亂臣是制人之上下使不得其君臣之道也此二臣者從君於昏宣滛於朝誅殺諫臣使其君見弒蓋致亂之臣也今乃詭辭奔楚託於討賊復讐以自脫其罪而楚莊不能察其反覆又使陳人用之是猶人有飲毒而死者幸而復生又強以毒飲之可乎爲楚莊者宜奈何瀦徵舒

之宮封洩冶之墓尸孔寧儀行父於朝誅於陳衆定其君而去其庶幾乎○汪氏曰孔寧儀行父不書奔書奔則是請討於楚也其歸不繫陳不使得爲陳之臣也經凡書納皆非所宜納曰入曰納則二臣之罪與楚莊納之之惡皆見矣○黄氏曰楚子入陳即納孔寧行父則知謀出兩人而陳自後從楚不貳者以兩人爲主於内也

甲子 周定王十年

十有二年

春葬陳靈公

胡氏曰討賊者非臣子也何以書葬天下之惡一也凡民皆得而討之所以明大倫存天理也徵舒雖楚討之陳之臣子亦可以釋怨矣故得書葬君子詞也○汪氏曰君子之心無私故討賊不間内外蓋惡惡者天下之同情也○愚按王降而霸管仲爲之霸降而賊

趙盾爲之春秋所以予楚也魏主臨
江突厥入塞綱目皆書伐豈得已哉

楚子圍鄭

高氏曰封陳侯者非楚本謀也不善而能改
故書入與鄭平者楚本謀也不爲利謀所誘
故書圍○李氏曰鄭自此從楚
直至成五年蟲牢之盟方向晉

夏六月乙卯晉荀林父帥師及楚子戰于邲晉
師敗績 邲鄭地

晉師將救鄭及河聞鄭既及楚平桓子欲還
彘子不可以中軍佐濟韓獻子以分惡勸師
遂濟楚孫叔敖欲還嬖人伍參不可楚子遂
次于管以待之魏錡趙旃致師怒楚人王逐
之車馳卒奔桓子鼓於中軍曰先濟者有賞
中軍下軍爭舟舟中之指可掬也晉師右移

上軍不動隨季毀其卒而退唐侯爲楚左拒故不書失位也○張氏曰晉不能討陳亂已失三綱軍政之本乃欲恃力以争鄭不知楚莊既討陳亂則師出有名而所以施於鄭者又進退得宜勇怯中節林父上不能輔君討亂以行盟主之大義此行本爲救鄭而鄭已服楚士縠之徒恃强專制林父雖知楚之不可敵而不能止諸師之從楚師此春秋所以不書救鄭而特以林父主此戰著其敗師之罪也○江氏曰林父身爲元帥始既不能禁副屬之違令而專行終又不能躬率士卒冒矢石而力戰乃鼓於中軍倡爲棄甲曳兵之敗走則喪師之罪不責林父而諉於誰乎○胡氏寧曰邲之戰先縠趙旃實敗晉師而獨書林父者責元帥也武侯祁山之戰違命於街亭者馬謖也失於箕谷者鄧芝也而武侯深自刻責以爲咎皆在已此亦春秋一統之義也任歸於一者責有所歸權分於下者衆

無適從吳楚既反漢用條侯以梁王之責大后之尊交請救援條侯謹守便宜竟破七國唐六道重兵交圍淮蔡無功及裴度視師韓弘亦與疾督戰遂擒元濟代宗以九節度之師圍○慶緒不立元帥一夕而潰其成敗之績豈不著明哉○朱子曰左傳分謗事近世士大夫多是如此只要徇人情如荀林父邲之役先縠違命而濟乃謂與其專罪六人同之是何等見識當時爲林父者只合按兵不動召先縠而誅之

秋七月○冬十有二月戊寅楚子滅蕭

汪氏曰楚莊滅蕭所以逼大宋而脅中國諸侯之服已也○趙氏曰楚莊得陳而不得鄭而復其君論者以爲賢觀今滅蕭之舉則前日之復陳鄭果眞情乎莊固知陳鄭之祀未易絕也

晉人宋人衛人曹人同盟于清丘清丘衛地

汪氏曰新城之同趙盾主盟清丘之同復以四國之大夫盟齊盟所以一天下之志而晉以大夫尸之又其甚而諸侯之大夫與焉覇業之不振宜矣胡氏曰原穀違命喪師乃晉國之罪人而主茲盟約所信任者皆可知矣○趙氏曰同盟非大夫之事也諸侯同盟不盟於方岳之下循以爲僭而况大夫乎今晉景將求諸侯而以大夫用同盟之禮蓋循趙盾之轍而不知晉之所以不能得諸侯者盾之故也

宋師伐陳衛人救陳

汪氏曰清丘之載書恤病討貳而宋之討陳衛之救陳皆非春秋所與者不度德不量力而啟釁於強楚渝盟失信以從簡書名雖是而實則非矣○家氏曰胡氏謂宋師非義陳

為可恤愍以為未然楚用詐入陳幾亾人國
春秋不與也宋伐楚之與國為人所難謂之
非義不可衛甯受清丘之盟乃救陳
以媚楚謂其救之為義亦不可也

乙丑周定王十有一年

十有三年

春齊師伐莒○夏楚子伐宋

楚人滅蕭以脅宋宋人伐陳以挑楚楚
固不義而宋人之致寇亦有以招之矣

秋螽○冬晉殺其大夫先縠

高氏曰邲之役三帥皆欲還先縠固請戰遂
及於敗至是以為討然釋趙旃魏錡不討而
獨誅先縠為政不平殺者不受治矣又族滅
之惡之甚也○張氏曰越椒將攻王而楚莊
尚思子文之治楚而復克黃之所先縠先軫
之孫而滅其族蓋晉之德刑皆不足以敵楚矣

丙寅　周定王十有二年

十有四年

春衞殺其大夫孔達

晉人討衞之救陳孔達曰請以我說縊而死衞人以說於晉而免○陳氏曰孔達自殺而稱國以殺其君意也○茅堂胡氏曰孔達之死諫之不滅者也先君雖有約言若其有罪而大國見討亦可踐言不自省乎而況同盟口血未乾即亢大國之討以危其社稷乃以身死之求說於晉與自經溝瀆而莫之知者奚遠哉○家氏曰據傳孔達自以其身紓國患然達爲政而背清丘之盟救陳叛楚謂之無罪不可也

夏五月壬申曹伯壽卒○晉侯伐鄭

邲之敗乃晉自取耳不能自反又不能報楚而徒釋憾於鄭所謂怒於室而色於市者也

宋惟伐陳爲挑釁今此使人過而不假道楚也甚矣

秋九月楚子圍宋

楚子使申舟聘於齊不假道於宋宋人殺之楚子聞之投袂而起圍宋。家氏曰宋前以救蕭而見伐今又以殺楚使而見圍楚之薦食上國宋之挑釁強楚俱可罪也陳大上曰伐未甚也圍已甚也伐有名也圍無名也直書其事而輕重自明必怒鄭而苛宋責晉而寬楚豈春秋之旨哉

葬曹文公。冬公孫歸父會齊侯于穀

王氏曰遂以不正而立宣公公以不正而任其子歸父此年會齊侯明年會楚子見公與之深也諸侯失政自宣公始大夫專政自歸父始

丁夘

周定王十有三年

十有五年

春公孫歸父會楚子于宋

胡氏曰楚子不假道於宋以啓釁端而圍之陵蔑中華甚矣諸侯縱不能畏簡書攘蠻荆存先代之後嚴兵固守以爲聲援猶之可也乃以周公之裔千乘之國謀其不免至於薦賄不亦鄙乎○家氏曰楚伐宋於魯無所預而魯人震悸正由宣公篡弑十有五年未有討之者今見楚戮夏徵舒懼而往會耳

夏五月宋人及楚人平

穀梁子曰平者成也善其量力而反義也人者衆辭也平稱衆上下欲之也外平不道以吾人之存焉道之也○董子曰子反與華元平是内專政而外擅名也○呂氏曰楚之圍宋軍罷食盡而將去矣宋人告急晉不能出師以援之宋及楚平豈得已哉書之以見中

國之無霸也以見荆楚之恣横也以見諸侯之有畏於楚而莫有能救之者也○陳氏曰凡平不書必關於天下之故而後書文九年陳平不書宣十年鄭平不書至宋始書之僖二十四年宋嘗及楚平矣至莊王始書之必宋從楚必莊王得宋天下將有南北之勢春秋特致意焉○朱子曰公孫歸父會楚子于宋宋人及楚人平春秋之貴魯宋正以其叛中國而從蠻荆耳罪其貳覇非是春秋豈率天下諸侯以從三王之罪人哉

六月癸卯晉師滅赤狄潞氏以潞子嬰兒歸

胡氏曰其稱日謹之也上卿爲主將畧而稱師者著其暴也滅而舉號及氏者滅見滅之罪著滅者之甚不仁也潞子嬰兒不死社稷比於中國而書爵者免嬰兒之責辭也赤狄未嘗侵掠晉境而恃強暴以滅之其不仁甚矣又有異焉者夫伐國之要討其罪人斯止

矣按左氏潞子夫人晉景公之姊也酆舒爲政而殺之又傷潞子之目則酆舒者罪之在也爲晉討者執酆舒轅諸市安定潞子沒紀其政而還則諸狄服疆域安矣今乃利狄之土滅潞氏以其君歸何義乎春秋所以責晉而畧狄也○高氏曰是時楚肆其強圖宋踰年晉不能救而反滅狄利其土地亦息於憂中國矣○汪氏曰晉景公會狄於欑函而不討陳滅潞氏而不救宋蓋不可以言覇矣

秦人伐晉○王札子殺召伯毛伯

王札子定王之庶兄召伯召戴公毛伯名衛諸侯且不敢專殺況內臣乎○穀梁子曰王札子者當上之辭也兩下相殺其志何也矯王命也爲天下主者天也繼之者君也君之所存者命也爲人臣而侵其君之命而用之是不臣也爲人君而失其命是不君也君不君臣不臣此天下所以傾也○黃氏曰按左

氏王孫蘇與毛伯召伯争政使王子捷殺召戴公及毛伯衛即札子也威福若之大柄廉恥國之大維令子弟專殺是君無威福之柄也朝臣争政是國無廉恥之維也君無柄國無維所以爲東周之衰亂也○蜀杜氏曰桓襄之前列國諸侯交相戰伐列國不稟王命也至此而王臣有相殺者內之卿士不奉王命也

秋螽仲孫蔑會齊高固于無婁無婁即牟婁

高氏曰魯宣自齊惠之没事齊稍怠惟公孫歸父兩會齊侯而已公不朝齊也齊蓋有以議魯矣高固婚於魯知齊之謀故會蔑於無婁爲魯謀而解齊之紛也終宣之世卒不被齊兵者無婁之會有力焉及成公即位而有西鄙之師矣齊侯在穀則歸父會之齊卿在無婁則蔑會之蓋公主齊久矣幸晉楚之争而不我及也忽焉而平楚宋卿歸父而請于

齊侯齊侯則疑我之從楚也蔑於是復會以修舊好焉

初稅畝

公羊子曰初者何始也稅畝者何履畝而稅也何以書譏始履畝而稅也何譏乎爾古者什一而藉多乎什一大桀小桀寡乎什一大貉小貉什一者天下之中正也什一行而頌聲作矣○杜氏曰公田之法什取其一今又履其餘畝復什收其一故哀公曰二吾猶不足遂以為常○黃氏曰古者井田八家皆私自畝其中為公田八家耕之以奉其上所謂藉也藉之為言借也借民力為之而非稅也今魯初稅畝是於公田之外又稅其私畝壞井田之制開厚歛之門使民不聊生國無善治蓋自此始矣○汪氏曰三代制田取民雖皆不過什一而其為法至周始詳密而周盡為人君者苟能謹守其中正之制則可以足

國而裕民矣今宣公以篡得國既不能修德以弭天災又不能斂奢以節國用於是一旦紊先王之制增稅畝之法作法於貪其害不勝言矣易世而成公作丘甲哀公用田賦民財民力殆無遺餘皆輦於宣公之作偏也又使諸國效尤鄭子產則作丘賦魏文侯則增租賦卒之暴秦開阡陌更賦挩而先王之制窮今不復豈非宣公首禍以致然乎

冬蝝生○饑

胡氏曰始生曰蝝既大曰螽秋螽未息冬又生子災重及民也必詳志之如此者急民事謹天災仁人之心王者之務也足歲螽蝝而遽至於饑者宣公為國務華去實虛內事外煩於朝會聘問賂遺之末而不敦其本府庫竭矣倉廩匱矣水旱螽蝝天降不饑饉亦無以振業貧乏矣經所以兩書饑以示後世為國不可不敦本也

戊辰　周定王十有四年

十有六年

春王正月晉人滅赤狄甲氏及留吁

家氏曰晉滅潞氏則曰討有罪也而復用師不已是必欲窮極其黨類盡夷滅之而後已夫豈仁人之所忍爲楚人圍宋坐視不救諉曰鞭長不及馬腹志存乎逐利而不能赴人之急謂諸侯何○薛氏曰櫝函之會未幾而三滅狄大無信也

夏成周宣榭火

李堯俞曰榭者講武之所宣者其宣王之所爲乎至是歷十二世王業日壞求其如宣王之盛既不可得而王之迹又煨燼蓋痛之也○樛耻菴曰書不恭也成周東都也兩廡可射謂之榭宣王南征北伐講武於此故稱宣榭祖宗之遺澤存焉今火故書○黃氏曰臺

出之者恐未可罪婦人不肖不

望氣寢榭講軍實成周之地有宣榭者與王之遺跡也宣王承厲王之後積勢衰弱於是修車馬備器械南征北討中興王業其用武於四方則必有講肄之所即成周宣榭是也宣榭火與王之跡泯矣聖人重之而書示不忘古也

秋鄭伯姬來歸

家氏曰女生而願爲有家故嫁者謂之歸人道之常也見出而曰來歸若其變也○汪氏曰春秋書鄭伯姬杞叔姬來歸所以識父母之訓育弗至致內女之婦德有虧而亦譏鄭杞之君失齊家之道而棄其伉儷也然杞叔姬書卒書杞伯逆其喪歸則叔姬之出必有不當絕者而鄭伯姬不書卒不書喪歸則出者與出之者其罪皆著矣

可教訓當若之何曾子亦嘗言哀矣

冬大有年

水旱螽蝝不絕於書而忽獲有年幸之也亦以憫之耳不爾則人類滅矣

己巳周定王十有五年

十有七年

春王正月庚子許男錫我卒○丁未蔡侯申卒○夏葬許昭公○葬蔡文公日卒書名赴而得禮葬而不月其略在內而不謹於邦交之罪見矣

六月癸卯日有食之○己未公會晉侯衛侯曹伯邾子同盟于斷道斷道晉地○秋公至自會五國同盟懼楚而謀齊也○汪氏曰魯衛曹邾皆迫於齊故同有伐齊之心而晉文欲討

其貳會逆其適觀明年晉衛伐齊又二年四國與齊戰審則此盟爲同謀伐齊可知矣韋戰而邾人不與者國小不能以兵從也

冬十有一月壬午公弟叔肹卒

汪氏曰叔肹之生不名於策書則非卿矣死不目爲公子則未仕矣變文曰公弟合名與字卒之者知其賢而得書也○穀梁子曰其曰公弟叔肹賢之也其賢之何也宣弒而非之也非之則胡爲不去也曰兄弟也何去而之與之財則曰我足矣織屨而食終身不食宣公之食君子以是爲通恩也以取貴乎春秋○胡氏曰論情可以明親親言義可以厲不執所以取貴於春秋書曰公弟而稱字以表之也

庚午 肖 周定王十六年

十有八年

春晉侯衛世子臧伐齊

薛氏曰齊不與於諸侯之會而伐之也書衛之世子代父掌兵非子道也。汪氏曰齊自翟泉以來不與於晉之會盟而恃其強大侵暴小國是以晉景欲振奕世之霸業始則君率衛以伐齊既而正卿舉合境之兵偕三國以戰齊蓋非專以婦人笑客之故也

公伐杞

趙氏曰杞一世婚於魯桓公魯出且娶於魯僖文之世各一世來朝惟宣公殺惡及視以自立杞伯蓋以宣爲僖文之罪人未嘗朝焉宣公憾之故躬擐甲冑以伐杞君子不以杞被伐爲不幸適所以彰杞桓公之義也

夏四月。秋七月邾人戕鄫子于鄫

楊耻菴曰陰殺曰刺卒殺曰戕此蓋邾子使人卒殺鄫子於其國內獲之而知其爲邾人雖復殺之不足書矣盜者天子所不治而邾子之惡不可掩故不稱盜而稱邾人核實之辭也然鄫之執政失防亦於此可見矣。汪氏曰邾文公用鄫子邾定公戕鄫子皆黜稱人惡其奕世吔虐滅人理而悖天常也鄫之二君不名蓋無罪而受禍耳

甲戌楚子旅卒諡莊王

公羊子曰吳楚之君不書葬辟其號也坊記曰春秋不稱吳楚之王喪恐民之惑也。高氏曰前此不書楚子之卒者外蠻制也此書之者以楚入爲中國之害甚於前日中國不能自沮乃相與朝聘相與盟誓相通問好故自此詳志其卒也

公孫歸父如晉

家氏曰歸父與宣公謀去三家以張公室其心雖未可知其事未見非正而講之不臧乃欲因大國之力鋤而去之豈不思晉之諸卿自趙盾秉權而後怙黨植私漸至不制魯宣欲去強宗豈晉卿之所願哉宜其謀之不遂也

襄仲之事行父使於齊納賂是與聞乎故矣今但因歸

冬十月壬戌公薨于路寢。歸父還自晉至笙遂奔齊

笙魯地

公薨季文子言襄仲殺適立庶而欲逐其子臧宣叔以為當其時不能治後之人何罪然竟逐東門氏子家還及笙壇帷復命於介既復命袒括髮即位而哭三踊而出遂奔齊。胡氏曰歸父以君命出使未返而君薨在聘禮有執圭復命於殯之文升自西階子臣皆哭情亦戚矣今宣公猶未殯而東門氏逐忍乎哉。穀梁子云捐殯而奔其父之使者是

父爲君謀去三家特借殺適立廢逐之耳

亦奔其父也待經意矣。家氏曰季氏不以君薨爲戚肆出悖言追讐既往首逐其腹心用事之臣此時此心犯上作亂何所不爲春秋於公薨之後書歸父奔齊所以著季氏不臣之迹其旨微矣自茲以往政在強家魯君不復能君禍端亂本實肇於此彼纂人之國季氏亦竊其國出爾反爾尚復誰尤春秋書之所以致亂賊之討垂將來之戒云。高氏曰人臣之正父命而出君薨猶當致命於殯前若其有罪待命於新君可也今歸父還及魯境遽即奔久則有惡於新君矣又曰先君未殯而逐其臣是死其君而忘其父也歸父既畢使事盡哀而奔是知死亡之不免而能不失度於顛沛造次之時異乎他大夫之奔矣

春秋集傳卷之七

湘川李文炤編輯

成公

名黑肱宣公子謚法安民立政曰成

辛未 周定王十有七年

元年

春王正月公即位○二月辛酉葬我君宣公○

無氷

啖氏曰二月今之十一月舉此無氷則一時無氷可見矣○胡氏曰無氷者常燠也此政事舒緩綱紀縱弛之象

三月作丘甲

古者九夫爲井四井爲邑四邑爲丘四丘爲甸地方八里出長轂一乘甲士三人步卒七

十二人馬四匹重車三乘餘丁二十五人牛十二頭蓋六十四井私田之夫五百一十二家所出也今令之丘出一甲則一甸有甲上四人步卒百人而餘丁馬牛輜重亦皆增四分之一且長轂之法一人御二人驂不容增甲勢必有截此補彼之擾故書曰作言不宜作也口萬氏曰四丘之甸共出甲士三人而成公使一丘出一甲士甲士之數既加則長轂牛馬步卒之賦率加其四之一聖人惡其紊亂先王軍賦之制故書以譏之

夏臧孫許及晉侯盟于赤棘赤棘晉地

高氏曰許曷爲及晉侯盟齊怨成矣晉援不可緩也故汲汲焉求爲此盟

秋王師敗績于茅戎

陸氏曰淳聞於師曰王者之師有征無戰今王與戎爲敵此取敗之道非戎所能敗也故

以自敗爲文所以深譏之○常山劉氏曰王者不能以義征四裔迺徼戎以致敗豈不曰自取之乎聖人立法以垂後世一書王師敗績於茅戎而尊王之義與王自敗之道及諸侯不勤王之義咸得而見矣○愚按凡言敗某於某地者未陳而詐勝之也其師敗績者皆陳而不能敵之也王者至尊無敵故不書戰而止書敗績焉

冬十月

壬申周定王十有八年

二年

春齊侯伐我北鄙

家氏曰此齊人爭魯於晉也前日魯宣專意事齊晉莫如之何也今魯人去齊即晉赤棘朝盟齊師暮至書齊侯伐我所謂自其人而貶之也夫既辱晉使又以兵加於魯則其志

在與晉爲敵好戰而不度力頃公之謂矣

夏四月丙戌衛孫良夫帥師及齊師戰于新築衛師敗績

新築衛地○張氏曰易曰師左次无咎凡戰而不能勝者聖人立全師愛民之法所以重民命而存國體也良夫不從石稷之言必進而戰致敗其師幾於喪身辱國此春秋所以罪良夫而以之主新築之戰也○程■曰良夫專兵輕進以取敗辱國害民罪莫大焉衛侯使之戰而致敗亦罪也齊侯侵虐鄰國雖得勝於一時遂來鞌之敗績亦罪也

六月癸酉季孫行父臧孫許叔孫僑如公孫嬰齊帥師會晉郤克衛孫良夫曹公子首及齊侯

戰于鞌齊師敗績

初魯晉衛曹之卿聘於齊或禿或眇或跛或僂齊侯使貌同者逆客其母蕭同叔子窺而笑之此魯所以起傾國之師會諸侯之卿以報執政之忿也魯舊有三軍今作丘甲而增一軍故四卿並將雖無人乎成公之側有所不恤矣夫齊侯蔑禮敵侮招伐罪固無所逃其然諸國大夫以一笑之微殘民毒衆幾獲其君而怒猶未怠抑何報復之已甚乎春秋無義戰而忿兵之極莫過於此役故以四國及之○陳氏曰凡師非卿不書雖卿也非元帥不書書魯四卿是各自帥也自文季年而無使介至是無將佐魯三家之勢成矣○張氏曰兵法爭恨小故不忍忿怒者謂之忿兵令晉爲盟主與師討齊非有救亂誅暴之名而起於郤克一怒之忿故春秋不以齊爲主見四國之大夫爲志乎是戰雖得一朝之勝不足

道也○趙氏曰鞌之戰以四國之七大夫而敵一齊侯雖頃公橫逆有以召天下之兵而大夫之專恣亦甚矣驕傲不悛以犯諸侯之怒者齊也威柄下移而啓大夫之橫者四國也齊侯不義四國之君不智春秋蓋同一貶焉

秋七月齊侯使國佐如師己酉及國佐盟于袁婁

國佐如師將以賂免諸大夫乃欲使齊人盡東其畆以利戎車且以蕭同叔子爲質而洩其見笑之憾故國佐不可而去乃追及於袁婁去國都五十里而與之盟春秋惡盟誓而要盟之迫莫過於此役故仍以四國及之○張氏曰郤克挾主盟之勢以行其私憤一旦戰勝而以不義求多於齊反爲國佐以理折之其氣遂[illegible][illegible]曰齊侯[illegible][illegible][illegible][illegible]卿[illegible]齊非

在晉齊不得已而盟也○吳氏曰師敗
於鞌使國佐來納賂以求成故書如師晉之
義既不足以服齊之心故國佐徑去四國進
師追及國佐近偪齊都而與盟
袁婁此晉之無義又無禮也

八月壬午宋公鮑卒○庚寅衛侯速卒○取汶陽田

胡氏曰汶陽之田本魯田不曰復而謂之取
何也恃大國兵力一戰勝齊得其故壤而不
請於天王以正疆理則取之不以其道與得
非其有者奚異乎○杜氏曰晉使齊還魯故
書取不以好
得故不言歸

冬楚師鄭師侵衛

高氏曰鄭以中國從荊楚而首伐衛喪是援戈與蔑而攻其親戚罪不勝誅矣列鄭於下所以深罪鄭也

十有一月公會楚公子嬰齊于蜀 蜀魯地

家氏曰晉以魯衛大舉伐齊可謂有德轍未及息遽爲此行書公會楚公子嬰齊背其叛華即荊以望國之君而屈於楚公子魯之辱也自楚人僭王其公子亦僭稱王子久矣今書楚公子春秋革之也○季氏曰成公以周公之裔諸夏之望下與楚大夫會辱已甚矣何以善其後哉○吳氏曰楚用子重之謀以救齊爲名加兵於魯衛魯納賂請平又約諸國會盟公先往會嬰齊書嬰齊之名氏見其挾衆威魯也

丙申公及楚人秦人宋人陳人衛人鄭人齊人

曹人邾人薛人鄫人盟于蜀

吳氏曰楚人即公子嬰齊蔡許之君不書者以其為楚車左車右降在臣列同於楚臣也○杜氏曰齊在鄭下非卿也李氏曰合此一年之事以觀之晉盖竭力以事齊故無力以制楚勝齊之得小而縱楚之害大矣又曰楚專主諸夏之盟莫甚於此諸侯從之者十一國晉不敢爭其後晉楚之從交相見楚靈之求諸侯於晉皆蜀之役啓之也

癸酉

周定王十有九年

三年

春王正月公會晉侯宋公衛侯曹伯伐鄭

楊耻菴曰宋衛在喪擅伐失而又失者也渝盟其小者耳○汪氏曰左傳云鄭皇戌如楚獻捷則鄭敗諸侯也書伐而不書敗所以尊諸侯也

辛亥葬衛穆公〇二月公至自伐鄭〇甲子新宮災三日哭

宣公之廟謂之新宮者初入主之辭猶嗣位而謂之新君履端而謂之新歲也宣公薨至是二十八月既禫而主歸廟乃忽遇災則不恭之罪有不免矣三日哭者理之宜情之稱也記曰有焚其先人之居則三日哭事死如事生事亡如事存孝子之道也〇家氏曰此入廟之始也主方入廟而廟災此人情之戚成公三日哭可謂知所哀而哀也焚先人之廬僭三日哭令主始入廟而廟爲火所焚人子之痛切爲甚而謂之不合禮失春秋所書之旨矣〇高氏曰宣公弑君篡立生不能誅死方立廟遽遇火災春秋志此示有天道故謹而日之也

乙亥葬宋文公

胡氏曰按左氏文公卒始厚葬益車馬重器備君子謂華元樂舉於是乎不臣考於經未有以驗其厚也數其葬之月則信然矣天子七月諸侯五月大夫三月士踰月以降殺遲速爲禮之節不可亂也文公之卒國家安靖外無危難曷爲越禮踰時逮乎七月而後克襄事哉故知華元樂舉之棄君於惡而益其侈無疑矣此非有所不忍於死者特欲誇耀淫侈無知之人耳秦漢之間窮竭民力以事丘隴其禍有不可勝言者春秋據事直書豈不爲永戒哉

夏公如晉

汪氏曰僖公取濟西田而使公子遂如晉拜賜已非正矣況以成公取汶陽而躬朝於晉

乎濟西汶陽魯之故田也以爲覇國之私惠而朝聘之見魯之不振也○張氏曰汶陽之田特書曰取足以見疆場之令不出於王矣今爲取田而往拜賜於覇國晉偃然受之而八年復使韓穿來言汶陽之田歸之於齊足見私情之納侮於晉也

鄭公子去疾帥師伐許

高氏曰疲命於晉楚而以伐之君子是以惡鄭也○張氏曰晉方怒鄭之不服其爲凶暴有底止也乃怒許之不事已而使大夫動大衆以伐之見其興兵之不度德不量力也

公至自晉○秋叔孫僑如帥師圍棘

胡氏曰按左氏取汶陽之田棘不服故圍之復故地而民不聽至於命上將用大師環其邑而攻之何也魯於是時仍稅畝作丘甲税役日益重矣棘所以不願爲之氓也成公不

晉文公奔狄狄伐廧咎如獲其二女納之公子則廧咎如別是一種非一氏餘黨也

知薄稅斂輕力役修德政以來之而肆其兵力雖得之亦必失之矣

大雩○晉郤克衛孫良夫伐廧咎如廧在良反咎古刀反

此赤狄之別種也晉滅潞氏甲氏及留吁其餘黨散入其地欲盡殄絶之非仁人之心也

冬十有一月晉侯使荀庚來聘衛侯使孫良夫來聘丙午及荀庚盟丁未及孫良夫盟

言及首蓋使大夫盟之也言聘復言盟嫌其生事也若果推信何借於盟苟或未然辭之何益藉聘而尋盟大夫之私也○高氏曰庚晉之下卿良夫衛之上卿而魯人盟之先晉後衛豈非畏晉之強乎

鄭伐許

胡氏曰稱國以伐狄之也專意事楚一歲而再伐許甚矣○陳氏曰楚之覇鄭人爲之也是故狄秦而後狄鄭微秦鄭中國無荆患矣

甲戌　周定王二十年

四年

春宋公使華元來聘○三月壬申鄭伯堅卒○杞伯來朝

杜氏曰將出叔姬先修朝禮言其故也

夏四月甲寅臧孫許卒文仲子○公如晉○葬鄭襄公○秋公至自晉○冬城鄆

家氏曰此西鄆也不務安靜而輕於用民之力鄆雖城何益哉

鄭伯伐許

程子曰稱鄭伯見其不復爲喪以吉禮從戎也○家氏曰父所爲義已繼之爲孝父挾楚之援陵暴小國歲再用師其子繼而不能改是之謂濟惡庸得爲孝乎不書子而書爵絶之於名教也

乙亥　周定王二十有一年　**五年**

春王正月杞叔姬來歸

吳氏曰僖三十一年杞伯姬爲其子求婦而僖公以次女叔姬與之歸爲杞桓公夫人至今四十四年夫婦年皆六十之上而姬始被出而歸疑是叔姬無子杞伯別有妾子爲太子叔姬心不自安而願歸魯故叔姬既卒而杞桓復來逆其喪以歸也

仲孫蔑如宋

汪氏曰蔑與華元交相聘問其情厚矣而明年遍於晉令遽與侵宋之師朝玉帛而暮干戈謹邦交者固如是可乎

夏叔孫僑如會晉荀首於穀穀齊地

高氏曰荀首逆女而僑如往饋之此之謂非禮之禮故以大夫會大夫書之

梁山崩

晉侯以傳召伯宗絳人謂之曰國君主山川故山崩川竭君爲之不舉降服乘縵徹樂出次祝幣史辭以禮焉其如此而已伯宗以告而從之○胡氏曰梁山韓國之鎮後爲晉所滅而大夫韓氏以爲邑焉書而不繫國若爲天下記異是以不言晉也絳人之語於禮文

備矣古之遇變異而外爲此文者行恐懼
脩省之心主於內若成湯以六事自責高宗
克正厥事宣王則身修行是也徒舉其
文而無實以光之何足以弭災變乎

秋大水○冬十有一月己酉天王崩

高氏曰不書葬罪
諸侯之不會也

十有二月己丑公會晉侯齊侯宋公衛侯鄭伯
曹伯邾子杞伯同盟于蟲牢

薛氏曰天王崩而爲盟會無王之甚也○李
氏曰鄭自邲戰後皆從楚至此始從晉而晉
人不能明尊王之義以示之汲汲於要之以
盟誓此所以竟不能服鄭雖再救而卒無功
也○杜氏曰晉齊序於宋上杞伯序
於諸侯之下者以強弱爲大小也

丙子周簡王元年　六年

春王正月公至自會。二月辛巳立武宮

武公名敖伯禽之玄孫。胡氏曰立武宮非禮也宮廟即遠有毀而無立故二昭二穆與太祖而五者諸侯之廟制也武公至是歷十一世其毀已久而輒立焉非即遠有終之意故特書曰立立者不宜立也。高氏曰武公在宣王時南征北伐佐王師有功而謚曰武焉至成公時季孫行父自多其功一旦出私意再爲立宮聖人於此書立武宮以著季氏僭亂矣作之由

取鄟鄟音專

胡氏曰鄟微國書取者滅之也滅而書取爲君隱也

衛孫良夫帥師侵宋

家氏曰去年冬宋與蟲牢之盟今一辭會而遽加以兵以爲未快復命○魯人繼之前日楚莊圍宋歷三時之久國幾斃而不能救今宋人辭命而侵之至再晉景昏愚諸大夫很肆事多類此春秋聯書魯衛二侵責晉深矣

夏六月邾子來朝○公孫嬰齊如晉○壬申鄭伯費卒○秋仲孫蔑叔孫僑如帥師侵宋

胡氏曰左氏載此師晉命也兵戎有國之大事邦交人道之大倫聽命於人不得已焉將能立乎春秋所以深罪之也

楚公子嬰齊帥師伐鄭

楊耻菴曰擅兵伐喪大罪也

冬季孫行父如晉○晉欒書帥師救鄭

高氏曰楚伐鄭喪而悼公不葬晉救雖至巳苦兵矣然而不肯背蟲牢之盟是以善其救也

丁丑周簡王二年　七年

春王正月鼷鼠食郊牛角改卜牛鼷鼠又食其角乃免牛

羅氏曰牛有力之畜何至爲鼷所食蓋將祭之犠設楅衡以制其角故鼷得而制之○劉子政曰鼠小蟲性竊盗鼷又其小者也牛大畜祭天尊物也角兵象在上君威也小小鼷鼠食至尊之牛角乃竊盗之將執國命以傷君威而害周公之祀也改卜又食天重譴告

之也

吳伐郯

吳姬姓子爵仲雍後郯已姓太皞後李氏曰吳自太伯奔吳五世至周章而武王克殷因封之吳又十四世至壽夢而始大僭稱王此即稱王之二年也蓋成公二年楚申公巫臣奔晉求通吳以罷楚吳兵始及上國矣○胡氏曰稱國以伐狄之也吳本太伯之後以族屬言則周之伯父也何以狄之爲其僭天子之大號也○項氏曰楚初主盟於蜀而吳巳伐郯入州來異時入郢之禍巳兆於此矣

夏五月曹伯來朝。不郊猶三望

杜氏曰間有事故書不郊○高氏曰三望因郊而設不郊則望祭之禮不備矣正祭巳

廢而舉其從祀此僖公之舉也祭從先祖蓋有惑焉

秋楚公子嬰齊帥師伐鄭公會晉侯齊侯宋公衛侯曹伯莒子邾子杞伯救鄭八月戊辰同盟于馬陵

王氏曰齊桓之救徐先盟于牡丘所以盟者爲救徐設也晉景之救鄭後盟于馬陵非特爲救鄭也有宋莒在焉宋以五年辭會魯衛受晉命侵之莒自晉文之卒至是始與盟約故知其因馬陵之會以固結之耳

公至自會。吳入州來

家氏曰吳伐郯春秋所憂也入州來又春秋所喜也州來楚之附庸要害之地吳得之可

以討楚也

冬大雩

酉戌之月猶需雨故書

衛孫林父出奔晉

高氏曰衛定公惡孫林父故逐之林父亡七年而恃晉返衛復專衛政又十九年遂逐其君卒以邑叛則定公可謂知所惡矣○家氏曰林父以結晉之權臣久矣至是奔晉挾盟主以抗其上未幾返國稱兵犯上逐其君更立所善之公子卒入戚以叛爲衛患者幾四十年晉實爲之也

戊寅 周簡王三年

八年

春晉侯使韓穿來言汶陽之田歸之于齊

汪氏曰來言則見晉命之緩蓋自知其言之不順而未能必魯之從否也曰歸之于則見取魯田之易晉卿之一言重於三軍而不敢固拒也○胡氏曰齊人貪得晉有二命穿也列卿無所諫止皆罪也為國以禮者無憚於強而魯侯微弱遂以歸齊而不能保其罪亦見矣

晉欒書帥師侵蔡

許氏曰侵蔡報伐鄭也大國爭衡而小國受敗春秋矜焉

公孫嬰齊如莒

杜氏曰因聘而逆○吳氏曰大夫托聘之名而自逆婦非禮也

宋公使華元來聘。夏宋公使公孫壽來納幣

家氏曰華元來聘乃宋公始使請婚俾通其意此媒氏之事而遣命卿魯既許之公孫壽繼至納幣再以卿行兩書宋使譏也。汪氏曰九年季文子致女復命穆姜再拜則。知伯姬乃宣公女穆姜之所出成公之妹也。孫氏曰納幣禮之小者無事則不書宋公納幣特書之所以起伯姬之賢也婦人不預外事其行事不聞見於人惟備書之可以見其賢耳伯姬傳母不至不下堂卒以火死春秋淫奔之世而伯姬火死春秋賢之故著其始終以見意焉納幣致女三國來媵卒葬無遺焉聖人樂人之善何如也公羊以為錄伯姬最為得之

晉殺其大夫趙同趙括

初晉趙嬰通於莊姬原屏逐之莊姬譖於晉侯謂原屏將爲亂欒郤爲徵晉討同括而殺之故稱國以殺而不去其官○汪氏曰或謂晉景因莊姬之譖而追論趙盾弑君之罪觀鄭人斲歸生之棺而滅其族則其事容或有之然史記稱屠岸賈誅趙氏殺趙朔趙同趙括趙嬰皆滅其族而春秋止書殺同括不書殺朔及嬰則不惟與傳牴牾亦且與經相戾蓋不足信也

秋七月天子使召伯來賜公命

劉氏曰錫命者爵也有加而賜所謂賜命也古者制三公一命衮若有加則賜也不過九命次國之君不過七命小國五命故賜者謂有加也以義觀之錫命者其世世相襲衮不驟矣賜命者服過其爵所以彰有德也成公未有大功明德而服過其爵譏僭賞也○愚

按天子即天王也說者以爲王者制治天下而主乎法也天子者養天下而主乎恩也成公無功而加命則恩之過矣故特稱天子以别之亦通

冬十月癸卯杞叔姬卒

陸氏曰諸侯無大功以下之服杞叔姬雖出猶書者爲喪歸杞故也

晉侯使士燮來聘叔孫僑如會晉士燮齊人邾人伐郯

家氏曰不能制楚而徒欲服鄭不能制吳而反欲責郯晉之君臣無能甚矣先書吳伐郯此書四國會伐郯不能救之又伐之若晉之罪所以貶也○高氏曰内討如殺趙同趙括外討如伐郯則何以爲政於天下哉

衛人來媵

胡氏曰媵者何諸侯有三歸嫡夫人行則姪娣從二國來媵亦以姪娣從凡一娶九女所以廣繼嗣三國來媵非禮也○程子曰媵小事不書伯姬之嫁諸侯皆來媵之故書以見其賢女子之賢尚聞於諸侯況君子乎或曰魯女之賢豈能聞於遠乎曰古者娶女與非嫡者則求爲媵因爲之擇賢小君則諸侯國之賢女當自聞也

己卯周簡王四年

九年

春王正月杞伯來逆叔姬之喪以歸

汪氏曰宋襄公母出歸於衛襄公即位其母思之義不可往賦河廣之詩而聖人取之出妻固與廟絶不能復反是以鄭氏謂出歸未反而逆其喪非禮也然春秋書叔姬卒與

杞伯逆喪以歸悉無貶辭則知叔姬無悖德反義之行故杞桓公猶逆其喪夫在而逆喪歸葬自應祔廟與宋襄公母不同矣○胡氏曰夷考杞叔姬之行雖賢不若宋共姬亦不至於鄫季姬之越禮也杞伯初來朝魯然後出之卒而復逆其喪以歸者豈非叔姬本不應出故魯人得以義責之使復歸葬乎

公會晉侯齊侯宋公衛侯鄭伯莒子杞伯同盟于蒲

張氏曰晉因諸侯之貳不自反其失信返汶陽田之非而復會諸侯同盟以威制約束之然自此鄭魯俱有叛晉之心執鄭盟魯紛紛甚矣治人不治反其智同盟豈所以一諸侯哉

公至自會○二月伯姬歸于宋

劉氏曰諸侯逆女而不書者君
自逆也自逆則常事不書矣

夏季孫行父如宋致女

程子曰女旣嫁父母使人安之謂之致女古
者三月而廟見始成婦也伯姬賢魯國重之
使卿
致也

晉人來媵○秋七月丙子齊侯無野卒○晉人
執鄭伯晉欒書帥師伐鄭

楚人以重賂求鄭鄭伯會公子成於鄧鄭伯
如晉晉人執諸銅鞮欒書伐鄭鄭使伯蠲行
成晉人殺之○高氏曰鄭伯雖與楚會旋即
悔過而躬朝於晉晉人當舍其前失而待之
以禮可也豈有以禮來朝而反蒙執辱者哉
又況鄭伯使伯蠲行成而殺之耶春秋所以

罪晉而入之也○胡氏曰楚子重侵陳以救鄭削而不書者鄭亦有罪為夫皆荆即華正也今以重賂故文與楚會則是惟利之從而不要諸義也故鄭無可救之善楚不得有能救之名也

冬十有一月葬齊頃公○楚公子嬰齊帥師伐莒庚申莒潰楚人入鄆

鄆莒别邑渠丘潰不書若以國都為重也繼書入鄆者國破君奔别邑而又入之著陵暴之無已也○家氏曰楚之伐莒以救鄭也莒同盟馬陵及蒲晋坐視其危亾而莫之恤春秋所惡也鄭會楚則執其君以伐之莒敝於兵則置不問盟主之道固如是乎○胡氏曰按左氏楚子重自陳伐莒圍渠丘城惡衆潰楚師圍莒莒城亦惡庚申莒潰楚人遂入鄆

莒恃其陋不修城郭浹辰之間楚克其三都信無備矣然兵至而民逃其上不能使民效死而不去則昧於為國之本也雖隆莒之城何益乎

秦人白狄伐晉

胡氏曰中國友邦自相侵伐已為不義又況與白狄共焉不亦甚乎○楊趾菴曰前晉以白狄伐秦今秦即以白狄伐晉所謂自作自受也

鄭人圍許

張氏曰君在外而與兵復怨此大臣之罪也

城中城

薛氏曰中城者郭之内而宮中之外也不能自治而夾城重險故穀梁謂之外民也○汪

氏曰諸侯有道守在四鄰諸侯卑守在四境不務脩政撫民而僅完國中之城以自守其能保乎

庚辰　周簡王十年

五年

春衛侯之弟黑背帥師侵鄭

吳氏曰晉既執鄭伯矣又命衛書伐鄭矣又使衛侵之霸國之所為如此其何以服鄭之心乎

夏四月五卜郊不從乃不郊

吳氏曰二月下旬初卜三月上旬再卜三月下旬三卜不從則當止而不郊矣乃於三月下旬四卜又於四月上旬五卜五卜不從而後不郊瀆神甚矣

五月公會晉侯齊侯宋公衛侯曹伯伐鄭

鄭人立髡頑子繻武子曰鄭人立君我執一人焉何益不如伐鄭而歸其君以求成焉○高氏曰晉既敗人之國使其君臣變亂而後伐之而歸其君春秋惡首亂不以舍服與之也

齊人來媵

傳稱媵必同姓然寡姓之國何以給之觀齊人以姜姓而媵伯姬則媵不必同姓可見○家氏曰自入春秋內女適他國者有矣諸國之來媵者皆不書至是伯姬歸于宋衛人晉人齊人皆來媵蓋伯姬有賢行諸侯慕之雖齊晉之大忌其勢而樂以女爲媵聖人備書抑亦譏其過制也○楊恥菴曰歸期定而後媵來與嫡僭行多寡遲速皆譏也今衛失之速晉失之遲齊失之踰數詳書而分責之五國同受其咎矣又曰如是則三媵十二女矣

蓋魯以宋為王者之後而不知禮不可同於王者遲速又不足道矣

丙午晉侯獳卒○秋七月公如晉

胡氏曰此葬晉侯也而不書諱之也天子之喪動天下屬諸侯諸侯之喪動通國屬大夫公之葬晉侯非禮也○高氏曰公昔不奔天王之喪今乃奔晉侯之喪又為晉人所執使之送葬故聖人於景公之葬没而不書

冬十月

辛巳周簡王六年

十有一年

春王三月公至自晉○晉侯使郤犨來聘己丑及郤犨盟○夏季孫行父如晉

晉侯卒葬而使大夫行

聘禮於魯可乎

張氏曰公之至自晉也既受盟矣及文子之聘也亦且涖盟焉春秋皆不書而獨書郤犨之涖盟何也蓋成公自汶陽之歸齊也欲貳晉而不果然嫌隙竟章無以自明晉因公之朝而止之數月公請受盟而後使歸又使郤犨來聘而涖盟魯使行父往則又從而盟之據遂大之勢要君臣之盟皆魯之耻也惟郤犨聘而盟春秋以荀庚孫良夫例而書之若成公之受盟與行父之涖豈能得晉君而盟之乎亦大夫盟之耳不書而諱者皆魯之耻也

秋叔孫僑如如齊

許氏曰魯蓋邀晉之德禮不施將貳於齊而未能者與

冬十月

壬午　周簡王七年

十有二年

春周公出奔晉周公名楚

高氏曰周無出也天下皆周也周公爲天子三公而不能同寅協恭乃與伯輿爭政不勝而出王既復之又違命而奔於諸侯之國是自絕於周故書出以爲萬世之戒是時王室衰微號令不行於天下故逋逃之臣諸侯敢受之書此而晉罪昭然矣○趙氏曰周之盛時王臣有罪放殺屏竄惟上所令未聞有罪而弃然自奔也王之所弃天下同弃之大則討之以敵王所愾小則執之以歸於向人未聞黜於周而保於晉也周室不綱晉爲逋逃主眤比罪人以抗天子其罪何可勝誅哉

夏公會晉侯衛侯于瑣澤

劉氏曰據左氏則瑣澤之會本以合楚鄭也今楚鄭不至魯衛是會何耶且合晉楚者宋

也宋亦不與又何耶凡晉楚爲平則應大合諸侯以申成好令三國會而已又何耶然則傳之言不足信也○呂氏曰瑣澤之會爲伐秦起文耳明年春使郤錡來乞師五月會諸侯伐秦比事而觀之可見矣

秋晉人敗狄于交剛　交剛狄地

劉氏曰春秋於狄未有言戰者蓋中國可教以禮義故不結日不偏陳雖有道猶惡之狄不可與言禮義其來爲寇能勝之而已矣雖不結日不偏陳無譏焉○高氏曰此狄蓋白狄也先敗狄而後伐秦是知報九年之役也

冬十月

癸未　周簡王八年

十有三年

春晉侯使郤錡來乞師

張氏曰自齊桓以來召兵侵伐雖不出於王命然據霸討罪爲中國鄉猶足以令諸侯也今晉以私怨報秦則其義不足以令諸侯矣故懼其不從而卑辭以乞之春秋直書以見其舉事不公自貶霸體也

三月公如京師

氏氏曰公朝於王所者時王不在京師故指王之所據王言之不得不稱朝此則王在京師京師是國之總稱不可稱朝故依尋常朝聘於鄰國之文稱如而已

夏五月公自京師遂會晉侯齊侯宋公衛侯鄭伯曹伯邾人滕人伐秦

高氏曰公如京師專行之辭也然本會晉伐秦道過王畿不得不朝舉其可道者志敬也然上書晉來乞師下書公自京師遂會伐秦則是挾他事以往而非專行乃志其不敬也其辭若志敬而實志不敬此春秋微辭也夫諸侯擅興兵而大會於京師罪之大者故聖人詳言之以著其惡也○家氏曰書如京師自京師録之其猶知有王也書自京師會諸侯伐秦示禀王命若征伐自天子出焉此春秋存周之意也劉康公成肅公皆行不書晉與秦私鬭上公不當與俱不書劉成義在此乎○陳氏曰但書伐秦不言戰畧之也自狄秦以來秦晉之相加兵皆畧之故戰于桑隧秦師敗績但書伐秦戰于櫟晉師敗績但書伐晉以爲不見詳焉耳

曹伯廬卒于師

楊[illegible][illegible]曰[illegible]公以[illegible]固非正終之道然[illegible]者晉[illegible]之[illegible]豈特無王而

己卯

秋七月公至自伐秦

孫氏曰不以京師至者明本非朝京師也○王氏曰此年書法抑揚予奪倒變無窮始書乙師知伐秦膺公意也次書如京師知成公之朝非專过也次　自京師伐秦使若繼事焉不可過天子也卒書至伐則著公之此行非爲朝王名言其實也春秋之辭微而顯非聖人孰能脩之

冬葬曹宣公

甲申　周簡王九年

十有四

春王正月莒子朱卒渠丘公

徐邈曰葬稱諡莒行夷禮君終無諡故不書葬

夏衛孫林父自晉歸于衛

春衛侯如晉晉侯強見孫林父焉定公不可夏晉侯使郤犨送孫林父而復之○高氏曰晉受衛國甯逃罪戾之臣又強難之故書自晉歸○趙氏曰林父脅晉以得入知衛侯畏晉而不敢治已則肆惡於衛甯何忌哉故其後卒至於數所以叛衛者林父也而致林父之叛者晉也晉侯之罪當加林父一等故吾以爲春秋責晉爲尤重也

秋叔孫僑如如齊逆女○鄭公子喜帥師伐許

許氏曰鄭偪許楚 鄭以國大小兵力強弱更相吞噬蠻 夏一道人理盡矣

後仲遂亦未可知

九月僑如以夫婦姜氏至自齊僑如不氏蒙文也稱婦宣公夫人穆姜尚存也大夫而以夫人至則不親迎之失著矣○李氏曰夫人有姑而稱婦者三文四年逆婦姜宣元年婦姜至皆不書氏惟此齊姜書氏無貶辭也○趙氏曰書氏傳寫誤二說不同未知孰是

冬十月庚寅衛侯臧卒○秦伯卒諡桓公

乙酉周簡王十年十有五年

春王二月葬衛定公○三月乙巳仲嬰齊卒公孫歸父奔齊魯使其弟嬰齊後之○李氏曰以仲遂生而嬰氏俾世其卿之說考之則仲固爲旅無可矣○劉氏曰嬰齊孰後後歸父也歸父出齊魯人徐傷其無後也

於是使嬰齊後之非正也古者蓋一昭一穆

癸丑公會晉侯衛侯鄭伯曹 宋世子成齊國佐邾人同盟于戚○晉侯執曹伯歸于京師

胡氏曰稱侯以執霸討也何以爲霸討晉合諸侯伐秦曹宣公卒於師曹人使公子負芻守使公子欣時逆曹伯之喪負芻殺其太子而自立至是晉侯執之又不敢自治而歸於京師使即天刑夫是之爲霸討春秋執諸侯者衆矣未有執得其罪如此者故獨書其爵○張氏曰春秋爵廣公而貶曹伯與其討也然猶不擯曹伯之與盟者以爲先執曹令諸侯然後盟之乃書晉也觀曹人請於晉曰若有罪則君列於會矣由一舉措之不當遂開釋姦之[illegible]夫哉

公至自會○夏六月宋公固卒○楚子伐鄭○秋八月庚辰葬宋共公共音恭○宋華元出奔晉宋華元自晉歸于宋宋殺其大夫山宋魚石出奔楚

李氏曰公羊注引春秋說言宋公卒子幼華元以憂國爲大夫山所譖出奔晉晉人理其罪宋人反華元而誅山故繁文大之也言歸者明出入無惡魚石與山有親恐見及故奔楚也如左氏說則魚石亦自知其罪又知華元之有大功寧自奔反華元華元又立向戌以存桓氏矣何至後來魚石親爲亂首入彭城以披宋乎

冬十有一月叔孫僑如會晉士燮齊高無咎宋

華元衛孫林父鄭公子鰌邾人會吴于鍾離鍾離楚地

程子曰吴益强大求會于諸侯諸侯之衆往而從之故書諸國往與之會以見吴盛而中國之衰也○孫氏曰諸侯大夫不敢致吴子也吴子在鍾離故相與會之耳

許遷于葉

高氏曰許畏鄭而南依楚故以自遷爲文周簡王十有一年

丙戌

十有六年

春王正月雨水冰

朱子曰上温故雨而不雪下冷故著木而冰○高氏曰劉貴謂水者少陽責臣卿大夫之

象天人之應或可推也漢儒之學豈無所受但不當每事求合耳

夏四月辛未滕子卒謚文公○鄭公子喜帥師侵宋○六月丙寅朔日有食之○晉侯使欒黶來乞師

程子曰時以穆姜叔孫僑如將作難故師出後期

甲午晦晉侯及楚子鄭伯戰于鄢陵楚子鄭師敗績鄢陵鄭地

鄭人聞有晉師使告於楚楚子救鄭楚晨壓晉軍而陳晉塞井夷竈陳於軍中而疏行首及戰呂錡射王中目楚人宵遁晉入楚軍三日穀楚稱爵傷其躬也鄭稱師喪其衆也君

傷不言師敗上下之體不以楚而縻之也○高氏曰晉將伐鄭鄭告於楚楚子逺引師而來於是晉不暇侯諸侯之兵先與合戰而敗之我既未致伐於彼彼亦非來伐於我故直言戰而已○汪氏曰春秋二百四十二年晉勝楚者惟城濮鄢陵而已自宋襄泓之敗楚頵横行列國至城濮而沮其志自荀林甫邲之敗楚之凌駕尤甚嬰齊盟蜀諸侯之大夫從之者十有一國至鄢陵而挫其鋒前此未有諸侯助楚以戰者惟鄢陵之役鄭伯佐楚共以敵晉使無呂錡射目之勝則楚將倚鄭爲援長驅中原其害可勝言耶所可惜者厲公始無制勝之大計不能堅忍持重從欒書固壘之謀以困楚終之持勝之實德不能修政於内而徒務求逞於外是以三假王命以伐鄭而鄭伯不服聽讒譖之言而刀鋸日弊卒及於難迹其所爲去楚虔無幾耳由是論之鄢陵之戰固不可不勝而厲公無取勝之

道所以不
能罰也

楚殺其大夫公子側

汪氏曰楚審躬臨戰陳以罷卒致敗而集矢於其目乃歸咎於司馬側而殺之亦異於秦穆公之不替孟明者矣傳稱王使止之弗及與而死蓋亦僞耳嬰齊身爲令尹以將左軍與側相惡使敵國諜臣知其莫有鬭心而委罪於側何耶春秋稱國以殺不去其官所以著楚君大臣之罪也

秋公會晉侯齊侯衛侯宋華元邾人于沙隨不見公公至自會宋地沙隨

程子曰晉怒公之後期故不見公君子正已而無恤乎人魯之後期國難故也晉不見爲

非矣彼曲我直故不足恥也

公至自會

楊耻菴曰伐重於會故雖以伐出而實未與伐不可以伐至會輕於伐故雖未與會而實已赴會不妨以會至

公會尹子晉侯齊國佐邾人伐鄭

尹子王卿士前此王臣與會王師不行故劉子成子會伐秦不書至是王臣始與伐而六軍之衆皆爲覇主之所摟蓋勝秦勝楚之後氣驕而陵上也○家氏曰桓文大征伐必以王命行之厲用師四方必請王朝公卿與俱而兩年之間三伐鄭尹單奔走轍不及息謂之挾天子以令諸侯可也謂之尊天子而正諸夏則未也

曹伯歸自京師

程子曰曹伯不名不稱復歸王未嘗絕其位也自京師王命也○愚按負芻殺世子不書於經故楊耻菴疑曹伯之無辜或者以爲世子疾卒而負芻即擅立伯忿爭者譖之盟主而以弒加之徐而王朝察其非實也斯釋之矣不然則大逆何以不名而子臧黨賊而不請討文烏得爲賢乎

九月晉人執季孫行父舍之于苕丘苕丘晉地

宣伯通於穆姜欲去季孟而取其室郤犨取貨於宣伯而訴公於晉侯晉侯不見公公會諸侯伐鄭宣伯使告郤犨請止行父而殺之我斃蔑也不然歸必叛晉晉人執季文子于若丘舍者賓也○劉氏曰執而未至故不可言以歸而著舍之於苕丘焉此春秋別嫌明

徵愼用獄之意也

冬十月乙亥叔孫僑如出奔齊

高氏曰季孫得釋將與公皆歸故僑如懼罪而出奔魯人立其弟豹以爲叔孫後是爲穆叔

十有二月乙丑季孫行父及晉郤犨盟于扈

子叔聲伯謂郤犨曰蔑與行父魯國社稷之臣也若朝亡之魯必夕亡范文子亦謂欒武子以季孫爲忠乃許魯平赦季孫而盟之○汪氏曰晉不見公而盟季孫晉人下比之端兆於此矣

公至自會乙酉刺公子偃刺七賜反

戰於鄢陵之日公將行穆姜送公而使逐季孟公請反而聽命姜怒公子偃公子鉏趨過指之曰是皆君也然鉏尚幼故公歸而止刺

偃寘穆姜於東宮。高氏曰大夫執則至行父不至者公待行父偕歸焉舉公以爲重也。吳氏曰偃雖爲穆姜所出然不過脅公使從已耳未見姜眞有廢立之謀而偃寘有令將之心也令僑如旣逐成公當修身齊家以感化其母威權在已則偃雖眞有邪謀亦焉所施乃不能制其母而怒其弟竟殺之其視舜之所以處象者何如也公子者非氏也屬也言先公之子也而可殺乎

丁亥周簡王十有二年

十有七年

春衛北宮括帥師侵鄭。夏公會尹子單子晉侯齊侯宋公衛侯曹伯邾人伐鄭六月乙酉同盟于柯陵柯陵鄭地。秋公至自會

汪氏曰成王少子臻食邑於單世爲卿士○薛氏曰前此征伐未嘗出王官也未嘗盟卿士也去年王官出今年卿士盟三伐鄭而鄭不服無益於事徒以爲亂而已

齊高無咎出奔莒

齊慶克通於聲孟子鮑牽以告國武子武子召慶克而謂之慶克告夫人夫人怒國子相靈公以會高鮑處守及還將至閉門而索客孟子訴之曰高鮑將不納君而立公子角國子知之秋七月刖鮑牽而逐無咎無咎奔莒○許氏曰靈公不公其聽自沈帷□奔其世臣以長禍亂悲夫惟巧言能使閉門索客著爲不納君也○劉氏曰無咎身爲卿佐而不能謀國正君以致疑閒至於見逐亦不爲無罪矣故書奔無異文

九月辛丑用郊

吳氏曰九月夏時孟秋建申之月豈郊之時乎不卜日不卜牲而從用其禮焉故曰用非時之盡不敬之大也

晉侯使荀罃來乞師。冬公會單子晉侯宋公衞侯曹伯齊人邾人伐鄭十有一月公至自伐鄭

李氏曰晉自鄢陵以後兵威非不振霸事非不舉而鄭卒不服者以厲公無服人之德也

壬申公孫嬰齊卒于貍脤貍力之反脤市軫反

李氏曰以下文十二月丁巳朔推之則壬申爲十月十五日故杜氏以爲誤

十有二月丁巳朔日有食之。邾子貜且卒諡定

公

○晉殺其大夫郤錡郤犨郤至

晉厲公侈多外嬖反自鄢陵欲盡去羣大夫而立其左右胥童夷羊五長魚矯等以戈殺駒伯苦成叔於其位及溫季於車殺之皆尸諸朝胥童以甲劫欒書中行偃於朝矯曰不殺二子憂必及君公不忍矯出奔胥童爲卿

○張氏曰郤氏雖多怨既爲大夫則其君之股肱也厲公不正其有罪無罪而用嬖倖之計一朝殺三卿又劫欒書中行偃能無及乎此春秋所以列書而深罪之也

楚人滅舒庸 舒庸東夷偃姓

戊子周簡王十有三年 十有八年

春王正月晉殺其大夫胥童

高氏曰宋督殺孔父而弑殤公春秋書及其大夫書偃弑胥童而弑厲公而書晉殺其大夫蓋孔父忠於殤公者胥童嬖於厲公者也嬖臣導君爲不道亡其身以及其君故春秋兩治之以爲萬世戒○家氏曰三郤之死厲殺之也胥童之死書偃殺之也春秋一以國殺爲之文著胥童導君作難而其君由是以殞童亦晉之罪人也人臣與君俱死於難是之謂死節胥童與厲公先後死春秋繫之國爲其有當誅之罪也使童大節可錄則必用孔父牧息之例繼其君而書死矣

庚申晉弑其君州蒲

公遊於匠麗氏欒書中行偃遂執公焉使程滑弑之葬之於翼東門之外以車一乘使荀罃士魴逆周子於京師而立之○張氏曰聞之師曰稱國以殺者衆弑其君之辭也孟子論貴戚之卿曰君有大過則諫反覆之而不

聽則易位厲公之過大矣既用小人殺戮無辜舉朝公卿不保首領書偃晉之世臣以社稷爲心可以行易位之權而程滑遽弒之故稱國以弒而不言二臣分其惡於衆也悼公逐不臣者七人而不誅書偃非里克甯喜之比故也○愚按晉人二年之間殺四大夫弒一君而皆稱國所以著人情之同也三郤怙勢歛怨人所忌嫉厲公君臣因衆怨而弒之胥童邪使逢君人所忿憾書偃二卿因衆怒而殺之故皆稱國以殺所以爲人臣之戒也厲公無道夷戮世臣舉國不服故稱國以弒所以爲人君之戒也抑又以見權臣擅國則百官萬姓莫非其黨以正道討之尚不免高貴卿公之禍而況以無道行之其能無反噬之悔乎予臨兆民凜乎若朽索之馭六馬其亦可畏矣哉他日中行偃夢厲公以戈斷其首正如沈約夢齊和帝以刀斷其舌也此心之靈皎如日月焉可歎乎

齊殺其大夫國佐

高弱奔盧及崔杼慶克圍之國佐從諸侯圍鄭以難請而歸遂如盧師殺慶克以穀叛齊侯復之甲申晦使士華免殺之張氏曰國佐叛而後復後之意靈公非不知國佐之直與慶克之內亂宮闈也卒殺國佐則靈公之智又下魯成數等矣國佐不能見幾而去以邑叛君又仕危亂之朝身死宮闈非不幸矣

公如晉○夏楚子鄭伯伐宋宋魚石復入于彭城

魚石首惡故不書向爲人鱗朱向帶魚府等孫氏曰此楚鄭闚晉之變伐宋取彭城與魚石守之以逼宋也不與楚鄭伐宋取邑以與魚宋叛臣故以魚石自入犯君爲文○劉氏曰諸侯失國諸侯納之正也諸侯世也大夫失

位諸侯納之非正也大夫不世也。胡氏曰其言復入者已絕而復入惡之甚者宋魚石晉欒盈是已

公至自晉。晉侯使士匄來聘

許氏曰公朝始至而聘使繼至晉悼之下諸侯肅矣此列國之所以睦而叛國之所以服也

秋杞伯來朝。八月邾子來朝。築鹿囿

李氏曰成公自朝晉而歸士匄來聘杞邾來朝蓋晉悼之初欲親魯以成霸業故致此耳而成公遽自以爲安肆意於苑囿之樂所謂國家閒暇及是時般樂怠敖者也

己丑公薨于路寢。冬楚人鄭人侵宋

汪氏曰書楚鄭侵宋而不日救彭城彭城不可救也比事考之黨叛臣之迹見矣

魯喪未葬而晉悼使來乞師非禮也

晉侯使士魴來乞師○十有二月仲孫蔑會晉侯宋公衛侯邾子齊崔杼同盟于虛朾朾他丁反虛朾宋地

高氏曰諸侯師至而楚鄭之師已退故宋人辭諸侯而請其師以圍彭城而先爲此盟也

丁未葬我君成公

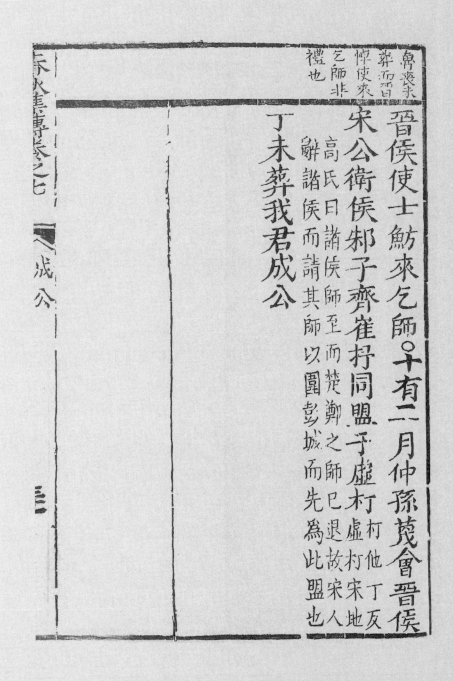

春秋集傳卷之

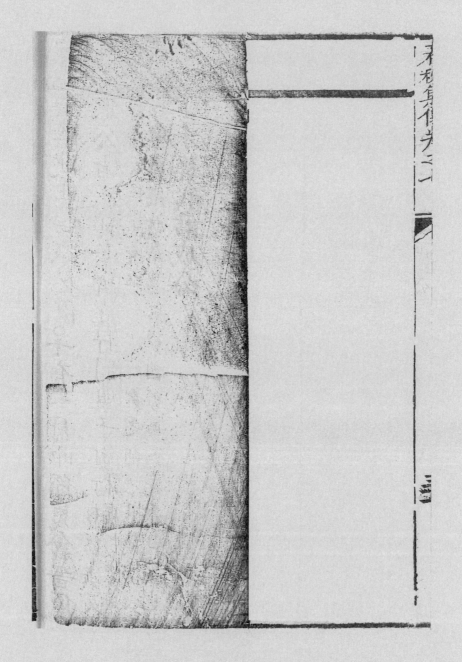

春秋集傳卷之八

湘川李文炤編輯

襄公

名午成公子謚法因事有功曰襄

己丑周簡王十有四年

元年

春王正月公即位。仲孫蔑會晉欒黶宋華元衛甯殖曹人莒人邾人滕人薛人圍宋彭城

左氏曰非宋地追書也於是爲宋討魚石故稱宋且不登叛人也謂之宋志晉人以宋五大夫在彭城者歸寘諸瓠丘。胡氏曰楚已取彭城封魚石戍之三百乘矣則曷爲繫之宋楚不得而取之魚石不得而受之楚雖專其地君子不登叛人所以正疆域固封守謹王度也。師氏曰苟書彭城而不書宋則無以見魚石之不臣楚子之獎亂與夫諸侯討叛

之功矣。李氏曰魚石倚楚爲援據邑要君非人臣之禮晉侯始起卽合諸侯討之可謂急於爲義矣

夏晉韓厥帥師伐鄭仲孫蔑會齊崔杼曹人邾人杞人次于鄫鄫鄭地

高氏曰晉以韓厥已足以當鄭不使重勤東諸侯之師故使次于鄫以震鄭心且備楚師之出也。趙氏曰晉之圖鄭亦可謂有謀矣以韓厥獨攻其前以五國之兵援其後楚兵不出則一韓厥足以奪鄭而有餘楚兵出則五國之師足以鬭楚而不懾此皆所以謹用諸侯不忍輕鬭其民也書伐書次美其得問罪之舉

秋楚公子壬夫帥師侵宋

汪氏曰楚憤宋之復彭城且欲援鄭而退諸侯之師故復釋憾於宋

九月辛酉天王崩。邾子來朝。冬衛侯使公孫剽來聘晉侯使荀罃來聘

楊耻菴曰禮諸侯相見揖讓入門聞天子崩襄又童子侯不朝而喪事尚質聞天子之喪則必崩今三國之朝聘有不聞天王之崩有聞天王之崩者矣但是後不聞有奔喪之事而襄公雖幼能受朝聘而獨不能奔喪何也比事以觀其失與可見矣

壬寅

周靈王元年

二年

春王正月葬簡王。鄭師伐宋。夏五月庚寅夫人姜氏薨。六月庚辰鄭伯睔卒睔古困反

諸侯之大夫專會以謀鄭政在大夫也

高氏曰不書葬者以成公背中國故諸侯不會其葬也

晉師宋師衛甯殖侵鄭

蘓氏曰鄭雖有畔中國之罪而伐其喪非禮也。張氏曰士匄侵齊聞喪而還春秋予之則茲伐喪之罪不待貶而自見矣

秋七月仲孫蔑會晉荀罃宋華元衛孫林父曹人邾人于戚。己丑葬我小君齊姜

杜氏曰齊謚也三月而葬速也

叔孫豹如宋。冬仲孫蔑會晉荀罃齊崔杼宋華元衛孫林父曹人邾人滕人薛人小邾人于

戚遂城虎牢

虎牢者鄭巖邑也自平王東遷鄭武公爲卿士王賜之虎牢以東後失其地鄭厲公納王而王復與之焉然齊桓之霸悅申侯而與之虎牢則固未嘗以爲中國之輕重也是必城郭頹毀池隍湮蕪孟獻子獨知其爲中國之要領故獻策於知武子而請城之未嘗强戰爭奪故不書取而不繫之鄭也既城之後則屹然扼鄭之吭而捬其背鄭安得不終服乎是故楚丘不繫衛緣陵不繫杞虎牢不繫鄭皆自野外而創建之之辭也○汪氏曰當悼公之霸近楚之列國若陳若蔡若許已服役於楚夷於屬縣而鄭以王室懿親畿內大國亦屈而從楚苟非扼虎牢之險以制其弃同即與之心則楚將越鄭而東蹂躐北方之境矣故虎牢之城不繫於鄭也

楚殺其大夫公子申

劉氏曰嬰齊壬夫與申三人者執楚之政申賄而專嬰齊壬夫畏其偪已也而殺之故稱國以殺罪累上也

辛 周靈王

郟 二年

三年

春楚公子嬰齊帥師伐吳

高氏曰楚始志伐吳吳與鍾離之會故也楚自鄢陵之敗勢稍屈於中國畏中國諸侯並力謀之而吳乘其間故先伐吳以張其勢

公如晉

高氏曰童子侯不朝王蓋不可接以成人之禮也豈可反朝同列乎

夏四月壬戌公及晉侯盟于長樗公至自晉

高氏曰出國都以與公盟此悼公之敬也○家氏曰不於國都而盟於外謙也魯君童稚之年晉悼勤於用禮書以美之

六月公會單子晉侯宋公衛侯鄭伯莒子邾子齊世子光己未同盟于雞澤雞澤晉地

汪氏曰悼公自京師歸而得國故會單頃公假王命以求諸侯也春秋於柯陵平丘及此盟皆不再舉諸侯所以著王臣與盟而貶其瀆分之罪也葵丘之盟宰孔不與而再書諸侯則齊桓謹分之美見矣○李氏曰日在諸侯下所以別會與盟之異日也會與盟異日而不重出地者非甚美惡則仍舉重之例也

陳侯使袁僑如會戊寅叔孫豹及諸侯之大夫及陳袁僑盟

趙氏曰悼公所以霸諸侯之效在得陳得鄭而已然鄭以君會而陳以臣至勢不可以君臣同盟故雞澤之盟以諸侯盟鄭之君戊寅之盟以大夫盟陳之臣尊卑之分不其正與蓋鄭伯之來既與雞澤之盟矣袁僑至而無以質之則懷附之心不固苟復自及其盟則袁僑實亢而霸主之權不尊故以大夫盟之則晉無屈已之辱而僑無亢君之罪其禮甚安而分甚明此所以見悼公之賢也○陳氏曰以大夫盟袁僑晉侯不欲袁僑訌諸侯也雖然有諸侯在而大夫盟於是始悼公爲之也諸侯在而大夫自爲盟而後大夫專盟矣

秋公至自會○冬晉荀罃帥師伐許

張氏曰荀罃悼公之賢大夫也偶見陳人之服不能輔悼益脩德以保陳陳固則許何患其不來今遽帥師以問罪於許規模欲速宜其並陳不能保也

壬辰　周靈王三年

四年

春王三月己酉陳侯午卒

襄公名午孔子作春秋在哀公時曷不諱其皇考之名乎詩書不諱臨文不諱故莊公名同而書同盟僖公名申而書戊申定公名宋而書宋人一也若晉廢司徒宋廢司空魯廢具敖二山皆過於禮者矣

夏叔孫豹如晉

左氏曰穆叔如晉報知武子之聘也

文子意自是乃畏人言卒從非禮奈何

秋七月戊子夫人姒氏薨

杜氏曰成公安襄公母

葬陳成公○八月辛亥葬我小君定姒

許氏曰傳載季文子欲不以夫人之禮葬定姒而不得已於人言卒夫人之觀此速葬禮畧也

冬公如晉

公有母喪復如晉朝非禮也然公是時方七歲耳雖魯執政之失輔而晉之勤勞諸侯亦至矣

東人圍頓

李氏曰陳圍頓以甚楚人之怒與鄭獲公子爕以激楚之爭二事正相類皆連兵數載而不息非處已寡怨之道也且楚昔嘗圍陳而納頓今陳復圍頓以怒楚禍患之極安有已或逃歸之兆在此矣

癸巳周靈王四年

五年

春公至自晉。夏鄭伯使公子發來聘

李氏曰魯與鄭自輸平來盟之後未嘗有聘問之使終春秋僅見於此則以悼公之盛諸侯之睦也

叔孫豹鄫世子巫如晉

劉氏曰鄫不勝莒魯之患求爲附庸以自定鄫屬於魯爲附庸故相與往見於晉也諸侯

死社稷正也不能守其國以卑其宗廟鄙失正矣天子建附庸非天子命而私有之魯失正矣臣不能以矯其君子不能以正其父故曰叔孫豹鄫世子巫如晉猶吾大夫焉交譏之

仲孫蔑衛孫林父會吳于善道善道吳地

張氏曰悼公初立其風聲所及遠人慕之故吳有志於親中國辭謝雞澤之不會而請聽後會之期悼公告以會戚之期而聽其自來足矣至使魯衛特從會之則是以中國大邦而爲蠻方所屈此二大夫會吳所以特書也

秋大雩○楚殺其大夫公子壬夫

鄢陵敗後而連殺三大夫遷怒之甚也仕暴君之朝者可以省矣

公會晉侯宋公陳侯衛侯鄭伯曹伯莒子邾子

滕子薛伯齊世子光吴人鄫人于戚公至自會

穆叔以屬鄫爲不利使鄫大夫聽命於會則魯人之二三其德可知以其微弱故序吴之下也○程子曰吴來會非爲主也○石氏曰凡序吴者來會我也殊吴者往會之也

冬戍陳楚公子貞帥師伐陳公會晉侯宋公衛侯鄭伯曹伯齊世子光救陳十有二月公至自救陳

家氏曰戍者戍之於無事之時救者救之於被兵之日悼公既以諸侯之師戍之及楚師之來以戍爲未足又動大兵往救焉書戍書救以善晉也○杜氏曰諸侯在戚會皆受命戍陳各還國遣戍不復有告命故獨書魯戍○程子曰非王命而勤民遠戍罪也而善於

戍陳何哉蓋陳附中國而楚爭之則戍之者在於動陳而距楚與之可也○李氏曰范宣子憂晉之不能保陳與管仲憂齊之不能保江黃正相類甚矣遠人之來固不可不恤而中國之力亦不可不量也然則晉之竭力以救陳視齊之坐視不顧者又有間矣

辛未季孫行父卒

左氏曰相三君矣而無私積可不謂忠乎

甲午 周靈王五年

六年

春王三月壬午杞伯姑容卒○夏宋華弱來奔

華弱謗子蕩子蕩以弓梏華弱於朝平公見之遂逐之亦逐子蕩○高氏曰不言逐而以自奔為文者朝廷尚敬而弱瀆慢如此所以罪弱也

秋葬杞桓公○滕子來朝○莒人滅鄫

李氏曰四年公如晉請屬鄫晉以鄫屬魯其冬邾人莒人伐鄫臧孫紇救鄫侵邾敗於狐駘五年穆叔覲鄫世子巫於晉九月會于戚穆叔以屬鄫爲不利使鄫大夫聽命於會六年莒人滅鄫晉人來討季武子如晉謝亡鄫此鄫事之本末也○消氏曰莒人以兵破鄫立其子使守之而爲附庸其子又鄫之外甥今奉鄫祀然神不歆非類是使鄫絕祀故須書滅鄫今滅爲附庸後魯取鄫故復書取也○愚按春秋之世滅人之國恒脩其祀故曰若晉取虞而明德以薦馨香神其吐之乎抑何飾詐之甚也今有盜焉入室廬逐主人而飲食以娛其羸老彼肎嘗之否耶天子崩諸侯薨祝取顓主而藏之爲其哀傷也而況於滅亡子曰然則諸侯祭因國之在其地者非與曰此謂古昔之先民不謂當前之仇敵也

神道豈遠
於人情哉

冬叔孫豹如邾○季孫宿如晉

許氏曰魯既世卿而大夫無
復三年之喪哀典廢於下矣

十有二月齊侯滅萊

萊亦姜姓而齊侯不名故
知滅同姓名之說誤也

乙未　周靈王六年

七年

春郯子來朝○夏四月三卜郊不從乃免牲

汪氏曰三卜雖得禮而卜郊止於三月今書
四月而三卜不從則過時不敬以致龜違書
以譏非時而非
譏其瀆卜也

小邾子來朝○城費

胡氏曰費季氏邑也南遺爲費宰叔孫昭伯爲隧正欲善季氏而求媚於南遺謂遺請城費吾多與而役無故勞民妄興是役季氏益張其後孔子行乎季孫三月不違至於帥師墮費其越禮不度可知矣然則書城費乃履霜堅氷之戒強私家弱公室之萌用人不惟其賢惟其世豈不殆哉○家氏曰季孫行父身死子繼首城賜邑將以抗君而專國春秋書以著犯上作亂之漸

秋季孫宿如衛○八月螽○冬十月衛侯使孫林父來聘壬戌及孫林父盟○楚公子貞帥師圍陳○十有二月公會晉侯宋公陳侯衛侯曹

伯莒子邾子于鄬鄬于軌反○鄬鄭地

高氏曰晉悼將修文公之業復有志於攘楚而楚先圍陳陳侯遂出會諸侯以求救於晉晉悼於是遽爲之合諸侯也

鄭伯髡頑如會未見諸侯丙戌卒于鄵鄵七報反

將見諸侯而先以疾卒書之以著其棄蠻從華之志也鄵雖境內而志已在會矣傳皆以爲大夫弒之爲中國諱故書卒然則中國乃亂臣賊子之藪乎○吳宥函曰於如會見鄭伯從晉之志於未見諸侯見諸大夫因而從楚其傷鄭伯而惡諸大夫之意亦從可識矣曷嘗鄭伯實被弒而聖人反爲之變文以沒其慘而逸其賊也

陳侯逃歸

慶虎慶寅逼謀於楚使執公子黃而將改立君陳侯所以逃歸也當時之大夫縱橫如此而陳侯之棄德背信不能自立亦可見矣

丙申　周靈王七年　八年

春王正月公如晉○夏葬鄭僖公○鄭人侵蔡獲蔡公子燮

鄭欲從楚故侵蔡以致楚然後告絕於晉此子國子耳之謏謀也

季孫宿會晉侯鄭伯齊人宋人衛人邾人于邢丘

邢丘衛地即故邢國

胡氏曰朝聘事之大者重煩諸侯而使大夫聽命毋乃以姑息愛人而不由德乎使政在

大夫而諸侯失國又豈所以愛之也○李氏曰論其事則今欲煩諸侯者晉侯之美意也論其義則不可委大夫者春秋之深意也

公至自晉○莒人伐我東鄙

高氏曰鄫田接於魯而疆界不明故興兵伐魯以正之鄫遂屬於莒矣○王氏曰見莒子之強魯國之弱而盟主之無威也○王氏樵曰案莒滅鄫伐魯以疆鄫田其爲奸齊盟大矣而霸討不及晉方慮楚故也據此則莒以兵滅鄫明矣孰謂以其子後鄫爲滅鄫耶

秋九月大雩○冬楚公子貞帥師伐鄭

胡氏曰鄭介大國之間困強楚之令而欲息肩於晉若能信任仁賢明其政刑經書則賦以禮法自守而親比四隣必能保其封境荆楚雖大何畏焉而子耳子國加兵於蔡獲公

子夔無故怒楚所謂不修文德而有武功者也楚人來討不從則力不能敵從之則晉師必至故國人皆喜而子產獨不順焉以晉楚之爭鄭自茲弗得寧矣犧牲玉帛待於境上以待強者而請盟其能國乎

晉侯使士匄來聘

丁酉 周靈王八年

九年

春宋災○夏季孫宿如晉○五月辛酉夫人姜氏薨○秋八月癸未葬我小君穆姜

杜氏曰成公母成十六年爲僑如故徙居東宮○愚按穆姜筮得艮之隨而推元亨利貞之義孔子取之以入文言固非無知者然以國母之尊而比暱臣下自取幽辱抑何其無

恥哉知之非艱行之爲艱固學人之切戒而
聖人之道大德宏不以人廢言亦可見矣

冬公會晉侯宋公衛侯曹伯莒子邾子滕子薛伯杞伯小邾子齊世子光伐鄭十有二月己亥同盟于戲○戲奇宜反戲鄭地

諸侯伐鄭鄭人恐乃行成荀偃曰遂圍之以待楚人之救而與之戰不然無成荀罃曰許之盟而還師以備楚吾三分四軍與諸侯之銳以逆來者於我未病楚不能矣猶愈於戰暴骨以逞不可以爭乃許鄭成○胡氏曰善爲國者不師善師者不陳善陳者不戰知武子明於善陳之法以佐晉悼公屢與諸侯伐鄭楚輙救之而不與之戰楚師遂屈得善勝之道矣故下書蕭魚之會以美之

楚子伐鄭

汪氏曰書楚子者國君自將恃强虐弱憑陵中國之稱也不書鄭及楚平不書盟不與鄭之從楚也明年諸侯伐鄭則鄭與楚可知矣

戊戌　周靈王九年

十年

春公會晉侯宋公衛侯曹伯莒子邾子滕子薛伯杞伯小邾子齊世子光會吳于柤　柤楚地

汪氏曰成十五年晉率諸侯之大夫會吳于鍾離不敢屈吳而往與之會已爲過禮今悼公覇業方盛乃合中華十二國之君世子而往主吳以爲會則是舉天下之諸侯皆宗吳矣雖曰資吳以困楚然楚弱而吳興去瘍疥而得腹心之疾庸愈乎○卓氏曰合十二國

以會壽夢於楚楚界示楚以得吳也晉得吳則楚右臂斷不敢議鄭議鄭則恐吳之據其後也其後蕭魚之會卒得鄭不叛者二十年吳制楚楚不敢伐鄭也雖然晉悼虎牢之城先識地勢扼鄭咽喉自戲盟之役三分四軍以待來者是故楚疲晉逸三駕而不可爭豈獨以相會吳之故哉

夏五月甲午遂滅偪陽偪陽妘姓

汪氏曰偪陽國及祖地皆在今沛縣乃吳入中國之要衝則悼公之會吳于柤蓋謀滅偪陽而通吳也齊桓之霸滅譚滅遂降障遷陽晉文之霸執曹伯逐衛侯悼公之霸滅偪陽皆功不揜過此孟子所以謂五霸者三王之罪人也○陳氏曰以偪陽子歸不書宥偪陽子也以為非其罪也悼公合十二國之衆而遂滅偪陽於偪陽子何譏焉

公至自會。楚公子貞鄭公孫輒帥師伐宋。

晉師伐秦

家氏曰諸侯惟宋事晉最謹今宋受兵不速救乃更出師伐秦不書大夫帥師畧之也

秋莒人伐我東鄙。公會晉侯宋公衛侯曹伯莒子邾子齊世子光滕子薛伯杞伯小邾子伐鄭

王氏曰齊世子光以期會而長四君蓋霸主樓諸侯之術也。呂氏曰齊世子光序諸侯上至會者爲之也春秋不改所以示譏言專以强弱事勢爲先後也

冬盜殺鄭公子騑公子發公孫輒

胡氏曰鄭公子騑當賊國發爲司馬輒爲司空騑與尉止有爭及爲田洫司氏堵氏侯氏子師氏皆喪田故五族聚羣不逞之徒以作亂入西宮殺三卿於朝卿大夫者國君之陪貳政之本也本强則精神折衝鬪有偃息談実而郤敵國之兵勝千里之難者矣乃至於身不能保而盗得殺之於朝安在其爲陪貳乎故削其大夫爲當官失職者之鑒也○程子曰盗殺三卿不稱大夫失卿職也○陳氏曰以賊者而一日殺三卿鄭之失刑甚矣書盗自此始春秋之季小臣圖柄甚者陪臣執國命矣○張氏曰鄭之從楚以勞列國皆公子騑之罪也鄭成公卒之初諸大夫欲從晉矣公子騑以官命未改止之及楚子囊伐鄭子展欲堅守以待晉而騑請從楚以任其咎故公子騑者罪人也而公子發公孫輒惟騑是從惡積而不可擠鄭本能討而盗得殺之所謂上慢下暴而致寇至孔子以爲盗之招也

戍鄭虎牢楚公子貞帥師救鄭

前此城虎牢與鄭平而還之今此鄭復與楚平故遣戍以偪之不序諸侯者據魯而言以虎牢繫鄭者明已復爲鄭之邑也○汪氏曰陳已服而悼公命諸侯戍之春秋書戍陳者著其人心不協保陳不終遂致陳侯之逃也鄭未服而悼公戍虎牢以逼之春秋書戍鄭虎牢著其據地利以脅鄭而反使楚人得以竊救患之名也是故戍陳雖善而後書陳侯逃歸則戍陳爲無功矣戍虎牢雖未爲不善而下書楚救鄭則中國爲有罪矣故陳氏謂凡戍不書惟晉悼公之戍陳鄭也特書之焉

公至自伐鄭

己亥周靈王十年

十有一年

春王正月作三軍

萬二千五百人爲一軍每車一乘法用百人大國車千乘法當用十萬人甲士三千步卒七萬二千餘丁二萬五千然盡用之是舉國而行故其用三軍而已爲車三百七十五乘三萬七千五百人周公封魯本爲大國當有三軍然凡采地之祿公家取之以予臣下而其民皆屬之公以足三軍之數若有侵伐諸卿更帥以出事畢將歸於朝車復於甸甲散於丘卒還於邑故大夫無藏甲春秋以來齊晉霸國皆更軍制列國效尤魯作兵甲四鄉並將非復三軍之舊矣故今復作之每軍分爲父兄子弟之四等季氏盡取四分叔氏取四之半而以半歸公孟氏止取半之半而以三分歸公盖分國民爲十二公家得五而三家得七也名雖是而寔則非矣欺幼主而竊國賦其罪可勝誅哉故不曰復而曰作誌擅

兵之始也

夏四月四卜郊不從乃不郊○鄭公孫舍之帥師侵宋

杜氏曰欲以致諸侯○鄭氏曰鄭諸大夫既知楚弱於晉即當勇於從晉乃妄與大衆侵犯大國萬一喪師覆國將如之何春秋書之見鄭之無謀而罪其大夫之過舉也

公會晉侯宋公衛侯曹伯齊世子光莒子邾子滕子薛伯杞伯小邾子伐鄭

高氏曰以前伐未得志而鄭復來侵宋故也

秋七月己未同盟于亳城北亳城鄭地

亳之盟其載書稱或間茲盟司慎司盟名山大川羣神羣祀先王先公七姓十二國之祖明神殛之則知同盟爲僭方明之禮明矣

公至自伐鄭○楚子鄭伯伐宋

胡氏曰盟于亳城北鄭服而同盟也尋復從楚伐宋既盟而又叛從子展之謀欲致晉師而後與之也

公會晉侯宋公衛侯曹伯齊世子光莒子邾子滕子薛伯杞伯小邾子伐鄭會于蕭魚蕭魚鄭地

程子曰會于蕭魚鄭又服而請會也不書鄭會謂其不可信也而晉悼公推至誠以待人信鄭不疑禮其囚而歸焉納斥候禁侵掠遣叔肸告於諸侯而鄭自此不復背晉者二十

四年至哉誠之能感人也○汪氏曰齊桓覇業至葵丘而盛桓公求牲載書而不歃血天下諸侯咸喻乎桓公之志晉悼覇業至蕭魚而盛悼公信鄭不疑不復以諸侯同盟而鄭自此不復叛葢要之以信而使之弗從不若待之以誠而使人自服也

公至自會

李氏曰厲公三伐終以伐至悼公三伐終以會至春秋之立文精矣

楚人執鄭行人良霄

杜氏曰書行人言非使人之罪古者兵交使在其間所以通命示整或執殺之皆爲譏也○高氏曰鄭使良霄告絶於楚楚不能得鄭故執良霄以舒憤懣不平之氣自是不復出師以與晉爭鄭於是堅從晉矣○趙氏曰稱行人將使命於楚告絶也故楚子怒而執之

然執鄭行人何傷哉適足以張楚之虐而𢤱鄭人之誠也

冬秦人伐晉

高氏曰秦景公妹爲楚共王夫人於是爲楚伐晉報去年之役○家氏曰晉爲秦所敗春秋畧敗而不書不與秦人之爲楚而救鄭也

庚子　周靈王十有一年

十有二年

春王三月莒人伐我東鄙圍台季孫宿帥師救台遂入鄆

胡氏曰鄆莒邑也遂者生事也入者逆辭也大夫無遂事受命而救台不受命而入鄆惡季孫之擅權使公不得有爲於其國也

夏晉侯使士魴來聘

許氏曰晉悼服鄭抑楚而聘魯善於持盈也

秋九月吳子乘卒。冬楚公子貞帥師侵宋

高氏曰秦人與焉而削之者楚人率秦故專罪楚也

公如晉

辛丑周靈王十有二年

十有三年

春公至自晉。夏取邿邿音詩

高氏曰邿小國魯乘亂滅之以爲附庸不言滅者內大惡故婉其辭也。許氏曰晉始息肩是以楚侵宋而不報魯取邿而不討取其無大亂而已

秋九月庚辰楚子審卒謚共王○冬城防

高氏曰防臧氏之邑也厥後齊高厚伐我北鄙圍防則城防者畏齊也

壬寅周靈王十有三年

十有四年

春王正月季孫宿叔老會晉士匄齊人宋人衛人鄭公孫蠆曹人莒人邾人滕人薛人杞人小邾人會吳于向向鄭地

胡氏曰使舉上客而叔老並書者以內卿行則不得不書矣季孫宿以卿爲介而不使之免叔老介於宿而不敢避蓋兩失之鄭晉人輕其幣而敬其使於君命使人之體豈爲得哉○高氏曰吳來在向諸侯之大夫往會之夫楚結秦以病晉而晉又交吳以害楚亦相

敫而然耳。許氏曰四卿帥師自成公始二卿列會自襄公始大夫張也

二月乙未朔日有食之。夏四月叔孫豹會晉荀偃齊人宋人衛北宫括鄭公孫蠆曹人莒人邾人滕人薛人杞人小邾人伐秦

報櫟之役也晉侯待於境使六卿率諸侯之師以進濟涇而次欒黶先歸下軍從之伯游乃命大還晉人謂之遷延之役。高氏曰春夏興師煩擾中國將帥不和威德兩弛晉國之政衰矣

己未衛侯出奔齊

孫林父甯殖逐之也按林父嘗奔晉衛定公如晉晉侯使見之而不可乃強納之使專衛

衎不名者無罪

政夫以先君所惡之人則少主必無相容之理飲酒而使工歌巧言之卒章其惡之也至矣與盟則不從而使臣見殺出奔則嚴追而公從敗績春秋以來之強臣未有若林父之惡者聖人所不忍言故以自奔爲文所以抑強臣而存大義也然獻公不能修德以服其心正刑以討其惡先發以弭其姦而禍機來追恐懼遄奔則輕棄社稷之罪亦不得辭矣○王氏曰案春秋惟弑君書某弑其君至於君爲其下所逐止書出奔而已胡氏謂舊史書孫林父甯殖出其君而仲尼筆削稱衛侯出奔恐無此理出之爲言不容而見逐之謂也臣子施於君父而史官直書於策則非辭也故但言出奔而已言出奔則或君無道或臣強皆可推上下比事而見之矣專以爲歸罪其君者害殺之言也○劉氏曰奔而名者兩君之辭剽已立矣而衎不名何也剽以公孫爲貴卿交於諸侯逐其君而自取之故絕

而爲強臣所逐耳

其兩君之稱以見所惡也叔武攝位而鄭不名剽篡國而衍不名其不名也同而所以不名異叔武稱子剽稱侯稱子者讓之實也稱侯者篡之實也美惡不嫌同辭

莒人侵我東鄙○秋楚公子貞帥師伐吳

汪氏曰楚既不得志於中國故致怨於吳也

冬季孫宿會晉士匄宋華閱衛孫林父鄭公孫蠆莒人邾人于戚

戚衛地孫林父邑

張氏曰前書衛侯之奔此列孫林父于會晉爲霸主抑君而臣是助其書於策則晉大夫之黨林父罪惡其見左氏所載師曠中行偃之言專罪其君情可見矣○家氏曰晉悼用師於鄭衛衍無會不往無役不從今爲其臣所逐晉當會諸侯納衛君誅孫甯以伸霸討

乃盟主職分之所宜爲既不能然反聽賊臣立君而爲會以定其位此春秋之所甚惡也○汪氏曰會七國之大夫於戚臣之私邑而定逐君之賊此晉之强家所爲悼公末年怠於政事惑於其臣而不之省也○李氏曰衛侯出奔而林父會于戚昭公在乾侯而季孫會適歷釋君助臣之禍前後一轍悼公霸業盡喪矣苟偃本弑君之人而以此問之悼公之聰明不逮少年矣齊人之貳豈待假羽毛哉

癸 邾

周靈王十有四年

十有五年

春宋公使向戌來聘二月己亥及向戌盟于劉

戌音夕○劉魯地許氏曰不盟於國而盟於劉崇向戌故公弱甚矣

劉夏逆王后于齊

劉采地夏名周之官師也○胡氏曰劉夏何以不稱使不予天子之使夏也昏姻人倫之本王后天下之母劉夏士也士而逆后是不重人倫之本輕天下之母矣然則何使卿往逆公監之禮也春秋昏姻得禮者常事不書

夏齊侯伐我北鄙圍成公救成至遇遇魯地

高氏曰衛侯在齊季孫宿爲戚之會以定衛而齊不與焉齊固有憾於諸侯矣伐我北鄙魯於是時三分其民而公室卑弱已不足以當敵故書公救成至遇耳

季孫宿叔孫豹帥師城成郛

張氏曰先事之無備敵去而後城亦已晚矣○高氏曰此孟孫之邑而季孫叔孫帥師以城之者見三家相黨以備齊爲名而興役之

衆故其城堅固可守辛爲魯患而不可墮也郛蓋外城也

秋八月丁巳日有食之○邾人伐我南鄙

高氏曰邾貳於晉屬於齊而黨於邾齊莒來伐故邾亦效尤也

冬十有一月癸亥晉侯周卒

李氏曰晉悼公其猶有君子之資乎不獨霸功之美也齊桓歷變履險以數十年之經營而行事未免過舉晉文老於奔走晚而復國然血氣之驕悍未除悼公之齒淺矣乃能忠厚而不迫堅忍而持重有迴顧却慮之謀無輕逞輙决之舉其亦稍知以道養心與八年九合則勤於安夏也三分四軍則謹於用民也六卿選德則用人有章也騶御知訓則教士有法也此其所以能得諸侯服鄭而駕楚也然能服諸侯而不能杜大夫用事之漸能

得鄭而不能揄失陳之責能駕楚而不能蓋
誘吳之非不然悼公之霸過於桓文矣々李
氏曰晉悼召集諸侯則惟示謙德經營列國
則惟務息民可謂有君子之資矣但以孫林
父之懷姦而不能正齊靈公之撓霸而不能
馴邾莒之肆行無忌而不能禁悼公之治亦
跡矣々敬齋胡氏曰春秋之時霸主之有功
於中國莫大於齊桓晉文晉悼然桓公之才
大晉文公之才雄悼公之才高惜其無學力
故大理不明急於功利或曰使文王爲之河
如曰使聖人爲之必率諸侯以脩軌度輔屏
王室朝貢以時必無不庭之諸侯僭王之吳
楚譚弦江黃必不見滅信義既孚盟歃必不
釁用仁恩既洽陳鄭必不有叛荊楚必不敢
憑陵禮樂征伐自天子出巳則奉命而行所
以贊時王以興復文武成康之業必不如桓
文攘大子之權
以濟巳之私也

甲辰周靈王十有五年

十有六年

春王正月葬晉悼公

鄭氏曰欲會諸侯而速葬其親背禮莫斯爲甚何以爲盟主而令諸侯乎宜晉霸之不競也

三月公會晉侯宋公衛侯鄭伯莒子邾子薛伯杞伯小邾子于溴梁戊寅大夫盟溴古闃反、溴水名

晉平主會著悼衰也衛剽稱侯著黨逆也齊高厚不義晉之助臣逐君是以逃歸然諸大夫本欲盟高厚而彼已不與故遂自相盟焉○陳氏曰文十五年盟扈霸主在而但曰諸侯者無霸也此盟君在而但曰大夫者無君也向文以下則有斥言諸侯而不序自襄以下則有斥言大夫而不序○楊耻菴曰諸侯之盟會所以弱天子大夫之盟會所以弱諸

侯然諸侯弱而天子未必強大夫強而天子益弱故以亂易亂非春秋之志而愈趨愈下則仲尼之憂也凡盟會內與必書及文十九十七年不書公及則知公不與此不書內大夫及而公在會則知非內大夫不與也雞澤諸侯既盟大夫又盟故繫之諸侯以見權分於大夫此諸侯會而大夫盟故但稱大夫以見信不在諸侯于宋諸侯不出而大夫會則繫於國而實不知有君是並無諸侯矣三家專魯六卿分晉豈一朝一夕之故哉

晉人執莒子邾子以歸

高氏曰諸侯有罪執之以歸而不歸京師已則不臣而以討人非正也故稱晉人而二君不名。家氏曰莒邾侵魯晉爲執之莒邾信有罪矣魯之臧郈何獨無討而晉滅偪陽不當自反乎莒邾力屈而心未服況不歸京師是無王也故書人以貶晉

齊侯伐我北鄙。夏公至自會。五月甲子地震。叔老會鄭伯晉荀偃衛甯殖宋人伐許

高氏曰許欲棄楚而遷於晉既而不果故晉會諸侯大夫同伐之鄭與許有宿怨故君親行卿不先諸侯先國君也稱宋人蓋微者。張氏曰許男有從中國之志而大夫沮之足以見一時之俗矣

秋齊侯伐我北鄙圍成

家氏曰齊叛晉而屢以師伐魯欲致晉而與之戰其志在於爭霸也。愚謂齊果爭霸當伐衛而納其君戮其賊臣則晉人何恃而與之抗乃汲汲伐魯何爲者哉

大雩。冬叔孫豹如晉

高氏曰魯不能内修其政以禦無道之齊而乞憐於晉魯之君臣庸甚矣

乙巳 周靈王十有六年

十有七年

春王二月庚午邾子牼卒

孫氏曰去年晉執以歸此書卒者蓋晉人尋赦之也

宋人伐陳○夏衛石買帥師伐曹

衛孫蒯田於曹重丘人閉門而詬其父逐君之罪夏衛石買孫蒯伐曹取重丘○汪氏曰孫蒯犯上之臣凡民罔不惡者也越境田獵而遣曹人之辱盡亦内自省耳乃挾貴卿將重兵以攻其國不亦甚乎經之書伐所謂欲加之罪不患無辭者也

秋齊侯伐我北鄙圍桃齊高厚帥師伐我北鄙

圍防○九月大雩○宋華臣出奔陳

宋華閱卒華臣弱皐比之室使賊殺其宰幽其妻而求大璧國人逐之○高氏曰華臣暴其宗室而亂宋政不有國討失政刑矣君子違不適讐國陳乃宋讐而奔焉尤可誅也

冬邾子伐我南鄙

高氏曰邾之先君以伐魯而爲晉所執旣歸而卒嗣子在喪而復興師伐我者叛晉與齊齊人使之脩先君之怨也此祝柯之會所以復執也

內于

周靈王十有七年

十有八年

春白狄來○夏晉人執衛行人石買

劉氏曰石買以君命聘於晉晉人執之晉能知買伐曹之爲惡矣而未能知孫氏逐君之

爲惡也假晉欲明天子之禁脩方伯之義莫
如正孫蒯之惡而諸侯服矣今置所先而收
所後急所輕而緩所重霸者之討固若是乎
○張氏曰石買之執有三失焉舍大治小一
也行人非所執二也不歸於京師三也三
者有其一不得爲霸討況兼而有之乎

秋齊師伐我北鄙○冬十月公會晉侯宋公衛
侯鄭伯曹伯莒子邾子薛伯杞伯小邾子同圍
齊

諸侯伐齊齊侯禦諸平陰登巫山以望晉師
畏其衆也乃脫歸丙寅晦齊師夜遁將走郵
棠太子抽劒斷鞅乃止晉師東侵及濰南及
沂穀夫晉人助臣逐君不足以爲盟主故齊人
無所忌憚數伐隣國觀加兵于魯則可見矣
然如水益深如火益熱適足以致諸侯之怒

而動天下之兵耳故書曰同圍齊言四隣共忿不得歸咎於霸主之摟伐也

曹伯負芻卒于師○楚公子午帥師伐鄭

薛氏曰楚公子午之伐間鄭伯之出也乘人不備而迄無成功黷武而已矣

丁未　周靈王十有八年

十有九年

春王正月諸侯盟于祝柯

祝柯齊地

杜氏曰前年同圍齊之諸侯也

孫氏曰諸侯不序前目後凡也

晉人執邾子

許氏曰執之舍之削取其田不以王命雖當罪非正也

公至自伐齊○取邾田自漷水

張氏曰前年執邾子以歸以伐魯也邾人宜有所懲戒而伐魯不忌如此罰令之不足令諸侯可以自反矣不言以歸釋之也言取邾田則非魯之舊可知異於濟西汶陽之取而特覇威以强取明矣魯肆强奪邾失郭水田而廢其界我相繼來奔邾自是衰亂矣。劉氏曰取邾田自漷水何非所取也漷水非所自也齊人之若而制其國介人之威而私其柯昔魯之惡又甚焉交譏之。鄭氏門傳稱疆我田蓋魯人以正疆爲名而妄取邾田故沒其疆田之說正其取田之罪也

季孫宿如晉。葬曹成公。夏衛孫林父帥師伐齊

衛獻公在齊林父伐之亂賊肆行未有若斯之甚者也傳稱晉欒魴帥師從之則晉亦亂

賊之黨耳尚得謂之盟主哉

秋七月辛卯齊侯環卒

家氏曰齊靈廢嫡齊光篡父其所從來由高厚贊其君伐本樹蘖已爲之傅崔杼陰謀更深輔光以篡殺厚而兼其室復弒光以媚於晉亂臣賊子患失爲心其禍至於殺身喪邦而覆其族也

晉士匄帥師侵齊至穀聞齊侯卒乃還

胡氏曰穀齊地也還者終事之辭古之爲師不伐喪大夫以君命出境有可以安社稷利國家者則專之可也世衰道微暴行交作利人之難以成其私欲者衆矣士匄乃有惻隱之心聞齊侯卒而還不亦善乎或曰君不尸小事臣不專大名爲士匄者宜墠帷而歸命

此說與左傳合

乎介則非矣使士匄未出晉境如是焉可也已至齊地則進退在士匄矣猶欲躧帷而歸命乎介則非右者命將不從中覆專制境外之意而況喪必不可伐非進退可疑而待請者故知善之也家氏曰躧帷反命未出疆之禮及穀則境外非侯命之地書乃還善之也。陳大士曰春秋之大夫猶有義衆焉納捷菑於鄭而弗克納也侵齊之役士匄聞喪引還恩動孝子之心義服諸侯之君此易及乎則胡宋襄之伐齊喪也

八月丙辰仲孫蔑卒文伯子齊殺其大夫高厚

高厚嘗逃溴梁之盟嘗伐魯而圍防齊欲新結好於諸侯故歸罪於厚而殺之此明年所以與澶淵之盟也。張氏曰殺高厚若崔杼也杼雖擅誅殺之柄亦莊公之所欲也以累上之辭言之可謂著明矣

鄭殺其大夫公子嘉

胡氏曰初盜殺鄭三卿公子嘉知而不言既又欲起楚師以去諸大夫故楚人伐鄭至於純門而返至是嘉之為政也專國人患之乃詩西宮之難與純門之師子展子西率國人殺嘉而分其室不稱鄭人者子展則有罪矣子展子西不能正以王法肆諸市朝與眾同棄乃利其室而分之有私意焉故稱國以殺而下去其官此春秋原情定罪之意

冬葬齊靈公。城西郛。叔孫豹會晉士匄于柯在衛地屬晉○城武城

江氏曰君弱臣惰安於不競內則疲民於亟城之勞外則徼惠於霸國之援魯無一毫自立之志使齊莊而有報怨之圖則魯之禍未有紀極也

戊申 周靈王二十有九年 二十年

春王正月辛亥仲孫速會莒人于向

高氏曰向本莒邑宣四年取之者也莒魯結好自是十五年不交兵○速代父爲卿未練而從政自無復三年之喪也○汪氏曰孟獻子禫縣而不樂則始不三年其昉於速與羯與○愚按孟獻子禫縣而不樂比御而不入今速乃反父之所行如此聖人獨取其不改父之臣與父之政以爲孝故曰仲尼見人之一善而忘其百非

夏六月庚申公會晉侯齊侯宋公衞侯鄭伯莒子邾子滕子薛伯杞伯小邾子盟于澶淵澶市然反

○澶淵衞地

薛氏曰齊之無道諸侯圍之而不服以士匄聞喪而還師遂會於澶淵修德來遠不誣也哉。高氏曰齊以晉不伐其喪而感服居喪而出盟蓋亦越禮而昧道矣

秋公至自會。仲孫速帥師伐邾

許氏曰祝柯之會既執邾子又取其田報亦足矣而復伐之譏已甚也且澶淵在彼何以盟爲。季氏曰莊子父喪甫逾五月而即會莒盟向又汲汲於伐邾不可爲善政矣

蔡殺其大夫公子燮蔡公子履出奔楚

初蔡文侯欲事晉曰先君與於踐土之盟不可棄且兄弟也畏楚不能行而卒楚人使蔡無常公子燮求從先君以利蔡不從而見殺。高氏曰燮蓋嘗爲鄭所獲者欲合讙荆而從中國正也追念先君之志而成之順也楚政無常求寬其民利也而用事者安楚弗欲

懼燮之起晉爭也而殺之非所謂可殺者也
而以國殺者蔡侯以為罪也。家氏曰履燮
同母以弟不奔中國而奔荊楚
不與其兄同志書所以貶也

陳侯之弟黃出奔楚

陳慶虎慶寅愬黃於楚曰與蔡司馬同謀楚人以為討故出奔。程氏曰異姓大夫不得於君有可去之義同姓無可去之道況兄弟乎為人弟而出奔天倫絕矣。家氏曰黃不奔他國而奔楚甘於從荊書奔楚亦所以貶。高氏曰黃與履何以奔楚自理也黃以寵任大過權遏其卿慶氏譖之而陳侯不能為之辨明是一國之大而不能容一弟也已

叔老如齊。冬十月丙辰朔日有食之。季孫宿如宋

季氏曰魯之報齊邾已甚故聘齊以解仇聘宋以求援耳

己酉　周靈王二十年　二十有一年

春王正月公如晉邾庶其以漆閭丘來奔　庶其邾大夫漆閭丘二邑也。薛氏曰天下之惡一也納人之叛而疾人之叛已不可以言理矣公在晉而叛臣之受魯之無厭甚矣。上氏曰叛而歸他國曰叛叛而歸魯曰來奔內外異辭也。黃氏曰春秋三叛臣魯受之皆非君命襄公如晉而廢其以漆閭丘來昭公如晉而弁夷以弁婁防茲來昭公在乾侯而黑肱以濫來然則實爲賊淵藪者惟季氏與

夏公至自晉。秋晉欒盈出奔楚

昔殺州同括欒氏爲徵得毋報施然邪

欒盈之母與其老州賓通懼討而愬其子於范宣子曰盈將爲亂宣子信而逐之○劉氏曰不以范匄逐之爲文而書盈之自出使盈無可逐之釁則匄不得逐矣匄之罪易見盈之失難知此春秋所以深探其情而大正其本也道莫難於治天下而天下之治在國國之治在家家之治在身身不治國家不可治也詩之首周召書之首兗舜皆從此生矣春秋述兗舜者也是以謹於人道之治閫門之內易曰閑有家悔亡家之不閑悔不亦宜乎○汪氏曰士鞅之言曰欒黶汰虐已甚而盈又自言黶不能保任其父之勞則欒氏之稔惡有自來矣不然夫豈無秋毫之過而遽羅於罪乎○高氏曰盈不能防閑其母遂爲范匄所逐既取奔亡復有作亂之志故特奔於楚以楚強大今日可恃以逃難他日可挾以復歸也○黃氏曰欒書弒君而免於討黶汰而以內亂亡其家盈雖非其罪而惡積有自來矣

論月行非是謂神明變化者得之

九月庚戌朔日有食之。冬十月庚辰朔日有食之

石氏曰日食之變起於交也有雖交而不食者春秋二百四十二年而食才三十六有頻交而食者此年及二十四年三年之內連月而食者再也諸儒以爲曆無此法或傳寫之誤然漢之時亦有頻食者高帝三年及文帝前三年是也天道至遠不可得而知執推步之術撥交會之度而求之亦已難矣。吳宥函曰日行一度月行十三度有奇而其行又疾則其勢或猛或平亦間有之故月常有不當見而見者晦見謂之朓朔見謂之朒無非爲其行之疾耳安知此非月行之疾不循常度而致然乎必欲以此爲必無之事是以天爲鐵板律令而絶無神明變化之用矣

曹伯來朝。公會晉侯齊侯宋公衛侯鄭伯曹伯莒子邾子于商任任音壬

許氏曰欒盈之出非其罪也徒以權門私相忌怨何有於國而平公受其邀怒勤動諸侯以逞范鞅之積憾必欲使盈無所容於世故盈發憤卒興禍亂此皆以私賊公足以爲古今之至戒是時中國無事晉無所發政以亟會諸侯則知徒以欒氏信不誣也。王氏曰按欒盈奔楚非晉之令所能行也然則合諸侯而錮之何益哉蓋盈入楚必歷諸國還而求入亦必歷諸國晉知盈必來入故預約諸國使皆不容其蹤跡所向以杜其還耳

是歲孔子生

庚戌周靈王二十有一年

二十有二年

春王正月公至自會。夏四月。秋七月辛酉

叔老卒子叔齊子。冬公會晉侯齊侯宋公衛侯鄭伯曹伯莒子邾子薛伯杞伯小邾子于沙隨

胡氏曰會于商任錮欒氏也會于沙隨復錮欒氏也古者大夫去國君不掃其社稷不繫累其子弟不収其田邑使人尊之出疆又先之於其所往勅五典厚人倫也今晉不念欒氏世勳而逐盈又將搏執之而命諸侯無得納焉則亦過也楚逐申公巫臣子反請以重幣錮之楚子曰止彼若能利國家雖重幣晉將可乎若無益於晉晉將棄之何勞錮焉其賢於商任沙隨之謀遠矣

公至自會。楚殺其大夫公子追舒

追舒者令尹子南也初觀起有寵於子南未益祿而有馬數十乘國患之王討殺子南

轘觀起於四境大臣昵近小人所謂辟則爲天下僇者可不戒哉

辛亥 周靈王二十有二年

二十有三年

春王二月癸酉朔日有食之○三月己巳杞伯匄卒○夏邾畀我來奔

家氏曰魯受邾庶其二邑復納其黨天王不問方伯無討春秋再書貴魯也亦責晉也

葬杞孝公○陳殺其大夫慶虎及慶寅

汪氏曰公子黃之奔爲愬二慶而往也陳侯之加楚蓋惑於權臣而將爲二慶與黃和解之耳屈建之圍挾陳侯以討二慶二慶之閉城知楚人之必誅已而拒之非叛陳侯也故不書二慶之叛陳人逼於兵殺二慶以說於楚故不以討賊之辭言之譏其殺之不以其罪以

若陳侯之無能爲也

陳侯之弟黄自楚歸于陳

高氏曰二慶死則黄之歸易矣書自楚若罪其奔蠻荊之國復藉其力以歸黄之進退不正矣○季氏曰自楚者因楚力也自此當用國事矣

晉欒盈復入于晉入于曲沃

齊侯以藩載欒盈及其士納諸曲沃盈帥曲沃之甲入絳乘公門范鞅用劒以率卒欒氏退殺樂傷魴盈奔曲沃○孫氏曰此欒盈以曲沃之甲入晉敗而奔曲沃也經言欒盈復入於晉入於曲沃者明欒盈犯君當誅曲沃大夫納之當坐○蘓氏曰欒盈自齊入于曲沃不言自齊何也齊之納欒非以兵納之也譬如盜賊私納之耳○杜氏曰曲沃欒氏邑

也然則曷爲不言叛非叛者也刼衆以敵君直亂而已矣○胡氏曰欒氏晉之世臣故盈雖出奔猶繫於晉復入者甚逆之辭爲其既絶而復入也曲沃者所食之地當是時權寵之臣各以利誘其下使爲之用至於殺身而不避莫知有君臣之分者也故聞語欒孺子則或泣或歎以爲得主而爲之死猶不死也盈從之遂入絳乘公門若非天棄欒氏晉亦殆矣原其失在於錮之甚急使無所容於天地之間是以至此極也春秋備書之以見人而不仁疾之已甚亂也其爲後世鑒豈不深切著明也哉

秋齊侯伐衛遂伐晉

陳氏曰其書遂何齊侯伐盟主也自袁婁以來齊再從晉於是始叛則晉霸之衰而諸侯貳矣晉之衰諸侯之憂也○彙纂云上書欒盈入曲沃而繼書齊侯伐晉則盈之爲齊所

納可知矣

八月叔孫豹帥師救晉次于雍榆 雍榆晉地

劉氏曰晉有欒盈之難重以齊侯之伐魯命豹帥師救之斯義事也豹乃怠棄君命不恤同姓之憂次于雍榆卒不克救豹罪大矣○蘓氏曰聶北之役先言次而後言救按兵待時卒能救邢故以救終之也雍榆之役先言救而後言次以救晉出兵而盤桓於雍榆不及於事故以次終之也○孫氏曰不救則懼晉之討往救則畏齊之彊

己卯仲孫速卒

汪氏曰魯自仲遂殺適立庶公室於是乎卑政魯卿自季孫宿以私意廢長立幼於是家臣效尤孟氏之豊點廢秩立羯叔孫氏之豎牛殺孟丙而立舍皆託廢立以擅其權而三

桓微矣作偏之禍
其流弊可勝言哉

冬十月乙亥臧孫紇出奔邾

季武子廢長子公彌而立悼子孟孫之豐點亦廢孟氏長子佚而立羯以與公彌其讎臧氏孟氏告臧孫爲亂季孫命攻之紇斬鹿門之關以出奔孔子曰有臧武仲之智不容於魯國作不順而施不恕也又曰臧武仲以防求爲後於魯雖曰不要君吾不信也○杜氏曰阿順季氏爲之廢長立少以取奔亡書罪之○楊恥菴曰入防不書以防本武仲私邑而求後又爲羨名論心則有可誅而紀實則無可據聖人平先欲恤之也於此亦可見矣

晉人殺欒盈

李氏曰稱人而不稱大夫討賊之辭也

齊侯襲莒

杜氏曰輕行掩其不備曰襲因伐晉還襲莒不言遂者間有事也○高氏曰以十八年莒子同諸侯圍齊故也凡用兵皆聲言彼罪執辭以伐若乘人不備而掩之則盜賊之爲耳晉襲者罪齊侯以諸侯之尊爲盜賊之事也○汪氏曰齊莊以千乘之君率三軍之衆輕行襲莒卒不能勝一微國身傷臣獲此君子所以貴乎正也

壬子　周靈王二十有三年

二十有四年

春叔孫豹如晉○仲孫羯帥師侵齊

高氏曰叔孫豹救晉無功故復帥師侵齊爲晉報焉蓋懼晉之疑也羯代速爲卿未練而

師師亦無三年之喪

夏楚子伐吳○秋七月甲子朔日有食之既○

齊崔杼帥師伐莒

高氏曰去年齊侯襲莒已與莒平今崔杼因帥師送使者如楚而遂伐莒是見利則棄齊人之無信也

大水○八月癸巳朔日有食之

家氏曰二十一年九月十月朔此年七月八月朔連書日食疏家引曆術謂無連月日食之事○愚按謂天道有時而變常若執一定之律恐失春秋記災示警之意

公會晉侯宋公衛侯鄭伯曹伯莒子邾子滕子

薛伯杞伯小邾子于夷儀夷儀衛地○冬楚子蔡侯陳侯許男伐鄭

汪氏曰晉會諸侯欲伐齊而不能伐故書會而不書伐以著大合十二國之君而無所事也鄭伯在會而楚子帥諸侯之師以攻鄭諸侯是以去齊而救鄭伐而不果救不及事晉覇之衰亦可知矣春秋所以不書諸侯之救鄭也

公至自會

汪氏曰晉合十二國之君不能伐齊楚乃能合四國之君以伐鄭此可以觀蠻方諸夏之得失矣師克在和不在衆豈不信哉

陳鍼宜咎出奔楚

慶氏之黨也其後在楚爲箴尹宜咎

叔孫豹如京師○大饑

穀梁子曰五穀不升爲大饑一穀不升謂之嗛二穀不升謂之饑三穀不升謂之饉四穀不升謂之康五穀不升謂之大侵大侵之禮君食不兼味臺榭不塗弛侯廷道不除百官佈而不制鬼神禱而不祀此大侵之禮也

癸丑 周靈王二十有四年

二十有五年

春齊崔杼帥師伐我北鄙○夏五月乙亥齊崔杼弒其君光

高氏曰崔杼不能防閑其妻以滛於家又不絕其妻而行大逆於君齊莊背諸侯之盟數行侵伐崔杼因民之忿遂以宣滛之故弒之

○胡氏曰齊莊公見弒賈舉州綽等十人皆死之而不得以死節稱何也所謂死節者以義事君而責難陳善有所從違而不苟者是也雖在屬車後乘必不肯同入崔氏之宮矣若此十人者獨以勇力聞皆逢君之惡從於昏亂而莊公嬖之者死非其所比諸匹夫匹婦自經於溝瀆而莫之知者猶弗逮也雖殺身不償責安得以死節許之哉○彙纂云莊公之禍晏嬰固早知之矣及一旦有事則假社稷爲重而自明其不必死徇天下貪生忘義者皆得藉口以爲苟免之計畔道傷教安可訓也陳文子有馬十乘棄而違之聖人許其清晏嬰齊之公族世爲因卿與亂賊並立於朝而不聞有討賊之謀其負慙多矣○陳氏曰宋萬魯慶父奔而後誅之則不書殺以是爲佚賊也齊討君之讎而滅崔氏則何以亦不書殺崔杼弒君偃然猶在位也而以家禍亡其宗如是而得書則臣子之不誠于君父者可以盜

名矣是故鄭人斲歸生之棺而葬靈公齊人暴崔杼之尸而葬莊公春秋終不書葬則猶不葬也

公會晉侯宋公衛侯鄭伯曹伯莒子邾子滕子薛伯杞伯小邾子于夷儀

胡氏曰諸侯會於夷儀將以討齊齊使隰鉏請成慶封如師男女以班賂晉侯以宗器樂器自六正五吏三十帥三軍之大夫百官之正長師旅及處守者皆有賂夫晉本爲報朝歌之役來討及會夷儀既聞崔杼之弒則宜下令三軍建而復旆聲於齊人問莊公之故執崔杼而戮之謀於齊衆置君以定其國示天討之義則万伯連帥之職修矣令乃知賊不討而受其賂則是與之同情也○黄氏曰齊取朝歌者晉人之私憾也杼弒其君天下之大惡也今晉會於夷儀以報朝歌之役齊人以弒君說而遂釋之是知有一巳之私憾

而不知有天下之大惡也。劉氏曰杜氏謂齊有喪宜退非也臣弑其君爲惡大矣假使晉遂討齊破其城殺其賊汙其宮不可謂之伐喪也且弑君而謂之喪諸侯其無討賊者矣

六月壬子鄭公孫舍之帥師入陳

初陳侯會楚子伐鄭當陳隧者井堙木刊鄭人怨之六月鄭子展子產帥車七百乘伐陳宵突陳城遂入之陳侯賂以宗器免擁社使其衆男女別而纍以待於朝子展執縶而升子產入數俘而出夫楚人主兵而還怒於陳是柔則茹之而剛則吐之也孰謂子產爲有禮乎

秋八月己巳諸侯同盟于重丘重執龍反。

重丘齊地受齊賂而釋賊且盟於齊地是齊亦與盟矣則亦皆齊之黨而已矣故畧言之

公至自會○衛侯入于夷儀

呂氏曰五月會夷儀之衛侯剽也此入夷儀之衛侯衎也不嫌兩君名實相亂乎曰衎歸無道非臣當逐剽亦非臣下所得立故衎入不名鄭伯突入於櫟何以名曰突不當立者衎當立者○楊耻菴曰蓋喜納之也但喜於剽爲逆以君剽也君剽則於衎亦不得爲忠故没而不書○家氏曰春秋之世内外二君者鄭忽與突衛衎與剽也忽之君國正也祭仲以突篡之衎之君國正也孫林父以剽篡之忽既復位突乃賊也是故突之入櫟以名衎入衛地剽猶居位剽乃賊也是故衎入夷儀不名及剽死衎入然後名衎以正其失國之罪

楚屈建帥師滅舒鳩舒鳩偃姓子爵○冬鄭公孫夏帥

師伐陳陳已降服而更伐之斯亦已甚矣

十有二月吳子遏伐楚門于巢卒巢吳楚間小國巢屬於楚而吳人門之蓋攻其城門也巢人隱於短牆射殺之亦足爲輕身狎敵者之戒矣乃或罪巢之不飾城而請罪失釁方之強暴而可以虛文免乎。陳氏曰自入州來至巢是而書伐楚畧之也於是吳子親門于巢牛臣隱於短垣以射之則其但書門于巢卒何以不咎巢人也諸樊始通於上國爭長於楚而喪身於匹夫是以自取之也

甲寅周靈王二十有五年二十有六年

春王二月辛卯衛甯喜弒其君剽剽匹妙反

胡氏曰喜嘗受命於其父使納獻公以免逐君之惡衛侯出入皆以爵稱於義未絶而剽以公孫非次而立又未有說焉則喜之罪應未減矣亦以弑君書何也奕者舉碁不定不勝其偶況置君乎於衛則殖也出之喜也納之於剽則殖也立之喜也弑之是奕碁之不若也不思其終亦甚矣故聖人特正其爲弑君之罪示天下後世使知慎於廢立之際而不敢忽也○張氏曰甯喜輕狥父命而躬犯大惡書以弑君欲辭而不可得矣故春秋者所以定天下之大分而示萬世臣子之法不可不審思而明辨之也

衛孫林父入于戚以叛

左氏曰孫林父以戚如晉書曰入于戚以叛罪孫氏也臣之祿君實有之義則進否則奉身而退專祿以周旋戮也○王氏曰林父逐君立君本爲首惡今也衎入甯出又披君之

邑以市於大國罪不在弒剽者之
下春秋書入于戚以叛深誅之也

甲午衛侯衎復歸于衛

衛侯何以名別於剽也弒者一君歸者一君
別而名之皆不沒其實也○楊璽菴曰獻公
方入夷儀而林父卽以叛書示君臣之道嚴
非失位而可怨獻公已入夷儀而至此始書
歸衛見社稷之託
重必居正而始安

夏晉侯使荀吳來聘

家氏曰林父據戚以叛晉人以兵戍之黨叛
臣也衛人伐戚殺晉戍三百人晉不知自反
乃會諸侯謀有討於衛侯使荀吳來召公當
晉平之時侯強臣僭橫倒行逆施卒以此失諸侯

公會晉人鄭良霄宋人曹人于澶淵

林父據戚以叛晉人以兵戍衛人伐戚殺晉戍三百人晉會諸侯以報衛疆戚田取衛西鄙懿氏邑六十以與孫氏衛侯如晉晉人執而囚之晏平仲私於叔向曰晉君宣其明德於諸侯恤其患而補其闕正其危而治其煩所以爲盟主也令爲臣執君若之何晉侯乃許歸之○家氏曰晉平之爲此會率天下之爲人臣使之盡叛其君也覇者無他主張名分而已晉自悼公獎大夫以伉其君而下陵上替之禍幾遍於中原晉亦坐受其弊矣林父作亂逐君悼公爲之定慕君之位今剽死獻入晉平受賊臣之譖而止獻公囚甯喜取衛田以益林父平固甚愚亦何利而爲此由晉之諸臣各爲私計羽翼諸侯之大夫使之交耜爲亂以爲彼剖分宗國之迆而其君不悟良可喟也魏趙韓三分晉國悼平實有以啟之耳

秋宋公殺其世子痤痤才何反

寺人伊戾譖之也○家氏曰宋寺人伊戾內連宮禁外結大臣共造讒而殺太子宋平尋知其子之無罪僅烹一伊戾而芮棄之寵愛向戌之權任不爲之衰更立棄之子爲太子此人道之大變春秋謹而識之穀梁所謂日君以著其惡者也

晉人執衛甯喜

家氏曰甯喜可執坐林父之訴而執之則悖也是時趙武爲政叔向爲之謀晉無一事可稱二子者崇虛譽而無其實亦何益於人之國乎○高氏曰弑君之賊人人得而討之晉人執之非討其弑君也討其伐戚而殺晉戍也○陳氏曰凡執他國之臣必命大夫而後書於是執甯喜以歸衛侯如晉復執之則但書甯喜何是之謂筆削也宋人執祭仲亦執

厲公但書祭仲晉人執甯喜亦執厲公但書甯喜苟書執鄭突是不以逐君之罪罪宋也書執衛侯衎是以討賊之義予晉也不以逐君之罪罪宋以討賊之義予晉則放乎利而盜名者得志矣

八月壬午許男甯卒于楚

高氏曰十六年晉伐許他國皆大夫獨鄭伯自行故許男欲報之以中國諸侯而卒於蠻荊死非其所矣

冬楚子蔡侯陳侯伐鄭○葬許靈公

家氏曰許靈公如楚請伐鄭卒於楚楚子爲之伐鄭師還乃葬許靈公楚之求諸侯亦勤矣

乙卯 周靈王二十有六年

二十有七年

春齊侯使慶封來聘○夏叔孫豹會晉趙武楚屈建蔡公孫歸生衛石惡陳孔奐鄭良霄許人曹人于宋

杜氏曰齊秦不交相見邾滕爲私屬皆不與盟宋爲主人地於宋則與盟可知故經惟序九國大夫○孫氏曰隱桓之際天子失道諸侯擅權宣成之間諸侯僭命大夫專國至宋之會諸侯日微天下之政中國之事皆大夫專持之故二十九年城杞三十年會澶淵昭元年會虢諸侯莫有見者○高氏曰此會楚意也楚人患吳而結諸夏也諸侯之大夫不詳其故始徇其弭兵之名遂會於宋而與之盟自是華夏蠻貊莫辨而諸國俛首兩事晉楚桓文數十年之功業一朝而壞之百姓雖暫免於兵革之苦而天下之大勢遂大潰而

不可收拾矣彼向戍者又豈足知天下之大計哉○陳氏曰此晉楚初同主盟諸夏也晉楚嘗盟矣會於瑣澤之歲宋華元克合晉楚之成晉士燮會楚公子罷盟宋西門之外不書之猶曰特相盟也兩國之好而非天下之大變也以諸侯分爲二國之從而交相見也於是始則是南北二霸也○天下之大變也

衛殺其大夫甯喜

家氏曰剽篡君者也他人可殺而甯喜嘗事之以爲君不得殺也故書弒以正其罪喜弒君者也他人可殺而衛獻因之以入不得殺也故擅國以殺不去其官○愚按甯殖病逐君之惡亦有志於爲忠喜踐父之遺言亦有志於爲孝然卒之敗名滅身九世之卿族一舉而喪之然則爲人臣子而不通春秋之義自以爲忠孝而反陷於大惡者不知凡幾也

豈獨甯氏也哉

衛侯之弟鱄出奔晉 鱄市戀反

衛侯之入使鱄與甯喜約言既殺甯喜鱄病失言遂出奔晉託於木門不向衛國而坐終身不仕○家氏曰鱄始銜其君兄之命以與甯喜約固許之以專衛國之政今以其專而殺之在衛獻為食言鱄自以為失信於死者而逃其兄而去之夫鱄衛獻之母弟也獻非鱄不得返國今甫奠於位而不能安鱄之身不友甚矣書衛侯之弟譏不友也○劉氏曰衛侯忌小忿而誅有功損大信以疑至親使鱄至於去國逃死者無人君之道故也當此之時鱄以全身不罹於惡名為智以無使其兄有誅弟之惡為義以不翹世以自潔為忠以不仕而能矯國之失為廉可謂重己者是乃君子之所貴也

秋七月辛巳豹及諸侯之大夫盟于宋

孫氏曰湨梁之會諸侯會而曰大夫盟者大夫無諸侯也此盟諸侯不在而曰豹及諸侯之大夫盟於宋者不與大夫無諸侯也豹不氏前見也○鄭氏曰諸侯在會而大夫盟人循知為諸侯之大夫也故不書諸侯以罪其臣諸侯不在會而大夫盟人安知為諸侯之大大故書諸侯以存其君○家氏曰中國之於荒服有天冠地屨之分此帝王之制春秋之法也今諸侯來集楚人遽求為長趙武畏其盛兵衷甲苟求無事遂長楚人春秋為巾國惜故先晉況會盟於中國之境而蠻荆長之無內外之分亂冠屨之常啟戎心而召後患趙武叔向無以辭其責也

冬十有二月乙亥朔日有食之

丙辰周靈王二十有七年 二十有八年

春無氷○夏衛石惡出奔晉 討甯氏之黨也

邾子來朝○秋八月大雩○仲孫羯如晉○冬

齊慶封來奔

家氏曰盧蒲癸王何莊公之倖臣也殺慶舍逐慶封○而戮崔杼莊公之弑也倖臣與之俱死若十人今爲之討賊亦倖臣也身爲國君以倖臣爲羽翼莊固可鄙矣而卿大夫無能爲君討賊復讐者而倖臣乃亂之亦卿大夫之恥也○王氏曰崔杼弑君慶封與之爲比乃乘其家亂而滅之以當國欲不亡得乎魯敢受亂是召亂也

十有一月公如楚

陳氏曰列國之君旅見於楚始於此舉魯以見其餘也是故書公朝於王所見王業之衰書公如楚見霸業之衰凡舉魯以見其餘者則天下之辭也

十有二月甲寅天王崩○乙未楚子昭卒謚康王

胡氏曰甲寅天王崩乙未楚子昭卒相距四十二日則閏月之驗也然不以閏書見喪服之不數閏月也齊景公葬書閏明殺恩之非禮也

二十有九年丁巳周景王元年

春王正月公在楚

爲送葬而留也吳楚之君皆僭王號故不書葬此雖親送之西門之外而亦不書○蒙氏

曰公在乾侯以內外言也公在楚以南荆中國言也向戌售其其邪說屈中國而伸蠻荆俾中國諸侯相率而朝於楚公復爲楚所侮辱久乃得歸春秋憫中國諸侯之爲蠻荆屈故於歲首書公在楚外楚也○高氏曰君在齊晉多矣但書公如齊如晉而義自見也公在楚則聖人之旨深矣不篤君臣之義以奔天王之喪而徇蠻荆之俗以俟楚子之葬故聖人特於朝正之時書公所在

夏五月公至自楚

公還及方城季武子取卞公欲無入榮成伯賦式微乃歸夫公外制於敵國內逼於強臣猶得行告廟之禮以歸幸之也

庚午衛侯衎卒閽弒吳子餘祭祭側界反

閽守門之人獲越俘以為之也。穀梁子曰閽門者也寺人也不稱名姓閽不得齊於人不稱其君閽不得君其君也禮君不使無耻不近刑人不狎敵不邇怨賤人非所貴也貴人非所刑人也刑人非所近也舉至賤而加之吳子吳子近刑人也閽弒吳子餘祭仇之也

仲孫羯會晉荀寅齊高止宋華定衛世叔儀鄭公孫段曹人莒人滕人薛人小邾人城杞

胡氏曰晉平公杞出也故合諸侯之大夫以城杞古之建國立家者必親九族然有父族而後及母族有母族而後及妻族此葛藟之詩所為次也晉主夏盟令行中國平公不能修文襄悼公之業尊獎王室恤宗周之闕而夏肄是屛棄諸姬可謂知務乎。許氏曰齊桓城衛而諸侯歸心者桓公之志公天下也晉平城杞而人疾其役其志私也動文不

時能無攜乎

晉侯使士鞅來聘○杞子來盟

李氏曰此非前定之盟亦非因朝來盟蓋晉之治杞田非出於公義魯之歸杞田未必出於誠心故杞子親來以要結之耳

吳子使札來聘

餘祭既遣札聘上國而後被弒札以六月到魯未聞喪也故請觀周樂書札如敝衛者皆非命大夫之辭也○杜氏曰不稱公子其禮未同於上國也○余氏曰夷昧之死札辭爲君亦或有之但久居臣位事僚終身則未見其有強立固遜之狀至僚弒國亂是時人心欲推立札如傳載光使專諸刺僚而致國乎季子季子不受延陵之逃實在於此是札之

辭國以此而得名矣若札者即其潔身獨善亦一清脩之士也胡氏乃謂因其辭國生亂而貶之毋乃加非其罪而輕於絶人與

秋九月葬衛獻公。齊高止出奔北燕北燕姬姓召公奭後

左氏曰齊公孫蠆公孫竈放其大夫高止於北燕。許氏曰君放其大夫可也臣放其大夫是無君也不可以訓故以出奔書也

冬仲孫羯如晉

戊午周景王二年 三十年

春王正月楚子使薳罷來聘薳于委反罷音皮。夏四

月蔡世子般弑其君固般音班

蔡景侯通於般之妻般弑之。家氏曰蔡自厥貉之會其於從楚去而不復者七十有餘年染於商臣之俗積習蓋有自來矣。孫氏曰稱世子以弑甚般之惡也不言其父而言其君君之於世子有父之親也有君之尊也以般之於尊親盡矣

五月甲午宋災宋伯姬卒

穀梁子曰取卒之日加於災之上者知其以災卒也伯姬之舍失火左右曰夫人少避火乎曰婦人之義保姆不在宵不下堂遂逮乎火而死婦人以貞爲行者也伯姬之婦道盡矣詳其事賢伯姬也。安定胡氏曰伯姬乃婦人中之伯夷也。汪氏曰伯姬年滿六十雖曰避火全生未害其貞然君子之道過乎[illegible]於人之道過乎尊春秋[illegible][illegible]姬所以著書

秉節不渝處乎屈厲千古使夫不當避以失節於造次顛沛之際者知所警也豈曰小補之哉。王氏曰越義求生不如守義而死天理人欲之間在乎此而巳矣死生命也禮義之閑所欲有甚於生所惡有甚於死一下堂而此足之失不可悔矣故寧守義而死也

天王殺其弟佞夫

吳氏曰象欲殺舜而舜封之爲諸侯仁人之於弟蓋如此儋括爲亂佞夫實不知謀而尹劉諸人乃殺佞夫書王殺者罪王不能免其弟也劉氏曰殺母弟直書君者甚之也此其爲甚之奈何儋括將作亂立佞夫佞夫弗知王誅儋括也並殺佞夫非親親之道也。張氏曰王者之道親親而及天下則治有序。別嫌疑以明賞罰則政有經周景王初立儋括爲亂而免佞夫不知而死所厚者薄本心亡矣所以終欲黜嫡立廢而致子朝之亂也。

陳氏曰凡王殺不書雖王子不書甚者母弟亦不書必殺無罪也而後書

王子瑕奔晉

吳氏曰瑕天王之子亦與聞儋括之謀蓋逆子也奔以逃死而自絶於父有罪而奔不可復入故不言出○愚按括亂臣瑕賊子而晋皆受之是爲天下逋逃主也無王甚矣

秋七月叔弓如宋葬宋共姬

陸氏曰爲災而死高其志行使卿往會所以書之薛氏曰古者夫人無謚從夫之謚東遷之後其制隳矣共姬執禮而死宋人不敢加非禮之謚一人守正知天下莫之違矣

鄭良霄出奔許自許入于鄭鄭人殺良霄

胡氏曰良霄汰侈嗜酒諸大夫皆惡之而公孫黑爭黑因其醉伐之良霄奔許自許歸

鄭以伐公門弗勝死於羊肆不言復入者其位未絕也不言叛者將以滅國非直叛也若華亥之入南里宋辰之入蕭其書叛者皆據土猾君以自保未有滅國之謀也不言殺其大夫者非其大夫矣討賊之辭也○張氏曰良霄之出公孫黑蓋有罪焉春秋舍黑專伐之罪而罪良霄何也伯有之所爲有喪家亡身之道焉雖微公孫黑其能免於死乎既亡而不自省又入伐君而大亂其國此春秋所以正名以討賊之辭也春秋於喪國失家者皆不書所逐之人以明其身之有罪使有國有家者兢業自謹而求所以反身自修之道則奔亡之禍遠矣

冬十月葬蔡景公

凡被弒之君葬多草草觀晉人葬厲公以車一乘則可見矣今般乃固之子也不得不任

土喪之事備送終之儀然躬行大逆徒見其欺而已矣國人不以爲非而臨之天下不以爲非而會之是相率而爲禽獸也隋楊廣之葬泰陵也亦然○家氏曰君弑賊不討而書葬臣子親爲逆無臣子可責也○淇氏曰書葬蔡景公使人求其所以死所以葬之故而其罪惡自見矣隣國諸侯不討弑君之賊而乃公然會葬諸侯之罪與般均矣○胡氏曰春秋大法君弑而賊不討則不書葬蔡景公何以獨書葬遍刺天下之諸侯也蔡世子般弑其君藏在諸侯之策而往會其葬是恩義情禮之篤於般不以爲賊而討之也世子弑君夷狄禽獸之不若也而不知討豈不廢人倫滅天理乎

晉人齊人宋人衛人鄭人曹人莒人邾人滕人薛人杞人小邾人會于澶淵宋災故

宋災故言因宋災而謀恤之也魯卿不書蓋叔弓先已在宋婚姻之國賙恤必急故不必與會耳○胡氏曰會未有言其所為者比獨言其所為何遍刺天下之大夫也蔡世子般弑其君天下之大變人理所不容也則會其葬而不討宋國有災小事也則合十二國之大夫更宋之所喪而歸其財則可謂知務乎以為木之蔡也可謂不智苟蔡此而不謀則亦不仁矣是故諸国之大夫貶而稱人魯卿諱而不書又特言會之所為以垂戒後世可謂深切著明矣○黄氏曰自晉人廢討賊之義而後楚子虔得竊是義以行之以討陳亂爲名而滅陳以討蔡亂爲名而藏蔡則澶淵之會爲之者也

已未 周景王三年

三十有一年

春王正月○夏六月辛巳公薨于楚宮

杜氏曰公適楚好其宮歸而作之不居先君之路寢而安所樂失其所也○陳氏曰楚宮別宮也小寢猶非正也況別宮乎

秋九月癸巳子野卒

孫氏曰子野襄公太子未逾年之君也名未葬也不薨不地降成君也○汪氏曰居喪毀瘠不形者先王之禮也毀不滅性者先王之教也故不勝喪者比於不慈不孝過哀毀瘠以致滅性亦不子矣○愚按忠如洩冶孝如子野貞如宋伯姬皆賢者之過也雖未合乎中庸亦不得以爲非聖人皆錄之凡以厲俗而已矣○湛氏曰春秋之時臣弒君子弒父視野之傷孝何如哉聖人書之其慼深矣

己亥仲孫羯卒○冬十月滕子來會葬

許氏曰先王之制諸侯之喪士弔大夫送葬滕子會葬非禮也

癸酉葬我君襄公○十有一月莒人弑其君密州

家氏曰左氏云書莒人弑其君言罪之在也置其子之大惡歸過於其父春秋必不然黎比公虐國人國人作亂而弑之展輿既廢於父而見立於國人使展輿能討賊於既立之後庶平可免矣○趙氏曰左氏傳文展輿因國人以攻莒子當云展輿因國人之攻莒子弑之乃立而後來傳寫誤為以字耳

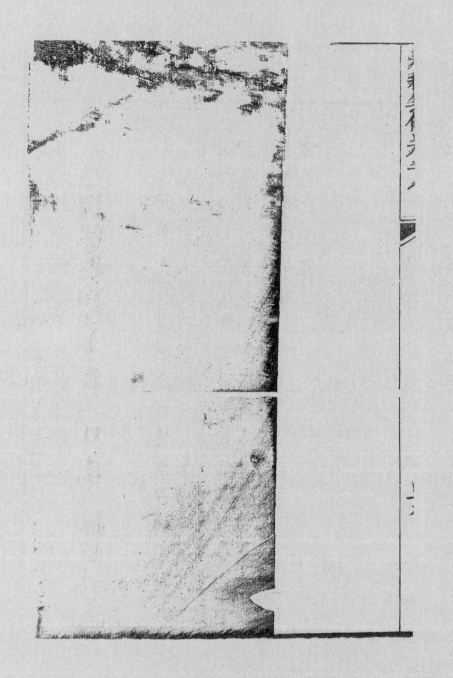

春秋集傳卷之九

湘川李文炤編輯

昭公（名稠襄公子謚法威儀恭明曰昭）

［庚申］（周景王四年）元年

春王正月公即位（茅堂胡氏曰子野毀而卒穆叔方言昭公有童心不可立然則昭公誰受之命乎其書即位者有子野之命矣故穆叔雖不欲而不能止也）

叔孫豹會晉趙武楚公子圍齊國弱宋向戌衛齊惡陳公子招蔡公孫歸生鄭罕虎許人曹人于虢（虢鄭地）

張氏曰春秋正中外之分宋之盟楚爭先而晉不與較今號之役又以請讀書加牲上則是蠻荊而爭勝也中外之分不可亂故二役皆先趙武焉○汪氏曰宋號之盟楚再先晉而春秋不以楚先者亦猶黃池之會吳子主盟而春秋以晉居吳之上也辰陵蜀之盟申之會楚序諸侯之上皆主盟會也盂之會楚子亞於宋公而序諸侯之上宋號兩役楚屈建公子圍亞於晉趙武而序於諸侯大夫之上皆兩霸之辭也○孔氏曰八年招殺世子故稱弟以彰招罪此奉使以會諸國非義利之所與舊史書為公子而聖人因之也

三月取鄆

季孫乘莒亂而取其邑故直書而不諱鄆有三此莒邑也東鄆西鄆則魯邑也○李氏曰書伐莒是以討賊予魯也不書伐而書取則收奪而已矣

偏矣

夏秦伯之弟鍼出奔晉鍼其廉反

胡氏曰秦后子有寵於桓如二君於景其母曰弗去懼選鍼適出奔其車千乘書曰弟兄罪秦伯也春秋以均愛望人父以能友責人兄父母有愛妾猶沒身敬之不衰況兄弟乎○弟翕而後父母順矣故特稱秦伯之弟云家氏曰以千乘之國而區區母弟車之多抗其君鍼之汰甚矣書秦伯之弟譏秦伯亦與鍼也其母使之奔亦智矣卒得返國由母賢耳

六月丁巳邾子華卒○晉荀吳帥師敗狄于大鹵大鹵即太原晉地

毀車崇卒狄人笑之未陳而薄之大敗之此廢車戰而尚步卒之始也詩云薄伐玁狁至于太原禹服之內而狄人來侵禦而覆之非窮兵黷武之比矣

秋莒去疾自齊入於莒莒展輿出奔吳

國無二君去疾展輿曷爲皆繫之莒乎蓋展輿爲弒君者所立而不能討賊去疾假齊之力以討之繫去疾於莒者明其終有莒也繫展輿於莒者明其先有莒也展輿立已踰年而猶不稱爵與閽乎故斯不可以有國矣○李氏曰去疾因齊力以入國未見其能討賊也必與國人約衆許入而後爲之遂展輿耳展輿不稱爵爲弒君者所立不以爲君也○劉氏曰莒展輿子也而不謂之子展輿失子道也凡人之所以稱乎臣者以有君也所以稱乎子者以有父也君弒矣而臣不討賊父弒矣而子不復讐是故無臣子之理也展輿之見奪不亦宜乎○高氏曰展輿曷爲以國氏明巳立也若曰是莒之展輿而非莒之君所謂與陳佗同者是也

叔弓帥師疆鄆田

王氏曰取鄆不書帥師而疆莒田書之者以見其因莒亂出不意而取得之爲易今欲因其所得則莒來争必矣故遣鄉帥師而疆之然魯秉周禮既因人之亂以取田又持其師衆而疆之則先王封域不復守矣書者所以忠亂也。汪氏曰春秋一經書假田者一譏予之之非義也書疆田者一譏取之之非義也

葬邾悼公。冬十有一月楚子麇卒

吳宥函曰傳言公子圍將聘鄭未出境聞王有疾而還入問疾縊而弑之遂殺其子慕及平夏然則經何以不書弑也因是揆之虔雖久蓄無君之心而未動於惡適値郟敖有疾因而取之非必乘其疾而縊之也不然以子圍專制楚國合從諸侯魁柄在手何難驟得

其欲而自出聘於鄭則其情緩矣庸詎知麇之卒非以疾而卒乎人見虔之行事放恣於前暴虐於後弒君圍其所性之近也因以弒加之耳聖人居心平恕非其所見聞必不以大逆加人也豈靈王自縊而循治比以弒君之罪子圍縊熊麇而反没圍以弒君之名乎必不然矣然則慶封言楚公子圍弒其兄之子而代之爲君而軍中纂然皆笑不其誣與曰反唇相稽豈必其信以彼證此抑文何憑○愚按圍嘗自言予殺人之子多矣則殺幕及平夏容或有之弒麇則未必然也是以君子惡居下流而天下之惡皆歸焉

楚公子比出奔晉

比有爭國之心而力不敵是以出奔圍比兄弟也既已不容則不至於相殘不已矣

辛酉

周景王五年

二年

春晉侯使韓起來聘。夏叔弓如晉。秋鄭殺其大夫公孫黑

鄭駟黑好在人上攻良霄而逐之又與公孫楚爭室而楚被放又將作亂去游氏代其位傷疾作而不果子產使吏數之縊而尸之稱國以殺而不去其官者譏鄭人討罪之緩也。胡氏曰黑則有罪而鄭人初畏其強不之討也因其疾而幸勝之則亦云殆矣故稱國以殺累乎上也。劉氏曰國君專殺大夫非王法之所得為也然而春秋或予之所以見君臣之禮扶上而抑下也聖王之法不誅不藪不誣無罪及其惡成而罪見誅之猶鷹鸇之發也無留獄矣豈幸而勝之哉

冬公如晉至河乃復季孫宿如晉

以國君而奔同列之妾喪非禮甚矣晉人之辭亦是善意非必拒公而下比也書至河乃復諱魯昭足恭之辱耳

晉少姜卒公如晉及河晉侯使人辭曰非伉儷也請君無辱公還季孫宿遂致服焉○高氏曰公如晉而晉不納春秋以公至河乃服爲文者臣子之心不欲其君見拒于人而以爲公臨河而不濟懼涉難而自復也乃者有阻之辭○劉氏曰千乘之國至重也而動不以禮雖爲之卑伏曲從猶之無益也適得輕焉以此觀之為國以禮者處勝人之地矣○胡氏曰經書公如晉至河乃復季孫宿如晉而昭公失國之固季氏逐公之漸晉人下比之亦不待恥絶而自見矣○王氏曰晉以少姜非伉儷辭公公見辭乃復未爲失禮其失在公不能守正而妄動所謂恭不近禮不能遠耻辱者公也至於季孫宿如晉蓋公既逐矣猶有所未盡于心故遣宿以終其事焉耳此理易見諸家之說反使聖人之意脇而不明恐皆非也

壬戌周景王六年 三年

春王正月丁未滕子原卒。夏叔弓如滕葬滕成公

杜氏曰卿共小國之葬禮過厚、葬襄公滕子來會故魯厚報之

秋小邾子來朝。八月大雩。冬大雨雹

張氏曰雹戾氣也此中國不振吳楚會諸侯之兆也

北燕伯款出奔齊

燕簡公多嬖寵欲去諸大夫而立其寵人燕大夫比以殺公之外嬖公懼出奔夫簡公親小人而踈大臣信有罪矣然爲大夫者豈可遽然專殺嬖人而逐其君哉蓋當是之時君

弱臣強故邊鄙之國亦染諸夏之風也吁可嘆哉

（癸亥周景王七年）四年

春王正月大雨雹

宋氏曰凡陽侵陰不入爲霰陰侵陽不入爲雹周之正月夏之十一月也是陰極陽微之時以極陰而侵微陽乃季氏爭權脅公專制之象也

夏楚子蔡侯陳侯鄭伯許男徐子滕子頓子胡子沈子小邾子宋世子佐淮夷會于申（胡嬀姓　申楚地）

蔡侯列會是在會者皆賊也淮夷與會是在會者皆夷也至是而攘外裔安中國誅亂臣討賊子之大法皆掃地盡矣覇運之降其變至此趙武向戍之徒豈非桓文之罪人哉

楚子執徐子。秋七月楚子蔡侯陳侯許男頓子胡子沈子淮夷伐吳

孫氏曰諸侯復序有不與伐者也。高氏曰諸侯畏楚之強守宋之盟而從之然猶不能致魯衛曹薛邾杞至伐吳之役則中國之諸侯皆去惟屬楚者從之耳人心之向背可知也

執齊慶封殺之遂滅賴

慶封奔吳吳封之朱方楚克之而書滅其族使負斧鉞以徇於諸侯而殺之。趙氏曰慶封時已非齊臣夫子以其與弒君之賊法所當討故繫之齊焉。汪氏曰執宋公而不書楚執分其惡於諸侯也討齊慶封而不言楚討移其善於諸侯也。楊耻菴曰賴子爵小國楚滅之也楚主會者而諸侯從之則同分其咎矣。家氏曰遂滅賴著楚之暴也齊侯

侵蔡遂伐楚遂事之正也楚虐怙其強橫刼諸侯而滅無罪之國書遂所以誅之也

九月取鄫

王氏曰鄫立莒公子爲後今來歸魯魯能請於天子復立其社稷則爲善因而兼之則惡矣故變文書取而從內諱之例

冬十有二月乙卯叔孫豹卒

許氏曰豹卒而毀中軍則公若寄矣以是知豹之有力於公室所謂剩之无咎者與

甲子 周景王八年

五年

春王正月舍中軍舍上聲

初作一軍三分公室而各有其一季氏盡征之叔孫氏臣其子弟孟子取其半焉及其舍

之也四分公室季氏擇二二子各一皆盡征之而貢於公自是公室有貢而無民矣○胡氏曰初作三軍三分公室而各有其一及其舍之也四分公室皆盡征之而貢於公然則三軍作舍皆自三家公不與焉公室益卑而魯國之兵權悉歸於季氏矣兵權有國之司命三綱軍政之本原書其作舍而公孫于齊薨于乾侯定公無正必至之理也○家氏曰或謂周禮諸侯之地方四百里開方計之則為十六同除山川城郭三分之一可出車千餘乘衆十餘萬應有八九軍而大國止於三軍是用一而休二也魯自宣公祿去公室多為私家所侵漁至成公之世欲增一軍而不可得遂作丘甲蓋其地不及四同也及襄公之世公弱而私強復失四分之一乃作三軍蓋其地不及三同也丘出一甲同出一軍均非古制故皆曰作若乃昭公之世則公愈弱而私愈強更失四分之二遂舍中軍益其地

不及二同也昔所本有而今無之故曰舍然則魯之削益甚矣是故二吾猶不足則財匱公臣不能具三耦則將少五分之四皆歸三家而公僅有其一宜其不均不和以至於傾也此說雖與傳異而事情逼真更詳之可也

楚殺其大夫屈申。公如晉

汪氏曰昭公如晉者七至晉而見止者一及河而不至者五惟此年得善往返然以莒人之愬幾不免於辱蓋昭公習於威儀之節而不知禮之本是以晉平雖稱其善於禮猶欲止而討之也

夏莒牟夷以牟婁及防茲來奔

牟婁君邑也防茲臣邑也言及者不可使私邑與公邑相次序也。家氏曰庶其牟夷知莒之盜也季孫宿魯之盜也襄公如晉庶其以其地來奔季氏納之令公如晉牟夷復以地來奔季氏又納之季氏乘魯君之出招納邾莒之叛人叛邑以爲己之私有不曰魯之內盜可乎襄公知楚還及卞城季孫宿取卞使人以告公懼不敢入幾欲適諸侯令公如晉而宿所爲復爾蓋置其君於陷阱罟擭之地將使晉人執之而已得以遂其竊國之計意如逐君之謀寔兆於是矣。汪氏曰三叛之受皆非魯君之意黑肱之來乃昭公已遯定公未立之時蓋水流濕火就燥季孫有叛君之心是以納叛也

秋七月公至自晉。戊辰叔弓帥師敗莒師于蚡泉蚡泉魯地

張氏曰晉人方欲止公而受牟夷敗莒師不顧覇討君辱書此而罪大夫之專可見矣

秦伯卒。冬楚子蔡侯陳侯許男頓子沈子徐人越人伐吳越姒姓子爵大禹裔吳入棘櫟麻以報朱方之役楚於是以諸侯伐之始通越以病吳亦猶晉之通吳以病楚也然朱方之役猶假義此則懲忿而已矣

乙丑周景王九年六年

春王正月杞伯益姑卒。葬秦景公。夏季孫宿如晉。葬杞文公。宋華合比出奔衛寺人柳譖之也。胡氏曰宋公寵信閹寺殺世適痤而父子之恩絕逐華合比而君臣之義睽刑人之能敗國亡家亦可畏矣猶有臼趙高以亡秦信恭顯十常侍以亡漢寵王守

澄田令孜以亡唐而不知鑒覆車之轍皆不亦悲夫○家氏曰伊戾與柳所以譖太子與右師皆坎用牲埋書以售其險謀後先如出一轍而華亥之比柳與向戌之比伊戾而平公不之悟也嗟乎閹人禍人國家必外廷臣與之合而其譖乃售伊柳戌亥之事後世往往有之可不戒哉

秋九月大雩○楚薳罷帥師伐吳○冬叔弓如楚

王氏曰昭公內見迫於強臣外見絕於盟主區區求附於不信之荊蠻宜其終見逐也

齊侯伐北燕

家氏曰齊侯伐北燕將納其君書爵書伐師出有名也不書所以伐貶也伏義而往納賂

而還是以不能成功也齊景賢君每欲有爲輒爲近倖小人所沮優游不斷以逮終老而國非其國矣○汨氏曰晉人納捷菑于邾則書弗克納此不書齊侯伐北燕納北燕伯弗克納者諸侯失國諸侯納之正也非奉少奪長之比也但景公受賂而退故止書伐北燕若以強凌弱而非納燕君耳

丙寅周景王十年

七年

春王正月暨齊平

李氏曰禮記曰戎容暨暨果毅貌也襄公之世齊數伐魯景公初立使慶封來聘而不書魯報則魯蒞無汲汲於齊可知矣○胡氏曰當是時昭公結婚強吳外附荆楚其與齊平無汲汲之意乃齊來於魯而許之平故曰暨

三月公如楚

汪氏曰昭公屢朝於晉不納又迫於強令而朝楚其卑辱亦甚矣

叔孫舍如齊涖盟○夏四月甲辰朔日有食之○秋八月戊辰衛侯惡卒○九月公至自楚○冬十有一月癸未季孫宿卒行父子○十有二月癸亥葬衛襄公

丁卯周景王十有一年

八年

春陳侯之弟招殺陳世子偃師

陳哀公元妃生偃師嬖妾生留有寵屬諸司徒招公子過哀公有廢疾招過殺悼太子偃

師而立公子留○孫氏曰招以叔父之親不顧宗社之重殞冢嗣以立庶孽致楚滅陳招之由也其曰陳侯之弟親之者所以甚招之惡也○許氏曰陳侯罷其庶子資以強輔而濟之權以軋太子使之失職至於亂作躬受其禍惟其溺愛法勝私也悲夫

夏四月辛丑陳侯溺卒

高氏曰楚觀從納公子比而靈王縊春秋謂比弒其君陳侯之弟招立公子留而哀公縊不書留弒君何也比之立無君者也靈雖不立亦不與比並存是靈之死由比也招之立留由君之廢也見君有命哀雖不縊亦不可以君國戹哀之死不以畱也君臣之間死生之際善惡之嫌賞罰之別大矣聖人所以止其名也○嚴氏曰因偃師之變悲而卒是則哀雖罷留非有殺偃師之意也偃師殺而哀始痛求死無地矣廢立之際間不容髮顧欲

兩利而俱存之哀之愚不亦甚哉

叔弓如晉○楚人執陳行人于徵師殺之陳公子留出奔鄭

于徵師赴於楚且告有立君公子勝愬之於楚楚人執而殺之公子留奔鄭○子家氏曰以陳殺太子罪在一招行人何罪楚靈因陳氏亂以爲利賊殺不辜欲以震怖陳國而墟其宗社殺人以行其詐者也○蘊氏曰楚將討陳故晋出奔留既爲君不曰陳留何也留立於招耳未成爲君也○高氏曰偃師曰世子留曰公子别嫡庶也

秋蒐于紅

穀梁子曰正也因蒐狩以習用武事禮之大者也艾蘭以爲防置旃以爲轅門以葛覆質

軓音汎

以爲槷流旁握御轚者不得入車軓塵馬候蹄揜禽旅御者不失其馳然後射者能中過防弗逐不從奔之道也面傷不獻不成禽不獻禽雖多天子取三十焉其餘與士衆以習射於澤宮射而中田不得禽則得禽田得禽而射不中則不得禽是以知古之貴仁義而賤勇力也○胡氏曰蒐春事也秋興之則違天時有常所矣其于紅則易地利三家專行公不與爲而兵權在臣下則悖人理此亦直書其事不待貶絕而自見者也凡亂臣之欲竊國命必先爲非禮以動民而後上及於君父昭公至是民食於他不恤其所昧於覆霜之戒甚矣○陳氏曰蒐狩不書必違理而後書於是舍中軍四分公室季氏擇二二子各一皆盡征之而貢於公蒐於紅也革車千乘皆三家之師也自是而屢蒐三家所以耀武焉爾是故莊桓之狩必言

入昭定之蒐不言公[illegible]

陳人殺其大夫公子過

吳氏曰按哀公屬留於招與過故招過同殺太子二人之罪均也招畏國人公論懼楚人來討故歸罪於過而欲免已人其可欺乎

大雩○冬十月壬午楚師滅陳執陳公子招放之于越殺陳孔奐

陸氏曰招殺世子之賊也宥而赦之與招之黨也執而殺之楚子滅人之國而又爲淫刑此不待貶絶而惡見者也○王氏曰楚棄疾奉世子偃師之子吳圍陳及棄疾立又封吳于陳則知放招殺奐蓋討其殺偃師也○孫氏曰楚莊入陳先書殺者彼乃楚子行義故先書其殺今楚子託義討賊書在滅後見其本懷滅心也

葬陳哀公

茅堂胡氏曰覆人邦國至爲不仁有人亂賊至爲不義又討其逆黨而禮葬其君是猶斧鉞加人而以手撫之也而惡可掩乎○楊氏曰滅國不葬今書葬者以楚無道滅人故書葬以存之也

戊辰　周景王十有二年　九年

春叔弓會楚子于陳

許氏曰楚既滅陳威震諸夏是以無所號召而諸國之大夫會之○王氏曰內朝聘皆言如今楚子在陳不可言如陳故以會爲文○家氏曰繼滅陳而書譏也楚滅人之國天下所當同疾魯以望國倡諸侯與會故譏

許遷于夷

汪氏曰夷一名城父本陳地令楚滅陳遂遷許於此焉

夏四月陳災

楚已滅陳必無赴告叔弓見而誌之耳。家氏曰陳已爲楚所縣俾其臣僣爵以居之而猶書陳災者以盛德之後見剪于楚特著義存之耳不與楚得陳也

秋仲孫貜如齊貜俱縛反。**冬築郎囿**

家氏曰桓四年公狩于郎莊三十一年築臺于郎令復築郎以爲囿非以爲講武之處特以爲游觀之地耳是時三家用事魯君擁虛器而猶興築囿之役其爲季氏陵民哉。許氏曰公内制於強臣外輕於大國亂亡危辱兆矣弗是之慮而築郎囿知公之志日以荒也

己巳周景王十有三年

十年

春王正月。夏齊欒施來奔

高氏曰欒施與高強以兵攻若宮欲伐君以伐陳鮑遂與君戰不勝而來奔此罪大矣不書高強非卿故也魯方通聘而納其奔亡之臣非義也

秋七月季孫意如叔弓仲孫貜帥師伐莒

項氏曰既舍中軍公室無兵每有征役三家各將其兵以行經皆據實並書伐莒之役三家並將獨叔孫氏之兵使叔弓帥之此可見叔孫之賢雖曰家徒猶然使公臣帥之也。王氏曰三子伐莒皆書者惡其專國而使公不得爲政也

戊子侯彪卒。九月叔孫[illegible]晉平公

○十有二月甲子宋公成卒

杜氏曰無冬闕文

庚午 周景王十有四年

十有一年

春王二月叔弓如宋葬宋平公○夏四月丁巳楚子虔誘蔡侯般殺之于申楚公子棄疾帥師圍蔡

公羊子曰楚子虔何以名絕曷爲絕之爲其誘討也此討賊也雖誘之則曷爲絕之懷惡而討不義君子不與也○胡氏曰蔡世子般弒其君諸侯與通會盟十有三年矣是中國變爲梟獍而莫之覺也楚子若以大義倡天下奉辭致討執般於蔡討其弒父之罪而凡

在官者無赦焉殘其身瀦其官室誅於蔡衆置君而去雖古之征暴亂者不越此矣又何惡乎令虔本心欲圖其國不為討賊舉也而又挾欺毀信重幣甘言詐誘其君執而殺之肆行無道貪得一時流毒于後棄疾以是殺戎蠻商鞅以是紿魏將秦人以是劫懷王傾危成俗天下大亂劉項之際死者十九聖人深惡楚虔而名之也其慮遠矣。愚按聖人誠之至也故衛繳楚虔之詐皆斥而名之文楚子殺蔡侯刑其士七十人而經不書者不足道也立元凶之朝而苟貪其豢養是以犬豕自待也襄陽排牆之禍綱目僅錄其首河陰鉄騎之慘綱月僅舉其凡亦以黨惡無恥而不之錄耳

五月甲申夫人歸氏薨

胡女歸姓襄公之妾

昭公尊爲夫人也

大蒐于比蒲

胡氏曰其曰大蒐越禮也君有重喪國不廢蒐不忌君也三綱軍政之本君執此以馭其下臣執此以事其上政之大本於是乎在君有三年之戚而國不廢一日之蒐則無木矣○汪氏曰君有喪既葬卒哭而服王事大夫士有喪既葬卒哭弁經帶以從金革之事惡有小君之喪未葬而不廢講武之事乎

仲孫貜會邾子盟于祲祥

王氏曰季孫當昭公有喪而講蒐禮仲孫背齊歸之殯而從會盟魯之臣子於君親盡矣

秋季孫意如會晉韓起齊國弱宋華亥衛北宮

佗鄭罕虎曹人杞人于厥慭慭魚靳反

許氏曰蔡能嬰城堅不下楚此易功也厥慭不能合天下之兵畏不敢救遣使請命示之弱使楚益驕有以量中國之力而卒取之此韓起之罪也○家氏曰般已死而虔猶頓兵於蔡諸侯共起而擊逐之義所得為也而晉之用事者庸猥無能蔡遂滅矣厥慭之會欲以何為○汪氏曰書八國大夫會厥慭於楚師圍蔡之後滅蔡之前則失救患之義矣夫恃強并弱春秋之常也故厥慭之大夫不能救蔡不待貶絕而罪惡見臣弒君子弒父非常之變也故于虔之諸侯澶淵之大夫不能討賊必待貶絕以見罪惡

九月己亥葬我小君齊歸○冬十有一月丁酉

楚師滅蔡執蔡世子有以歸用之

汪氏曰申無宇稱用諸侯則世子有已嗣君位矣特以其父誘死于外其國被圍於內狼狽憂虞未備爲君之禮其書世子者又以著世嫡之正也○家氏曰般固有可討之罪父死子立宜也而嬰城固守國亡身死特存其世子之名錄其爲宗社死也○高氏曰滅國而用世子者怒其拒師之久也用之者以爲牲也蔡背中國而即蠻荊必以爲可恃也蔡侯既爲所誘殺又從而滅其國絕其世然則蠻荊何補於蔡哉此萬世人君之戒也楚子不道之甚聖人所以詳錄之者非專罪蠻荊也乃所以罪吾中國王綱既墜覇統又絕諸侯莫敢救致蠻荊之自恣至於此也然則向戍之誅寔何利於中國哉○程子曰蔡般弒君父以篡位人所得討幸不見殺於當時而假手於强楚身殄國滅及其嗣子亦可爲亂臣賊子之鑒

辛未　周景王十有五年

十有二年

春齊高偃帥師納北燕伯于陽

杜氏曰偃高傒玄孫陽即唐燕別邑三年燕伯出奔齊今因唐衆欲納之故得先入唐不言于燕未得國都也○家氏曰燕伯入陽與衛獻入夷儀皆以亂臣追逐而出因大國之力以入於其邑皆不名所以正君臣之分

三月壬申鄭伯嘉卒○夏宋公使華定來聘

高氏曰公始以卿共平公之葬故宋元公嗣位而即使來聘也

公如晉至河乃復

家氏曰魯受莒之叛臣叛邑敗其師伐其國[illegible]取其地然皆季氏之所爲明年晉人執如

意亦知鄆之所在而公每至晉輒爲所卻豈晉之諸臣曲爲季氏之地公有辭而不能以自申與○楊耻菴曰未練而朝同列失而又失者也

五月葬鄭簡公○楚殺其大夫成熊

成熊子玉之孫與鬭氏同出於若敖楚子以其爲若敖之餘遂信譖而殺之夫越椒之叛已七十餘年而猶波及其族楚之刑抑何濫耶

秋七月○冬十月公子慭出奔齊

高氏曰季氏之臣南蒯將去季氏而立慭不克而以費叛慭遂奔齊是以君子譏其妄而哀其志也

楚子伐徐

高氏曰徐吳之姻國也楚人疾吳故遷怒於徐既執其君又伐其國也

晉伐鮮虞

程子曰晉假道於鮮虞而遂伐之見利忘義非諸夏之道也故以國舉而不書人

壬申 周景王十有六年

十有三年

春叔弓帥師圍費

南蒯以費叛故圍之○胡氏曰費內邑也命正卿爲主將與大衆圍其城若敵國者家臣強大夫弱也季孫意如不忠於其君不禮於其臣出乎爾者反乎爾宜南蒯之及此也春秋之法不書內叛反求諸已而已矣○家氏曰南蒯不書叛何也曰蒯號於人曰吾以尊公室其心跡未著烏得正其罪卒之以費奔齊於是爲叛臣矣曰家臣尊公室可乎曰可

諸侯之臣皆天子之臣也大夫之臣皆諸侯之臣也當時有謂家臣不當強公室者乃亂賊之黨之悖辭而傳者有取焉不敢謂然也

夏四月楚公子比自晉歸于楚弑其君虔于乾谿

楚師伐徐楚子次于乾谿爲之援公子棄疾君陳蔡主方城之外有觀從者謀欲復蔡率羣失職以棄疾命召比於晉既至脅比而立之殺太子祿及公子罷敵令於乾谿曰先至者復其田里師潰而歸楚子縊於申亥氏○汪氏曰春秋以弑虔之罪歸獄於比者蓋楚共之子長則康王次虔次比次黑肱次棄疾棄疾因虔無道而謀代其位以已次居幼不足以服國人故脅比而君之而虔之殞寔在比立之後叔向謂比涉五難以弑舊君當時

蓋亦以比爲首惡矣○高氏曰棄疾脅而立比叓自縊而死棄疾不得比則無以濟其惡比效死不立斯可矣既立又焉得避是名哉○孫氏曰先言歸者明比不與謀也後言弒者正比之罪也○家氏曰始虔之篡有能伏大義以殺之求郟敖之後而立之則殺者爲義簒者爲賊從討州吁無知之例可也及今而後殺之又代居其位不得謂之討賊矣比雖未嘗事虔然虔兄也比弟也虔君楚國比自外歸爲君而虔死不曰弒君可乎

楚公子棄疾殺公子比

比爲王黑肱爲令尹棄疾爲司馬棄疾夜使人以王至至駭子干子晳二子皆自殺春秋仍歸獄於棄疾者曖昧之惡無隱而勿彰示人以謹獨之學也比未成乎君故不稱弒君棄疾志在盡翦諸兄而取國非爲舊君復讐也故不書楚人殺比黑肱同惡相濟非爲討比

而死是不足録也故不書及其大夫○蘓氏曰比弒其君殺之不稱楚人而曰公子棄疾殺公子比何也棄疾非討其弒而代之也比既爲君不曰楚公子棄疾弒其君比何也衆雖以比爲君而比不當君也

秋公會劉子晉侯齊侯宋公衛侯鄭伯曹伯莒子邾子滕子薛伯杞伯小邾子于平丘八月甲戌同盟于平丘平丘鄭地

汪氏曰晉主夏盟不競于楚久矣以諸侯皆貳而會平丘然不能脩德以感人而徒恃甲兵之威不能辨分以服人而乃盟天子之老卒失霸業無其本而專事其末故也○高氏曰晉若果能與劉子大合諸侯以討楚平弒逆之罪亦足以强中國之威矣今但同盟於

此何所爲哉雖然楚人自是不入寇
而中國爲之少安者亦由於此盟也

公不與盟晉人執季孫如意以歸公至自會

邾人莒人愬於晉曰魯朝夕伐我幾亡矣我
之不共魯故之以晉侯不見公以平子歸魯
人凌暴小國盟主所當治也然晉人特因二
國貢賦之不共而怒之豈有抑強扶弱之心
哉鄆郠之取非昭公之意而季孫所爲也故
不諱公之不與盟而直書季孫之執以明罪
有所歸也○胡氏曰稱人以執非霸討也三
家專魯而季氏罪之首宿及意如尤爲強逼
使告於諸侯以其罪執之請於天子以大義
廢之則方伯之職修矣今徒以邾莒之愬遂
辭魯君而執意如則是意在貨財而不責共
無君臣之義也何得爲罰討乎稱人以執罪
晉之偷也○孔氏曰宣七年會于黑壤晉人
止公盟於黃父公不與盟故不書盟諱之也

乃彼諱不書而此書之者彼不相朝聘公寬有罪諱國之惡故不書其盟此年邾人莒人以貢賦不共愬晉晉人信之所謂讒慝宏多也晉受讒言公無罪非國惡故不諱○汪氏曰沙隨不見公則執行父平丘公不與盟則執意如晉人固知季氏之專魯政矣惜乎洞於私欲但知以霸令威魯而不能以霸政治季氏是以徒能辱魯君而季氏得逭其討由晉之權臣專權而庇強家故也

蔡侯廬歸于蔡陳侯吳歸于陳

廬隱太子有之子吳悼太子偃師之子二君皆未嘗有國者故其歸不言復也○高氏曰楚靈不道暴滅陳蔡而平始依陳蔡之國藉以發難今既得位遂復陳蔡以報其功暴靈之惡而歸恩于已以說中國而春秋不言歸自楚者見二國之復乃自當復非蠻荆得滅

而復之也。胡氏曰歸者順辭也陳蔡昔皆滅矣不稱復歸者不與楚虔之得滅也其稱歸于者國其所宜歸也盧與吳皆亡世子之子也而棄疾封之可謂有奉矣不言自楚者不與楚子之得封也其稱侯者位其所固有也

冬十月葬蔡靈公

三十有一月乃葬國復故也然般乃弒父之賊楚人之誅所謂天網恢恢疏而不漏者而本國送其終鄰國會其葬是不以爲當焚當磔之物也天理民彝果安在哉

公如晉至河乃復

汪氏曰蓋以請季孫也既不得與平丘之會而猶託躬朝之禮以請其臣其失進退之義亦甚矣宜其見距於晉而不得入也

吳滅州來

高氏曰州來本屬楚至是吳取之以封季子其後又以遷蔡焉

癸酉 周景王十有七年

十有四年

春意如至自晉

孫氏曰不稱氏前見也。胡氏曰其始執之爲之邾莒之共而非有扶弱擊强之義也其終歸之爲土地猶大所命能具而非有爲夷執親之悔也然則晉人喜怒皆以利發其勸沮皆以利行違道甚矣

三月曹伯滕卒。夏四月。秋葬曹武公。八月莒子去疾卒

許氏曰昭公以來微國皆葬而莒著丘公不葬者蓋卒無謚其號夷也春秋不以之亂華也

冬莒殺其公子意恢

莒著丘公卒子郊公嗣公子鐸與蒲餘侯茲夫殺意恢郊公奔齊乃逆子庚輿於齊齊隰黨公子鉏送之有賂田然則意恢者郊公之親臣將逐君而先殺意恢其犯上無君之惡極矣齊人受其賂而不問何哉

甲戌

十有五年

周景王十有八年

春王正月吳子夷末卒。二月癸酉有事于武宮籥入叔弓卒去樂卒事

左氏曰有事武宮乃春祠之常而不時祭名者以叔弓之卒去樂卒事變禮而書之非時

祭之失故止曰有事而不曰禘也。高氏曰成六年立武宮非禮也此有事於武宮則知自武宮之後祭之如親廟方其祭也而叔弓涖事籥入而卒此豈雖升鼎耳之變而已哉○胡氏曰有事于太廟大臣涖事籥入而卒於其所緣先祖之心見大臣之卒必聞樂不樂緣孝子之心視已設之餼必不忍輕徹故去樂而卒事其可也此記禮之變而書之者也家氏曰祭者主於誠慤不貳事者也故當祭雖大夫之喪不得以聞叔弓與於祭猝有疾而死則君爲之去樂卒事可也若叔弓自沒於其家知柳莊之北則當待祭畢而後告不當以卑而廢尊矣

夏蔡朝吳出奔鄭

朝吳故蔡大夫公孫聲子歸生之子助楚平王得國而復蔡侯楚費無極譖諸蔡人而逐

之蠱平王因朝吳之謀而得國故寵之而使之相蔡無極害其寵是以設計去之而平王不問則信讒之失亦可見矣○胡氏曰朝吳身居舊國處危疑之地能以忠信自任而杜讒諂之謀則善矣而費無極欲爲之請乃以名利累其心而莫之覺不智亦甚矣

六月丁巳朔日有食之○秋晉荀吳帥師伐鮮虞

鼓人請以城叛穆子弗許鼓人告食竭力而後取之以鼓子鳶鞮歸夫不納叛者非守義也欲以堅民心而久得之耳然視挾詐掩取者則有間矣○湛氏曰荀吳不納叛不急利識爲善矣然不能推此加彼何耶夫征者正有罪也鮮虞無罪而征之是尚能充其類也乎不知無罪而征人之國爲非義而徒以不納叛不急利之爲善是猶紾兄之臂而奪之

食姑徐徐云爾也

冬公如晉

十有六年

乙亥周景王十有九年

春齊侯伐徐

家氏徐之封在齊南鄙桓公之覇楚成伐徐桓公親帥諸侯盟于牡丘次于匡以救之又出偏師伐厲以攻其所必救非但為徐計亦自為齊計令齊景睥睨晉覇而不能志其遠者乃伐徐以為左右望之計視桓公之保徐有愧多矣◦許氏曰景公之時吳楚方爭晉既不能遠畧諸侯以齊之強務修德政以通天下之志糾合諸侯以復覇可也而區區務爭徐伐莒之利志亦卑矣

楚子誘戎蠻子殺之

家氏曰書誘殺罪之深也皆以子稱見雖有大小強弱之不同而於周班皆爲子不得擅相侵凌況誘而殺之乎○胡氏曰楚子之誘一也或名或不名者虔欲滅中國而棄疾討蠻氏謹中外之辨也蔡侯與蠻子之見殺一也或名或不名者蔡般弑父與君蠻氏亂而無質其罪之輕重亦差矣

夏公至自晉

胡氏曰公如晉平丘之會故也至是始歸者晉人止公其不書諱之也昭公數朝於晉三至於河而不得入兩得見晉侯又欲討其罪而止旃其困辱亦甚矣○家氏曰公如晉踰歲涉三時之久而後還意如陷其君也其後公興兵討之勢不容已論者謂爲啟舋非也

秋八月己亥晉侯夷卒。九月大雩。季孫意如如晉冬十月葬晉昭公

丙子周景王二十年十有七年

春小邾子來朝。夏六月甲戌朔日有食之。秋郯子來朝。八月晉荀吳帥師滅陸渾之戎

汪氏曰戎居諸夏之區固中國之大害也晉武不能徙戎卒至中原淪没則中行穆子之滅陸渾疑若可褒矣然陸渾之戎本居秦晉之西北在荒服之外自僖之二十二年晉乃與秦遷之於伊川侵逼王畿則是晉人始謀不善之過也今也與楚爭強掩其不備而滅之蓋不足以贖前過矣奚可褒之有哉

冬有星孛于大辰

許氏曰星孛大辰火災應之天地之符也大辰明堂當宋之分故王室亂宋亦亂衛陳鄭災氣所益也衛亂君奔陳敗鄭獲惟鄭有令政而無後災以是知禍福之可轉也

楚人及吳戰于長岸長岸楚地

此水戰也言戰不言敗楚獲乘舟餘皇吳復奪之勝負敵也。胡氏曰楚地五千里帶甲數十萬戰勝諸侯威服天下本非吳敵也惟不能去譖賊貨使費無極以譖勝囊瓦以貨行而策士奇才爲敵國用故日以侵削至雞父之師七國皆敗柏舉之戰國破君奔幾於亡滅吳日强而楚日削矣是故爲國必以得賢爲本勸賢必以去譖賊貨爲先不然雖廣土衆民不足恃也

丁丑周景王二十有一年

十有八年春王三月曹伯須卒。○夏五月壬午宋衛陳鄭災

鄭災子産臨事而備書焚室而寛其征與之材三日哭國不市使行人告於諸侯宋衛皆如是陳不救火許不弔災君子是以知陳許之先亡也

六月邾人入鄅鄅妘姓子爵

鄅人藉稻邾人襲之入而盡俘以歸鄅子從俘於邾邾莊公反鄅夫人而舍其女○汪氏曰書以邾惡邾且爲宋公伐邾起也○趙氏曰春秋小國真蠭蠆也睎太陽之溫則肆其毒邾子見削於魯亦甚矣今稍安其巢則毒螫之心生鄅亦何嫌於邾邾人乘其不虞而縱

兵入其郛俘掠以歸是誠可疾書人書入賊之也

秋葬曹平公○冬許遷于白羽白羽即析楚地

汪氏曰復封陳蔡而許亦遷葉故今自葉而遷許至是三遷矣胡氏曰本以存許非殲之也

戊寅　周景王二十有二年

十有九年

春宋公伐郳

郳夫人宋向戌之女故向寧請師伐郳圍蟲取之乃盡歸郳俘○高氏曰天下無霸而宋元於此一正入郳之亂是以春秋錄而進之○卓氏曰郳以蕞爾小邦而侵魯鄙用鄙予黠驁素甚故宋元親討之以懲其橫暴不但為向戌報女怨也

夏五月戊辰許世子止弒其君買

許悼公瘧戊辰飲世子止之藥卒書弒其君者止不嘗藥也○張氏曰藥劑所以致人之死者非一端故以瘧言之今之治瘧以砒煆而餌之多愈然煆不得法而反殺人者多矣悼公之死必此類也然止以弒書何也孟子曰殺人以挺與刃有以異乎曰無以異也以刃與政有以異乎曰無以異也進藥而藥殺可不謂之弒哉其所以異於商臣蔡般者過與故不同耳心雖不同而春秋之文一施〻之者以臣子之於君父不可過也○萬氏曰許止之進事雖若可怨萬一後世臣子幸君父之疾進藥以斃之而自附於不知嘗藥之義是啟之爲亂原也○愚謂以許止之賢商臣蔡般之不肖同歸於大惡然則窮理居敬之學君子安可須史離乎

己卯地震

汪氏曰經書地震者五昭公之世再見此年及二十二年是也夫地道安靜以震動爲反常之異臣道恭順以悖逆爲犯上之惡是時季氏強僭已甚天〻示變欲人君知所警而以德銷之也昭公漫不知省遄及於難不亦悲乎

秋齊高發帥師伐莒

汪氏曰齊景爭霸之心不下於僖桓而徒計近功汲汲焉有事於徐莒以晏子之賢爲之輔佐而亦不能有所匡正則所謂以其君顯者何足稱哉

冬葬許悼公

弑君大惡而加之許止罪其悞也凡卓之悞可以悔而改之獨至死生之變則雖欲改之而無由又况施於君父乎賊不討而書葬原

其非故也止自以爲與乎弑不立乎其位以與其弟虺哭泣歠飦粥嗌不容粒未踰年而死則與怙終者異矣故公羊子曰書弑是君子之聽止也書葬是君子之赦止也○姚氏曰悼公書弑著世子止有弑君之事是謹嚴春秋悼公書葬明世子止無弑君之心是忠恕春秋○李氏曰春秋加趙盾弑君訓人以臣道也加許止弑君訓人以子道也二事相類然皆璽不書葬而許悼公書葬者許止自責踰年而卒其心可知矣趙盾力能討責而不討春秋不得不終誅之也

己卯 周景王二十有三年

二十年

春王正月○夏曹公孫會自鄸出奔宋鄸莫公反

高氏曰會子臧之子鄸子臧之采邑也○汪氏曰鄸乃會繼其父之食邑而得專制之者

此論近苛亦未見曾已辭位恐江氏說得之

得罪待放君無赦命是以自其所食之邑而奔他國也○楊耻菴曰春秋書奔皆譏其見幾不早不能辭位而苟免於辜猶之悖君也今會退處私邑其位辭矣而猶懷私竊祿至於不得已而後自邑出奔其視據邑以叛雖爲末減而視自國而奔者又加惡矣此春秋輕重之權衡也

秋盜殺衛侯之兄縶

諸侯之尊兄弟不得以其屬通然同胞者必稱兄弟不同胞者亦稱公子尊尊親親並行而不相悖也公孟縶狎齊豹而奪之司寇故豹與北宮喜褚師圃公子朝等殺之書盜者已去司寇之位也吳宥函曰縶乃靈公之兄傳言其有天疾故不得立是靈公得國於其兄平日不知調護以至於爲盜所殺旣被殺又不能正辭討賊乃倉皇歸國載寶以出是亂

其兄如路人矣不然子産猶能攻盜而殺之豈國君不能討亂而誅之乎故書曰盜殺衛侯之兄縶惡盜所以惡元也

冬十月宋華亥向寧華定出奔陳

呂氏曰一宋國也而三大夫同出奔以見君不能待其臣而臣不能事其君也

十有一月辛卯蔡侯廬卒

庚辰周景王二十有四年

二十有一年

春王正月葬晉平公○晉侯使士鞅來聘

許氏曰禮好不結而財求無度則聘義亡矣蓋自是聘不復志也

宋華亥向寧華定自陳入于宋南里以叛

胡氏曰初宋元公無信多私而惡華向三大夫諫曰亡愈于死先諸乃誘羣公子殺之公如華氏請焉弗許遂刼公取太子及其母弟以爲質公怒攻之華向奔陳至是入於南里以叛南里宋國城内之里名也傳稱華氏居盧門南里以叛而宋城舊鄘及桑林門以守是華氏與宋分國而治矣故其入其出皆以南里繫之宋此深罪叛臣逼脅其君已甚之辭也

秋七月壬午朔日有食之○八月乙亥叔輒卒

○冬蔡侯朱出奔楚

江氏曰或疑此書朱出奔楚後書東國卒乎楚朱無歸入葬之文東國無出奔之事疑只是一事東即東國而誤爲朱也然左傳昭二十七年記沈尹戌之言亦曰出蔡侯朱而史

記蔡世家亦曰隱太子東國攻平侯子而代立則朱東國固兩人也豈穀梁經文因後書東國而誤也與○澹菴胡氏曰楚虔誘殺蔡般執用蔡有蓋蔡君不共戴天之讎朱乃奔而親之惡何可言哉

公如晉至河乃復

辛巳周景王二十有五年 二十有二年

春齊侯伐莒

趙氏曰前年齊高發伐莒今齊侯伐莒皆責其殺意恢之故也殺意恢者何與齊哉齊特假是以虐莒耳明年而莒子來奔齊迫之也

宋華亥向寧華定自宋南里出奔楚

胡氏曰華向誘殺羣公子又刼其君取其太子毋弟爲質又求助於吳楚蠻方入披其國都以叛此必誅不赦之賊也宋宜竭力必討之於內諸侯宜協心必救之於外楚子宜執叛臣之使而戮之於境今楚人釋君而臣是助諸侯之戍而怠於救患固請逸賊而宋又從之則皆罪也故晉荀吳齊苑何忌衛公子朝曹大夫皆畧而不書其曰自宋南里者譏宋之縱釋有罪不能致討出奔楚者不待貶絕而亢不畏獎亂人之惡自見矣○程子曰三叛奔陳又自陳入宋據國以叛復出奔楚往來三年出入自如無能討之者三叛之罪著矣陳楚之惡明矣然則宋公之為國亦從可知矣

大蒐于昌間

雖得時而亦書者譏其僭天子之振旅也○胡氏曰昭公之世凡三書蒐或以非其待或

以非其地而大意則在
權臣專行公不與也

夏四月乙丑天王崩○六月叔鞅如京師葬景王王室亂

初王子朝有寵於景王既葬因舊官百工之喪職秩者以作亂逐劉子追單子單子殺王子還等子朝奔京京人奔山劉子入於王城叔鞅至自京師言王室之亂也○胡氏曰王者以天下爲家則以京師爲室京師者本也治外者先自內治遠者先自近本亂而末治者否矣景王寵愛子朝使孽子匹適以本亂者其言王室識國本之不振也○家氏曰子頹子帶之亂不書今而書聖人之特筆也是時周有兩天子其亂與頹帶異矣劉單所守者禮律之正尹召以景王之邪志爲治命亦足惑人非劉單所守堅確衆人惟義是輔成

周之亂將底於亡所以書也○陳氏曰周亂不書書王室亂則天下無人紀矣昔者惠襄之世子頹亂鄭虢討之子帶亂晉討之春秋不書猶有臣子焉耳於是景王崩悼王即位既葬矣子朝欲篡悼王而立凡歷悼敬五年而後定而訖於侯賊則天下無人紀矣

劉子單子以王猛居于皇

單子欲告急於晉秋七月戊寅以王如平時遂如圃車次于皇○楊耻菴曰劉子名卷單子名旗不名史逸也猛景王嫡子非王無以定尊位非猛無以名嗣君不稱王子猛以別於王子朝稱于皇明有土當得位也二子奉王猛以出所謂社稷之臣是也不書王子朝爭者景王雖有亂命而事未行子朝雖有逆志而位未篡但羽翼有人逼近豺狼故猛不得不出耳不書出者皇在王畿之內也居狄泉放此○劉氏曰公羊云其稱王猛何當國

也非也王猛乃王矣未踰年是以不可稱天
王而又不可以諸侯例稱子也何則獨言子
則似魯之子冠王於子則父與他王子相亂
故稱王繫猛者明是乃王猛在喪之通稱無
可疑也○嚴氏曰不曰王猛居於皇而曰劉
單以之者猛不能自立其出與入皆劉單之
功也儒者泥於以之一言而曰能廢立之文
曰挾天子令諸侯而專國柄夫爲人臣秉忠
孝之性出萬死以赴君父之難既奉王猛于
王城又立敬王而逐亂賊卒以成功告文武
之靈斯亦可以免於貶矣而以以之一字隸
聖人之倩豈春秋之功罪若是其倒置也哉

秋劉子單子以王猛入于王城

晉藉談荀躒帥九州之戎及焦瑕溫原之師
以納王于王城王城西周一名東都所謂郟
鄏是也劉單之忠晉人之勤王皆衰世之
僅事也○張氏曰以經書魯之法推之天子

之喪未葬當稱王子某既葬當稱王子逾年稱王今王猛當稱王子者也適當子朝爭立之際猛雖正而位未定不可以不名故書王猛焉以別嫌而明其正也○陳氏曰居于皇言失京師也入于王城言始得京師也

冬十月王子猛卒

孫氏曰言王所以明當嗣之人也言子所以見未踰年之君也言猛所以別羣王子也不崩不葬降成君也○楊耻菴曰察公穀諸儒不足於王猛者一以景王嬖庶嫡位未正一以劉單專制衆志未協夫景王亂命未行子朝儲位未定不得以伯夷讓國之仁律後世當立之嫡也經稱劉單二子其首襄名耳寔未必止二子也兩稱以王猛循管仲以其君覇晏子以其君顯明其有匡弼之功非著其有專擅之罪也是非不兩立奪亡猛則當爭子朝爭子朝則當奪王丐王丐稱天王而子

朝逆子朝逆而王猛順王猛順此王丐所以稱天王也○陳氏曰未踰年之君雖有謚猶不列於廟次是故衛侯申雖謚曰戴公猛雖謚曰悼王均之爲不成君也

十有二月癸卯朔日有食之

壬午 周敬王元年 二十有三年

春王正月叔孫舍如晉○癸丑叔鞅卒叔弓子○

晉人執我行人叔孫舍

高氏曰晉雖以取邾師爲罪而執行人其寔則爲士鞅來聘以魯爲畀已故也

晉人圍郊

高氏曰郊王畿之邑不繫之國者天下皆王土也蓋土無二王所別異於諸侯也春秋諸

侯更相侵伐未嘗敢及於周此圍郊者子朝在焉故也○汪氏曰明年晉侯使士景伯涖問周故然後辭王子朝不納其使則是時雖遣師圍郊尚未察于嫡庶是非之辨是以助敬王之不力也○東萊呂氏曰當是時王必自以爲無假于晉師故使之聞而晉師因此遂還然晉師還而子朝之勢復熾若因郊潰遂叛子朝不至於後日之難也

夏六月蔡侯東國卒于楚○秋七月莒子庚輿來奔

胡氏曰庚輿虐而好劒苟鑄劒必試諸人國人患之又將叛齊烏存帥國人逐之庚輿來奔齊人納郊公三代之得失天下仁與不仁而已矣苟無仁心甚則身弒國亡不甚則身危國削庚輿免死道左而出奔於魯幸耳入國不書而書其出奔惡之也郊公出入皆不

書微之也所謂以
其人而微之者也

戊辰吳敗頓胡沈蔡陳許之師于雞父胡子髠
沈子逞滅獲陳夏齧雞父楚地

吳人伐州來楚薳越帥師及諸侯之師奔命
救州來子瑕卒楚師潛吳子以罪人三千先
犯胡沈與陳三國亂吳師擊之三國敗獲胡
沈之君及陳大夫舍胡沈之囚使奔告許與
蔡頓三國奔楚師大奔。孫氏曰六國之師
畧而不序者皆狄之也賊其舍中國而與蠻
荊故皆狄之胡子髠沈子逞滅者深惡二國
之君不得其死皆以自滅爲文也。杜氏曰
國君社稷之主與宗廟共其存亡者故稱滅
大夫輕故曰獲獲得也。楊恥菴曰頓胡沈
其君自將陳蔡許則大夫帥師故其序如此
。劉氏曰疑楚本與諸侯同救州來旣而令

尹卒楚軍留而諸侯之師先至吳以詭計勝之楚師寔未與吳相接故經不書楚也。汪氏曰左傳記令尹卒楚師熸吳光設詐先犯胡沈與陳三國既敗又縱其囚使奔許與蔡頓而許蔡頓之師亦奔六國奔敗之後然後楚師大奔則楚師未嘗與吳相接明矣

天王居于狄泉尹氏立王子朝

天王敬王也太子壽早卒次猛次丐皆嫡子故皆宜稱王也。高氏曰敬王始立而遽稱天王者景王崩巳踰年矣不可曠年無王故稱之且明正也舊天下巳有王而子朝不可以亂之也。陳氏曰敬王居狄泉在王城之東謂之東王子朝在王城謂之西王書曰天王居于狄泉黜子朝也。劉氏曰衛人立晉衆人所欲立也不曰公子君位定矣尹氏立王子朝獨尹氏所欲立也巳僭位號猶稱王子言莫之君也

八月乙未地震

汪氏曰王城震而有子朝之奔魯地震而有陽州之孫天之示人顯矣

冬公如晉至河有疾乃復

汪氏曰是時叔孫婼拘囚於晉未有赦命昭公以是行本以請婼而終懼晉之不見納故託疾而還春秋因其託疾而書之以免其不得至晉之耻也人臣將命以修聘雖有疾亦不當復不可壅君命也人君修隣國之好有疾則不可不復既有疾則不得成禮故也

癸未 周敬王二年

二十有四年

春王二月丙戌仲孫貜卒。叔孫舍至自晉。

夏五月乙未朔日有食之。秋八月大雩。丁

西杞伯郁釐卒。冬吴滅巢

家氏曰吴之滅巢能復諸樊門矢之仇故錄之也。吴氏曰巢楚之附庸寔邑之也書吴入州來著陵楚之漸書吳滅巢著入郢之漸四鄰封境之守既不能制則封境震矣四境國都之守既不能保則國都危矣故沈尹戌以此爲亡郢之始也

葬杞平公

二十有五年　甲申　周敬王三年

春叔孫舍如宋

汪氏曰意如遣公室之正卿爲己逆婦專恣甚矣昔也討私邑使公室之卿圉之令也要己妻使公室之卿逆之則名雖爲臣而實行魯君之事尚何待昭公孫齊而後專魯哉

夏叔詣會晉趙鞅宋樂大心衛北宮喜鄭游吉曹人邾人滕人薛人小邾人于黃父

家氏曰此爲王室而會不書無勤王之寔也期以明年納王卒不聞晉侯躬御戎馬展義王室晉之不能甚矣○高氏曰自二十二年景王崩王室亂天王播越諸侯皆莫奔救四年之後晉始爲此會而諸侯不至但合諸大夫以謀之曰明年將納王夫王室之急如此豈可坐待明年哉有覇者作如齊桓公盟首止以定王世子鄭晉文公叔帶以逆襄王豈不羨哉桓文不作猛朝桓競王室世臣不能明先王一定之制順非而廢嫡使頃公而爲桓文呆至是乎是以聖人傷王室之亂而又於此著諸侯之無覇也

有鸛鵒來巢鸛其俱反鵒音欲

鸜鵒黑色穴居之鳥記曰鸜鵒不踰濟魯在濟北本無此鳥故書曰有去穴而巢自下而上之徵也。張氏曰邵子曰天下將治則天地之氣自北而南天下將亂則天地之氣自南而北禽獸之類得氣之先者也鸜鵒不踰濟而至魯豈非氣自南而北之驗歟當此之先楚雖爲中國患而齊晉猶足以抑之自此之後晉霸不競吳越皆以南蠻迭主夏盟諸侯之歛袵事之馴至大亂則知鸜鵒來巢之祥不特昭公出奔之兆而已也

秋七月上辛大雩季辛又雩

譏僭且瀆也禦災非道而區區於禱祠之末將能勝乎

九月己亥公孫于齊次于陽州陽州齊魯境上邑

昭公欲伐季氏子家子曰季氏得民久君無多辱公不從伐季氏遂入之叔孫氏之司馬

保君之祿必生聚於是乎有人而帥之以伐公徒罪孰大於此哉

隔西北隅以入孟氏殺郈昭伯遂伐公徒公與臧孫昭伯如墓遂行。汪氏曰昭公君千乘之國二十有五年討一季氏不克而出奔若何哉即位雖久而民不見德則無德也以叔孫舍子家駒之賢而不能專任以聽其言則無人也臧孫及子家子皆以爲不可不能修政蓄備而遽信羣小之言以圖之則無謀也公徒釋甲執冰而踞莫有鬬心則無兵也四者無一焉而奮烏怒螳螂之背以當車轍其不爲曹髦之刃出於背者幸而免爾使昭公果能修德用賢侯其信乎於人而援之者衆然後審謀治兵一舉而戮巨姦其誰曰不濟苟怙焉不爲而終於亡亦何足取哉。余氏曰季氏自文宣以來專制已久魯公情不能堪非自昭公之世而已然也但其權勢旣成威行中外不惟羣小不敢輕犯雖公亦豈得遽有爲哉觀傳載逐季氏之事輕舉寡謀事同免戲以季氏之怙衆懷姦而欲猝然去之謀之不滅此其所以敗也若夫登臺之請當時變起倉卒二家未集季孫豈能無所俟哉此正季孫之狡計非真有察罪請囚之寔也左氏敘此正洞見姦人肺肝處及二家既集而公之孫遂成矣彭山乃謂叔孫舍仲孫何忌皆賢大夫無助季氏之事鬷戾之語於衆衆皆曰無季氏是無叔孫氏也可見二家之助季氏正其自爲地也○李氏曰意如逐君無復臣禮而傳皆歸咎於公若季氏本無罪者大失是非之正矣

齊侯唁公于野井

唁音彥○野井齊地○

卲生曰唁齊侯將唁公于平陰公先至于野井以幣爲席以鞌爲几以遇禮相見致簞食壺漿脡脯服器孔子曰其禮與其辭足觀矣○高氏曰凡唁皆造其所居其曰于野井者乃齊侯將唁公公自陽州逆之蓋爲恭也○汪氏曰公孫于齊求齊之援也次于陽州侯

齊[illegible]命[illegible]齊[illegible]公于野井以唁爲名拒公之適己也昭公微弱季氏強盛迫脅而出欲求救拯以齊大國之力伐季氏至易也爲君而伐臣至順也行至易以成至順速若伐稿惜乎景不知爲此野井之唁豈弔失國之禮乎拒公而已。家氏曰書齊侯唁者再非但與其能唁也幾其無救災惜患之寔也徒行虛禮而誠不在焉

冬十月戊辰叔孫舍卒

李氏曰昭公之禍原於叔孫氏之司馬昭子既歸倘正鬷戾之罪而誅之亦庶足以剪季氏之羽翼而徐爲之圖今乃付之無可奈何之命不及窮俞遠矣且祈死之說本不可信此年春昭子在宋與元公對語而泣樂祈已知其魂魄去矣何待祈哉

十有一月己亥宋公佐卒于曲棘曲棘宋地

胡氏曰宋元公為公故如晉卒于曲棘宋元之夫人曹氏生子妻意如然則宋元意如之外舅也不此之顧而求欲納公是以正倫恤患爲心而不匿其私親之惡者也其賢于當時諸侯遠矣故雖卒于封內而特書其地以別之也。家氏曰齊晉二大國坐視季氏逐君恬不加省而宋元特爲此行將以前日之逐華向者而討魯之殘家非能洗天下之惡猶巳之惡豈能及此春秋書其卒于行錄之也

十有二月齊侯取鄆

謝氏曰啗之矣而不能爲之討賊居之矣而不能爲之復國齊侯之罪也。王氏曰取魯邑以處公蓋無意以納公也使稱闈鄆之師問昭公出奔之故執意如而歸之京復昭公于魯則齊之義聲振于天下矣。家氏曰是時晉政已衰覇權未有所屬齊景有志修桓公之業當請命天王召號與國納昭公於魯

劉意如以示天下而覇政舉矣乃以取鄆爲首務姑塞其責勇於義者不爾也。呂氏曰齊侯不能討季氏以正君臣大義而獨取鄆以處公其無意于善而忽遠畧可知矣

乙酉 周敬王四年

二十有六年

春王正月葬宋元公

汪氏曰昭公在外而魯於宋晋鄭曹滕薛每遣使人會葬不廢喪紀則意如之專魯與君無異矣

三月公至自齊居于鄆

禮稱君去其國太宰取羣廟之主以從不然則或如大夫之聘有依神之幣焉是以書至。胡氏曰居者有其土地人民之稱也昭公失國出奔而稱居于鄆者存一國之防也襄

王已出而稱居于鄭蔽王未入而稱居于狄泉若存天下之防也天子之於天下率土之濱莫非王臣非諸侯所敢擅也諸侯之於封國四境之內莫非其土非大夫所能專也故諸侯避舍以待巡狩而大夫專邑是謂叛君曰居于鄆其爲防也至矣。啖氏曰王者至尊雖在外皆曰居諸侯奔在境內亦曰居皆言猶居其地但不得其所耳。家氏曰居于鄆志公之失位也失位矣而猶書至書居所以尊魯君而挾亂賊也自是每歲書至書居凡五見焉及鄆潰乃書公在乾侯亦所以存公而繫魯國臣民之望也鄆魯地故書居乾侯晉地故書在

夏公圍成

胡氏曰成者孟氏之邑齊侯將納公命無受魯貨申豐適齊貨梁丘據據受之言於齊侯曰使羣臣從魯君以卜師有濟也而繼焉斯

無敵矣齊侯從之使公子鉏帥師從公圍成不書齊師者景公怵於邪說爲義不終故微之也書公圍成則季氏之不臣昭公之不君齊侯之不能修方伯連帥之職其罪咸具矣。王氏曰公失國之君無師之師衆當書公以齊師圍成令直曰公圍成者惡齊臣受季氏之賂雖得其師不足以也

秋公會齊侯莒子邾子杞伯盟于鄟陵鄟市轉反

李氏曰鄟陵之盟乃齊侯假納公之大義以爲糾合之謀此于鹹于沙之漸也使能充此志則復北杏之業何難哉既而卒不能納公則叛蜀而已矣

公至自會居于鄆。九月庚申楚子居卒謚平王

。冬十月天王入于成周

前晉荀躒藉談納王猛于王城今晉知躒趙鞅納敬王于成周經皆不書者天子蒙塵諸侯當躬親敵愾區區遺臣微勞不足錄也

成周東都也一曰下都周公遷以居頑民者也晉知躒趙鞅帥師納王于成周使成公般成周而還○孫氏曰不言歸而言入者以著即位於外也○吳氏曰王城曰東都蓋以鎬京爲周之西都東對西而言也成周曰下都蓋以王城爲洛之上都下對上而言也時子朝據王城故王入於成周而居○汪氏曰天子之居必稱之曰京師悼王入王城敬王入成周百不稱京帥而以地名之者著其衰弱不能自振與列國之諸侯無以異耳其不稱京師者見天王之失尊也其稱京師者示天下之當尊也

尹氏召伯毛伯以王子朝奔楚

尹氏舉族之辭召伯毛伯一人之詞子朝在楚至定公五年周人因楚亂而殺之○汪氏曰尹氏世卿秉政擅權書立朝書以朝奔楚著始終黨惡而不悛也奔不言出者篡賊逋

逃以逭天討無所出也故此於滅國之君與任境外之臣但書奔爾書曰奔楚則楚受簒賊之罪亦見矣、何氏曰立子朝獨書尹氏出奔並舉召毛者明本在尹氏當先誅首惡後治其黨

丙戌

周敬王五年

二十有七年

春公如齊公至自齊居于鄆。夏四月吳弒其君僚

吳子壽夢有四子長諸樊次餘祭次夷昧次季札諸樊兄弟以次相及必欲致國於季子而季子終不受夷昧之子僚自立故諸樊之子光使專諸刺之僚越光而代札故羣臣不服咸有廢立之心然既奉以爲君而又坐視其大變是相率爲逆也故稱國以弑而不專

歸獄于光非免光也光在其中矣以季札之賢而不能定亂何也曰郤子稱季札之才近伯夷則亦潔身守節之士耳其不受吳國者蓋度其族姓之狼戾而不能化也觀其言曰哀死事生以待天命非我生亂立者從之則其無定亂之才可見矣使其受夷昧之讓葦去王號匡輔宗周不然討光之弒逆擇賢而立改紀國政皆可以與吳而遂諸兄之志惜乎季子之不能也○胡氏曰季子自度其力有不能辨者故歸潔其身而已矣使札有周公之才之美必討弒逆之賊正僭竊之名奉周正朔以治吳國爲萬邦之憲矣

楚殺其大夫郤宛

費無極鄢將師譖於令尹子常而殺之也○趙氏曰郤宛之死費無極譖而殺之而經以國殺爲文蓋聽無極而致宛之死者君也故以累上之辭書之耳○劉氏曰君不明故臣

得專其威殺其大夫而莫之止也不亦甚乎然則郤宛則有以取之有以取之者避嫌不審也○張氏曰恃國人之悅已而無見幾知人之明以立於無道之朝至於見殺宜矣

秋晉士鞅宋樂祁犂衛北宮喜曹人邾人滕人會于扈

許氏曰士鞅謀納公而以貨解無毀辭者以令戍周故也覇圖不競荀有一善則爲之匿諸懸而存之此春秋所以扶衰亂也○胡氏曰扈之會令戍周且謀納公也文十五年將爲魯討齊齊侯賂之而不克討故在會諸侯畧而不序今此謀納公亦以賂故不克納而諸國之大夫皆序何也曰利于納公者宋衛之大夫也受賂而不欲納公者獨范鞅主之耳又況戍周之令行乎所以列序而不畧也以此見聖人取舍之大情而輕重審矣

冬十月曹伯午卒○邾快來奔

高氏曰快亦三叛人之黨魯爲逋逃淵藪而受之魯之強臣逐君而邾快來奔從其類也

公如齊公至自齊居于鄆

汪氏曰上之於下有征而無戰而況敗乎以君而伐臣已褻其威而況見伐於其臣乎孟懿子陽虎伐鄆公徒敗於且知春秋不書皆所以存公也伐陽虎逆僭不足責仲孫何忌嘗學于聖人者也何乃昧於君臣之大義亦至於此其極乎嘻可嘆也

丁亥 周敬王六年　二十有八年

春王三月葬曹悼公○公如晉次于乾侯乾侯晉地

汪氏曰兩書如晉次于乾侯傷其不得入於

晉亦不得返其國也書次則止於是而已矣無可復之道矣夫次于陽州猶曰齊魯之境也次于乾侯進退維谷則羈旅之人耳聖人汲汲於存公而屢書不一書然昭公之迹愈遠愈微而愈不能自振亦可見矣公之在齊猶有齊侯取鄆圍成之事晉頃拒而不受畧無兄弟孔懷同惡相恤之義不亦重可歎哉

夏四月丙戌鄭伯寧卒六月葬鄭定公○秋七月癸巳滕子寧卒冬葬滕悼公

王氏曰昭公在外季氏使人會諸侯之葬以結外援也

戊子 周敬王七年

二十有九年

春公至自乾侯居于鄆○齊侯使高張來唁公

高氏曰唁于野井齊地也唁於乾侯晉地也今在鄆乃魯地故但書來而已○胡氏曰遣使來唁淺事也亦書於經者罪齊侯不能修方伯連帥之職也諸侯失國諸侯納之正也魯爲鄰境甥舅之國昭公朝夕立于其朝會不能陳師境上討意如逐君之罪而遣使唁公豈得禮乎

公如晉次于乾侯○夏四月庚子叔詣卒

叔詣欲納公而卒季孫幸之曰是天命也非我罪也則其欲翦公羽翼之心不可揜矣

秋七月○冬十月鄆潰

高氏曰昭公居於國而國人逐之出居于鄆而鄆潰見魯民皆叛但知畏季氏也○汪氏曰或謂意如間公于乾侯誘其民而使之潰夫苟昭公之德澤足以固結其民而民心不

忘昭公則雖誘之使歛其民亦必深思遠念而不忍叛去樂毅叛齊淖齒殺王未朞年而王孫賈一呼齊人皆袒右攻賊以季氏之强孰與六國而魯人之思昭公不若齊人之思念其君何也豈非昭公失民既久而若是耶然則鄆民之見誘於季氏寔以耳濡目染之有素而非一朝一夕之故也

己丑

周敬王八年　三十年

春王正月公在乾侯

胡氏曰公去社稷於今五年每歲首月不書公者在魯四封之内則無適而非其所也至是鄆潰客寄乾侯非其所矣歲首必書公之所在者蓋以存君不與季氏之專國也而罪臣子識諸侯之意具矣唐武后廢遷中宗草命自立君子復繼嗣聖之年黜武氏之號自

以爲竊取春秋之義信矣。薛氏曰鄆書居
乾侯書在內外之別也。王氏曰天子所在
稱居示無外也故襄王奔鄭書居諸侯在其
國稱居寄他國稱在示有尊也故昭公于鄆
稱居于乾
侯則稱在

夏六月庚辰晉侯去疾卒。秋八月葬晉頃公

。冬十有二月吳滅徐徐子章羽奔楚

吳子滅徐徐子斷其髮攜其夫人以逆吳子
吳子唁而送之遂奔楚楚沈尹戌帥師救徐
弗及遂城夷使徐子處之。常山劉氏曰齊
滅譚楚滅弦狄滅溫皆不名者殘暴加於弱
小力不能勝而奔義未絕也訴於天子方伯
則理可伸而國可復豈可遽絕之哉章羽既
已服吳而後奔楚則既降矣安有興復之志
哉故名之以著其絕也。家氏曰闔廬既弑

君怨徐納亡公子而滅之書滅徐以與也章羽以名書爲其不能死社稷而偷生耳

庚寅 周敬王九年

三十有一年

春王正月公在乾侯。季孫意如會晉荀躒于適歷適丁歷反。適歷晉地

晉侯將以師納公士鞅請召季孫而使私焉曰子必來我受其無咎是以相會之。陳氏曰君在外雖卿有事不書必有諸侯之事而後書故文公在晉教會垂隴襄公在晉宿會邢丘皆霸令也昭公在乾侯意如會適歷非諸侯之事也則何以書以晉之釋君而助臣也襄昭之際大夫無君之禍晉人爲之也。呂氏曰鄟陵之會四國同之伐季氏以納昭公何不可之有所以不克納者以梁丘據之受賂也扈之會六國同之伐季氏以納昭公尤

易爲力所以不克納者以士鞅之取貨也自其爲義之心不勝其貪利之心而其爲義者不勇矣此齊晉納公之謀所以姑爲之名而卒之無功與抑不但其貨利之行而已也覲晉侯欲以師納公而士鞅使人私於意如則其互爲脣齒久矣當是時晉之六卿猶意如也晉君猶昭公也其宥並心一意以誅其臣而納其君哉。汪氏曰意如之練冠麻衣跣行卑辭伏罪皆外餙詐僞以欺晉晉定既惑於范獻之巧言而知躒亦隨其計而不悟非惟奉命與之好會文蕙之叛逆而不恤魯君有汲汲哀求之請不亦甚乎

夏四月丁巳薛伯穀卒。晉侯使荀躒唁公于乾侯

高氏曰陰交其臣陽唁其君空言無寔卒使六卿之強遂分晉國而有之則晉侯亦魯侯

而已

秋葬薛獻公。冬黑肱以濫來奔

杜氏曰黑肱邾大夫不言邾史闕文。許氏曰邾快黑肱相繼來奔季孫當國以類至也

十有二月辛亥朔日有食之

辛卯 周敬王十年

三十有二年

春王正月公在乾侯取闞

家氏曰闞者魯羣公墓之所在公不得奉宗廟祭祀而先君墳墓所在特以取書著賊臣據國逐君之罪屢書特書致討於季氏也

夏吳伐越。秋七月。冬仲孫何忌會晉韓不

信齊高張宋仲幾衛世叔申鄭國參曹人莒人
薛人杞人小邾人城成周

士彌牟營成周計丈數揣高卑度厚薄仞溝洫物土方議遠邇量事期計徒庸慮財用書餱糧以督役於諸侯屬役賦丈書以授帥而効諸劉子韓簡子臨之以爲成命○吳氏曰王城自平王東遷以來天子世世居之故其城完固子朝據王城敬王居狄泉晉師納王然後王入於成周子朝棄王城奔王畏子朝餘黨尚多故不居王城而留居成周成周乃周公遷殷頑民之地其城圮惡故諸侯以兵戍之至是晉帥諸侯城成周之後始微諸侯之戍○謝氏曰諸侯不勤王事久矣當王室微弱之情列國乃能從王命以安王室善之大者也○呂氏曰周室雖衰諸侯猶勤王加此先王之德澤猶有存焉者也○季氏曰敬

王以正得國能自樹立侯邦咸集見王澤之未竭晉定猶能率諸侯也○陸氏曰公為旅人何忌不能從季氏逐君何忌不能去罪大矣雖受晉命而城成周亦無補於過也

十有二月己未公薨于乾侯

劉氏曰昭公七年於外齊晉不能討意如而納之者豈非諸侯之政柄名授於大夫黨同伐異皆爲季氏之所爲其君畏偪而不敢與然意如攝祭而不敢篡亦由周公忠義之澤流入人心猶未忘耳○胡氏曰爲人臣者觀毋歲必書公所在必不敢萌跋扈之心為人君者觀春秋所書圍成鄆潰知社稷之無常奉也亦必少警矣

春秋集傳卷之九

四十

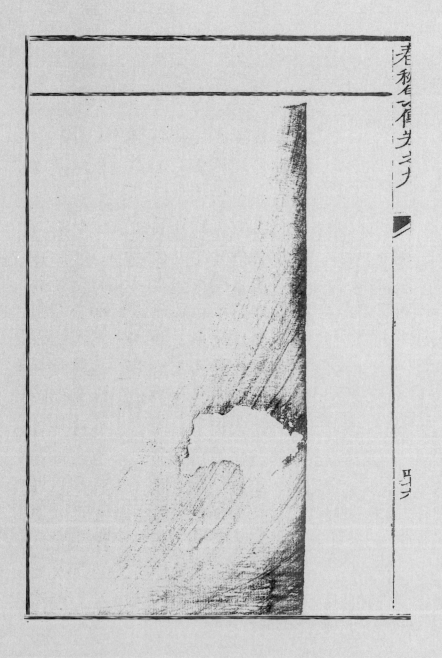

春秋集傳卷之十

湘川李文炤編輯

定公

名宋，襄公子，昭公弟。謚法：安民大慮曰定。

壬辰

周敬王十有一年

元年

沙隨程氏曰：定公未立，先書元年者，追書之也。○郝氏曰：凡即位必於正月，此不書正月即位者，公即立後也。凡元年必踰年，此書元年者，昭公卒於去年十二月，踰年矣，定立之年即定元年也。○余氏曰：不書正月，無事也。二月無事亦不書。二月晉人執仲幾，書以志晉之無王，非爲魯無君也。○楊恥菴曰：隱、閔、僖正月無事可書而書正月者，宜有即位之事而不行即位之禮，故書以志闕。此公喪未歸，位未定，非有闕禮，而文適無可書之事，故不書正月。其餘非元年而無正者屢矣，蓋皆以事從事，而非有所褒貶於其間也。然亦有

三春無事而書春王正月以備四時者文不可以闕禮爲例矣

春王三月晉人執宋仲幾于京師

胡氏曰諸侯會城成周宋仲幾不受功曰滕薛郳吾役也爲是執之則有罪矣書晉人執仲幾於京師則貶辭也以王事討有罪何貶乎接周官司隸掌凡囚執人之事屬于司寇凡諸侯之獄訟定以邦典凡卿大夫之獄訟斷以邦法則大司寇之職也不告諸司寇而執人于天子之側故雖以王事討有罪猶貶凡此類皆篡弑之蒙覆霜之漸執而書其地謹之也每謹於初而禍亂熄矣○汪氏曰不曰成周而曰京師所以尊王室而正晉大夫無王之罪也○楊士勛曰不書所歸惟舉其地者此昔人自治之効也

夏六月癸亥公之喪至自乾侯戊辰公即位

趙氏曰即位皆於朔日故不書日定公待昭公喪至既殯而即位故書日。家氏曰定公之立不書即位正也今書即位以其篡君之子受位於賊特書即位以正之也定公而能執子臧季札之讓逃而去之夫然後於義為盡令也受位於賊曾不曰先君有適子我不當立僾然自以為己之所當得是與篡何遠哉春秋書即位從桓宣之例夫豈予之亦以誅之也

秋七月癸巳葬我君昭公

季孫使役於闞葬昭公于墓道南孔子之爲司寇也溝而合諸墓。高氏曰昭公薨半載餘始以喪歸歸及餘月而遽葬是魯之臣子無恩於先君如此

九月大雩

薛氏曰國有三年之喪而行大雩之禮見三桓之無上也

立煬宮

高氏曰煬宮考宮之弟也魯之以弟繼兄而立蓋始乎此昭公之在魯已立公爲爲太子及其居鄆又黜公爲而立公衍季孫舍嫡嗣不立而立定公定公乃昭公之弟季孫恐人之議已於是而立煬宮其意若曰一生一及非吾之私意蓋魯國之舊制耳汪氏曰煬公至昭公已二十世毀廟已久而復立意如得罪於魯之先祖擢髮不足數而猶欲諉事煬公以徼福吾知煬宮之不享其祭也

冬十月隕霜殺菽

高氏曰菽草之難殺者也言殺菽則凡草皆死矣

癸巳周敬王十有二年 二年

春王正月。夏五月壬辰雉門及兩觀災觀工奐反

孔氏曰雉門公宮南門之中門也觀謂之闕闕在門兩旁中央闕然為道也其上懸法象其狀巍然高大謂之象魏使人觀之謂之觀是觀也象魏也闕也一物而三名也觀與雉門俱災則兩觀在雉門之兩旁矣。崔氏曰蓋爲二臺於門外作樓觀於上兩觀雙植中不爲門。余氏曰雉門象魏之門兩觀在雉門外之兩旁禮天子五門雉門當中魯有庫雉路三門雉門有兩觀爲中門僭天子之制而非禮也春秋因災表義使議禮制度者考焉。蜀杜氏曰魯以周公之故立雉門兩觀僭天子也魯之僭禮聖人譏之必因其事而託義焉此雉門兩觀其僭久矣若不災則不可得而錄之令災及而書實以譏其僭也

秋楚人伐吳。冬十月新作雉門及兩觀

謝氏曰延廐因舊而葺之故曰新南門雉門兩觀去舊而爲之故曰新作劉氏曰魯用王禮是以其庫門天子臯門雉門天子應門而設兩觀僭君甚矣習舊而不知以爲非觀變而不知以爲戒無怪於季氏之脅其主矣此春秋之微辭至意也○家氏曰定公受位於賊臣睥國以聽賊臣之所爲君不能君者也天之示異災及雉門兩觀此諸侯所以臨涖其臣民者一朝化爲灰燼變亦駭矣乃又從而新之有加於其舊是謂天變爲不足畏也

甲午周敬王十有三年

三年

春王正月公如晉至河乃復

程子曰季孫意如上不請於天子下不告於方伯而立定公故晉怒而公往朝焉晉辭公

而復故明年因會而請盟于犖馳

二月辛卯邾子穿卒。夏四月。秋葬邾莊公。冬仲孫何忌及邾子盟于拔

汪氏曰魯以大夫而盟邾君紊君臣之分也邾隱公父喪纔九月而出會盟薄父子之親也

乙未　周敬王十有四年

四年

春王二月癸巳陳侯吳卒。三月公會劉子晉侯宋公蔡侯衛侯陳子鄭伯許男曹伯莒子邾子頓子胡子滕子薛伯杞伯小邾子齊國夏于召陵侵楚

楚令尹子嘗求蔡侯之裘唐侯之馬弗與皆
止之三年既獻而後釋之蔡侯歸以其子與
大夫之子爲質而請伐楚晉荀寅求貨于蔡
侯弗得乃辭蔡侯。程子曰楚恃其強侵凌
諸侯晉上請于天子大告諸侯以伐之而不
能明暴其罪以行天討無功而還故書侵以
罪之。胡氏曰楚爲無道凴凌諸侯爲一裘
一馬拘唐蔡二君三年而後遣蔡侯既歸請
師於晉晉人請命于周大合諸侯天子之元
老在焉若能暴明其罪恭行天討廢幾哉王
者之師齊桓晉文之功褊矣乃荀寅者求貨
于蔡侯弗得遂辭蔡人晉由是失諸侯無功
而還書曰侵楚陋之也。陳氏曰晉之合諸
侯至平丘而止是役也劉子爲之也劉子定內
難復辟于周而楚納子朝於是合有十八國
之師伐楚雖五覇未有盛於此時者也以周
之不競而能合諸侯盛于五覇俄而劉子卒
君子葢深悲之也。許氏曰梁丘據悅錦幣

而昭公不復曩志於佩裘使蔡侯自絕晉士鞅以賂罷黿之盟荀寅以貨沮召陵之謀故正盛於明時而賄流于哀世此晉霸之所以衰而吳所以橫行于上國也

夏四月庚辰蔡公孫姓帥師滅沈以沈子嘉歸殺之

胡氏曰沈人不會於召陵晉人使蔡伐之書滅沈罪公孫姓也書以歸罪沈子嘉也書殺罪蔡侯也奉辭致討而覆其邦家爲敵所執不死於位皆不仁矣沈雖不會召陵未有大罪惡也而恃強殺之能無公孫翩之及哉

五月公及諸侯盟于皋鼬皋鼬鄭地

程子曰公以不及見於晉故因會而求盟焉則此盟公意也故書公及○陸氏曰重言諸

侯者。劉子不與盟也

杞伯成卒于會。六月葬陳惠公。許遷于容城

王氏曰許四遷皆受楚令經悉以自遷爲文蓋違害就利而願遷也然不能脩德固圉而遷徙無常亦何益乎

秋七月公至自會。劉卷卒

劉氏曰王者之制內諸侯祿外諸侯嗣故生稱爵其祿也卒稱名其正也葬稱公王人之事也。陳氏曰王卿士不卒有關于天下之故則卒之於襄王之難有王子虎焉於敬王之難有劉子焉君子曰王室其庶幾乎而無救於周是故特卒之也。家氏曰劉子擁立二

君卒安宗社二百四十餘年周家大臣未有其比故特書其卒葬焉

葬杞悼公。楚人圍蔡

因臧沈而致楚師亦蔡人自取之也。趙氏曰諸侯侵楚不足以救蔡而適爲蔡招楚令蔡受圍而晉不救安事乎盟主哉故冬蔡求吳以敗楚知晉之不足與也

晉士鞅衛孔圉帥師伐鮮虞

趙氏曰晉伐楚諸侯之利而六卿之害也故定公出而六卿忌其有功辭蔡卑鄭而隳其成效晉伐鮮虞晉之害而六卿之利也故荀氏士氏趙氏交伐以顯其績

葬劉文公

高氏曰尹氏王子虎皆不書葬此書葬以魯特往會之也。愚按劉子周室社稷之臣故

此說有合當日事情且蔡既貳

魯人重其禮而聖人亦特志之也

冬十有一月庚午蔡侯以吳子及楚人戰于柏舉楚師敗績楚囊瓦出奔鄭柏舉楚地

蔡因滅沈啓釁于楚至於被圍而求救於吳吳師既至則楚已退于柏舉矣追而敗之乃逐利之舉耳且伍員因其父伍奢之被誅伯嚭因其族郤宛之被滅思藉吳以報楚非有救災卹鄰從簡書憂中國之寔也特書日以者見蔡侯不務自強而徒假手於人以快其忿他年失國之禍兆於此矣囊瓦貪以敗國又不能死可賤甚矣故志其出奔○王氏曰楚遷陵諸夏陳蔡尤被其毒蔡嘗滅而夷之爲縣其於蔡也誘般而殺之用隱太子于岡山逐朝吳出侯朱東國客死至吳又以囊瓦求美裘弗與拘於南郢数年而後歸之讎恥

其又滅沈即不敗楚師亦必旋見滅不若姑一敗之少洩其忿耳

極矣故蔡侯吳發憤言無然晉胥不足與謀師於吳吳子為之興師大敗楚兵于柏舉囊瓦奔鄭於是蔡人累世之讐憾少伸矣春秋書蔡侯以吳子所以伸蔡也吳子親行君重於師故不得不書以吳子也

庚辰吳入郢

郢楚都○陳氏曰入國不言邑入楚也而曰入郢非得國之辭也○孫氏曰吳子救蔡伐楚善也乘囊瓦之敗長驅入郢夷其宗廟壞其宮室則甚矣故反狄之○胡氏曰君舍於君之室大夫舍于大夫之室非中國之道也○家氏曰吳乃太伯之裔不與楚同使其入郢之後止兵休掠命蔡招子胥之徒分定楚地撫輯其民、請命於周明正楚莊共靈以來憑陵諸夏之罪削而奪之以其地封有功諸侯而[illegible]不自以為有則霸業可成雖以繼齊桓晉文可也而蠻方之人志不在大驕心易生故數至旋踵良可惜矣。愚按漢隋諸姬楚寔無之其他蠶食不可勝數若能興滅繼絕薄功高桓文可無如智不及此久使申包胥痛哭秦庭致秦人奮同仇之義吳師敗而楚國復矣又子胥掘平王之墓而鞭其屍公羊子曰父不受誅子復讎可也父受誅子復讎推刃之道也楊耻菴則曰天下有君殺人不當而子復讎者乎先君子以為平王殺戮無辜而子胥已仕他國亦有可復之理但掘墓鞭屍為已甚耳若宋高媾讎豈非子胥之罪人乎

丙申

周敬王有五年

十五年

春王三月辛亥朔日有食之。夏歸粟于蔡

不能救其難而猶能恤其困亦衰世之僅事也獨以魯書他國可知矣。石氏曰春秋貴

越本楚黨也

義云貢惠小仁施者大仁賊也蔡爲楚所辱而不能救今見楚敗吳勝乃歸蔡粟徙畏吳而已無救災之寔也小惠不足貴已

於越入吳

范氏曰於越蠻言也春秋即其所以自稱者言之氏見其不能慕中國故以本俗自通也○高氏曰吳之伐楚有安中國之意焉越乃乘其士卒罷敝之掩入其國若爲楚復讐者是以君子惡之嗟夫闔廬爭入郢之利而於越入吳夫差取盟晉之功而於越又入吳意有所逐而愛有所忘矣

六月丙申季孫意如卒

胡氏曰意如何以書卒見定公不討逐君之賊以爲大夫全始終之禮也定雖受國於季氏苟有叔孫婼之見不賞私勞致辟意如以

與君臣之義，則三綱可振，公室強矣。今苟於利而忘其讐，三綱滅，公室益微，陪臣執命，宜矣。故意如書卒。主人習其讀而問其傳，則未知己之有罪焉耳。○楊耻菴曰：論語朱註云定公初年，孔子不仕，此蓋仇意如也。若公果奪適，孔子因此不仕，爲公私冠何爲乎。○愚謂逐君之罪重，故不爲政；奪嫡之罪稍輕，猶可爲之兆焉，不可以是而免定公也。史彌遠廢弒濟王而立理宗，真德秀、魏了翁以一代大儒而應其徵，與之同朝，其於孔氏之心法合乎否耶。

秋七月壬子，叔孫不敢卒婼子。○冬，晉士鞅帥師圍鮮虞。

丁酉 周敬王十有六年

六年

春王正月癸亥鄭游速帥師伐許以許男斯歸

張氏曰楚困於吳鄭遂滅許然哀元年以後許復見者楚又存之也。家氏曰鄭之桀順於許幾二百年矣自鄭莊懼王誅之加入而不敢有將以有待也未幾鄭有內亂許叔入而復其宗社令列國無盟主鄭人肆其不道滅同盟之國剪太岳之後鄭之罪大矣

二月公侵鄭公至自侵鄭

杜氏曰周詹翩因鄭人以作亂鄭為之伐胥靡故晉使魯討之。汪氏曰定公親帥師以討鄭之黨亂人固有獎王室之義然不能聲罪致武僅為潛師以掠境故不書伐而書侵觀季孫獻俘於晉則寔迫於覇令而非有獎王之寔矣況是時陪臣執國命兵權亦不屬公也

夏季孫斯仲孫何忌如晉

季桓子如晉獻鄭俘也陽虎強使孟懿子往報夫人之幣晉人兼享之。高氏曰一卿將命可兼他事豈可每事一卿乎故累數之見二卿之為陽虎所制也嗚乎天子微諸侯僭諸侯微大夫陵大夫微陪臣脅理勢然也

秋晉人執宋行人樂祁犂

祁犂聘于晉趙簡子逆而飲之酒祁犂獻楊楯六十范獻子以為不敬討之。張氏曰諸侯惟宋事晉懼討而遣使善逆以懷之猶懼不來而大夫黷貨賄爭權利卒使來者見執叛者得志晉人亂政極行覇統所由絶也。黄氏曰晉卿黷貨爭權擅執國使固當擯人以貺之矣然與祁犂未致君命而先飲酒通賄是以私交為重國事為輕已失行人之職

分故稱行人見不稱其官宜執者也杜元凱以為非其罪失春秋之旨矣

冬城中城。季孫斯仲孫忌帥師圍鄆忌上闕何字

高氏曰鄆自昭二十五年齊人取之以居昭公三十年鄆潰遂貳於齊至是二卿圍而欲復取之盖陽虎欲傾季氏以謀政也季仲圍而曰陽虎者虎專季氏季氏專魯也仲何爲哉

戊戌周敬王十有七年

春王正月。夏四月。秋齊侯鄭伯盟于鹹鹹衛地

家氏曰于鹹于沙齊景圖覇之始事也是時天王辟儋翩之亂出居姑蕕景公不能仗勤王之義乃今日求之鄭盟于鹹明日求之衛盟于沙皆強人之從我非心悅而誠服豈能小大翕然不期而俱至乎。陳氏曰特相盟自齊桓以來未之有也於是再見諸侯無盟

主矣是故石門志諸侯之合也于鹹志諸侯之散也

齊人執衛行人北宮結以侵衛齊侯衛侯盟于沙沙衛地

衛侯欲叛晉諸大夫不可使北宮結如齊而私于齊侯曰執結以侵我齊侯從之乃盟于瑣瑣即沙也○吳氏曰執其行人而與其君結盟以叛晉齊衛之罪均矣○劉氏曰善為國者親近而遠信衛之附內而外歸之衛侯欺其羣臣以紿晉殘其百姓以奉齊齊之執結也固非霸討矣而衛之無良又甚焉從此觀之孟子曰今之諸侯五霸之罪人不亦信乎

大雩○齊國夏帥師伐我西鄙

家氏曰昭公流離顛沛惟齊景是依如是五六年卒不能為之出偏師向魯鄙問意如之

罪今乃與無名之師而加于魯當爲而不爲
與不必伐而伐失其所以爲方伯之道矣

九月大雩

踰月故不稱又一秋而
兩大雩僭瀆之甚也

冬十月

己亥周敬王十有八年

八年

春王正月公侵齊公至自侵齊。二月公侵齊

三月公至自侵齊

李氏曰自宣公十八年書公伐杞之後魯無
君將者八十年至是而後一侵鄭再侵齊一
闘成皆書公則三桓既微之徵也然本非公
室能張寔以陪臣公山不狃侯犯陽虎之專

權故託公以出師耳。任氏曰三月之閒而两侵鄰國無尺寸之功而重丘山之怨輕用其忿而不恤其民甚矣

曹伯露卒。夏齊國夏帥師伐我西鄙。公會晉師于瓦公至自瓦瓦衛地

晉士鞅趙鞅荀寅救我故公會之言會晉師者公不可會大夫之辭也。劉氏曰晉人與師救魯春秋不以救書何哉夫所謂救者使大義以拯人之急者也魯昭棲遲乾侯之境困亦甚矣晉之諸卿惟賄是狗黨臣而抑君令齊師之來初非危急之會而晉三卿亟以兵赴之此與齊爭霸而非為魯宗社計也故春秋不與之以救。高氏曰不以會至者公出非會也

秋七月戊辰陳侯柳卒。晉士鞅帥師侵鄭遂侵衛

許氏曰招攜以禮懷遠以德鹹沙之盟諸侯已貳晉不思德禮之是務而欲恃力擾服失覇何日之有

葬曹靖公。九月葬陳懷公。季孫斯仲孫何忌帥師侵衛

高氏曰以其為晉與師故書侵

冬衛侯鄭伯盟于曲濮曲濮衛地

杜氏曰結盟叛晉也

從祀先公

三傳以爲順祀僖閔然僖閔在四世之外親已盡而廟當祧然未嘗毀亦不得而專祀之胡氏以爲昭公始得從祀于太廟然昭公葬已稱謚疑必祔祭祖廟且何以不同禘於莊公之文而但稱先公耶竊意陽虎將作亂必借禘祫之禮舉周公魯公以下盡從而祈焉蓋嘗謂祿去公室政逮大夫茲予大亨于先公其必佑我而除其害也而不知以亂易亂先公豈饗之乎故不書有事而但云從祀蓋以祀之非典而不足録耳

盜竊寶玉大弓

陽虎劫公以伐三家弗勝脫甲以如公宮取寶玉大弓以出入于讙陽關以叛寶玉封圭或曰夏后氏之璜大弓武王之戎弓或曰封父之繁弱○陳氏曰虎陪臣也取周公之分

暴以出曾莫之禁書曰盜竊寶玉大弓魯無人之辭也是故陪臣皆不書書陽虎爲盜是治陪臣也治至陪臣斯極矣。胡氏寧曰先王分器不能謹守而盜得竊諸公宮此無政之驗也失地則諱失寶玉大弓則書重其事也

九年　庚子　周敬王十有九年

春王正月。夏四月戊申鄭伯蠆卒。得寶玉大弓

胡氏曰魯失其政陪臣擅權雖先公分器猶不能守而盜得竊諸公宮其能國乎故失之書得之書所以譏公與執政之臣見不恭之大也。陸氏曰力禽之曰獲獲人獲獸是也非用力取之曰得得寶玉大弓是也。邵氏曰陽虎既竊寶玉大弓魯何以復得之殆虎

遺於道路以爲緩追之計也追者得之以歸故府故書曰得幸之也抑亦有遺憾焉耳

六月葬鄭獻公秋齊侯衛侯次于五氏五氏晉地

陳氏曰外會書次自厥貉以來未之有也於是再見中國無霸也齊衛伐盟主則其不書伐何重絶晉也有盟主非美事也無盟主非細故也是故春秋重絶晉也

秦伯卒○冬葬秦哀公

辛周敬王
丑二十年

十年

春王三月及齊平

李氏曰前此魯數侵齊齊數伐魯至孔子爲相與齊釋怨相平而齊受之故魯及齊平平一國所願故不稱公暨齊平者使欲平而我與之平也及齊平者我欲平而彼從我平也

孔子之相魯也以德親懷隣國講信修睦而二國於此平焉宋楚其平起于下故書人齊魯其平起於上故書國

夏公會齊侯于夾谷公至自夾谷夾谷魯地

夾谷之會孔子相齊侯使萊人以兵劫魯侯孔子曰兩君合好而裔夷之俘以兵亂之非齊君所以命諸侯也齊侯遽止之。胡仲曰仲尼一言威重于三軍亦順于理而巳矣故天下莫大於理而強衆不與焉。劉氏曰天下之事常服於順而違於逆故齊雖強以其逆而奪魯雖弱以其順而得得失非強弱也在道而巳不動而至不言而信不疾而速此之謂也

晉趙鞅帥師圍衛

李氏曰晉自召陵以後凡用兵書侵以義之不足以服人也此役書圍以力之不足以服人也○季氏曰圍衛欲其離黨也而卒不能服晉衰可知矣

齊人來歸鄆讙龜陰田

夾谷之會孔子秉禮責齊郤萊兵拒野享故齊人歸三邑以謝過曰來歸若齊人心服而歸之也○高氏曰孔子夾谷之事人可能也而使大國失守悔過効順所不可能也此倚誠之至崇德之素感於其人之天譬如干羽格有苗非任智者所能測也○李氏曰孔子是年爲大司寇十二年使仲由爲季氏宰墮三都葢聖人以王道化齊而齊景服義以王道用魯而三家墮邑所謂變齊變魯之幾畧見於此

叔孫州仇仲孫何忌帥師圍郈○秋叔孫州仇

仲孫何忌帥師圍郈

郈叔孫氏邑○三桓以大夫而專魯侯犯以家臣而叛叔孫皆上行而下效也叔孫不知改過遷善退守臣職使家臣感化而用重師以圍其邑又不能暴明其罪討而誅之乃使犯之僚屬駟赤多方爲詐譎之謀誘之出走是教逼國之人習爲罔上之舉也失政刑矣誕詭欺誑誣僞不誠下執此以叛其上上執此以危其下雖幸勝之其何以保有國家乎

汪氏曰魯以諸侯而僭天子

宋樂大心出奔曹

宋公使樂大心盟于晉且逆樂祁之尸僞辭有疾樂祁之子子明言於公曰右師將不利戴氏不肯適晉將作亂也不然無疾乃逐之○王氏曰宋公信讒而刑罰無章固可罪矣

然大心不能任國家之難而進退無據且挾詐以避事豈能自安乎故經亦直書以志其過

宋公子地出奔陳。冬齊侯衛侯鄭游速會于安甫安甫齊地謝氏曰會于安甫以衛有晉難也

叔孫州仇如齊高氏曰夾谷之會歸我鄆讙龜陰田侯犯以郈奔齊齊人又致郈是以叔孫州仇如齊謝焉

宋公之弟辰暨仲佗石彄出奔陳彄苦侯反宋公子地有白馬四公以與桓魋魋怒挾魋奪之魋懼將走公泣之母弟辰曰子為君禮不過出境君必止子地出奔陳公弗止辰為之請弗聽辰曰是我迋吾兄也吾以國人出

君誹與處。家氏曰辰於君爲同母弟而地則衆公子也景公以嬖臣之故而奔其二弟辰以地故而自絶於君兄又率仲佗石彄與之偕行佗彄身爲卿佐有君不事而與辰俱奔兄不友弟不弟臣不忠此一書而並貶也

壬寅

周敬王二十有一年

十有一年

春宋公之弟辰及仲佗石彄公子地自陳入于蕭以叛

季氏曰暨者以此強彼之辭及者以此及彼之辭奔陳稱暨入蕭以叛稱及可見仲佗石彄之叛乃其所欲但以辰主謀故以爲首惡耳稱自陳因其力耳

夏四月。秋宋樂大心自曹入于蕭

大心始非同事而卒同惡，是亦叛人之黨矣。○楊耻菴曰大抵先奔者其情危後入者其力弱挾寵構亂而無忌者其惟辰乎故特稱宋公之弟以厚責之然奔同國入同叛其罪一也大心不陳而曹無緣強適仇之迹不叛而入有倚寵蔽罪之心謀不必同叛不必與所謂末減者耳而陳之黨逆曹之納奔其罪亦定於此矣原情以立文而是非自見莊周所謂春秋議而不辯是也

冬及鄭平叔還如鄭涖盟

吳氏曰及鄭平者我欲之故鄭卿不來盟而我卿往涖盟也。陳氏曰書輸平以至諸侯之合書及鄭平以志諸侯之散此春秋之所以爲始終也。許氏曰夫晉之爲晉自若也定亦未有他惡而諸侯離心者政在多門貨賄讒慝洎胥其間則無以令天下極於執樂祁

犂也

癸卯周敬王二十有二年

十有二年

春薛伯定卒○夏葬薛襄公○叔孫州仇帥師墮郈

趙氏曰州仇何為自墮其邑除家臣之患也家臣為患之日久矣陽虎作難因季孫居鄆陽關以叛三家幾不免焉侯犯以郈叛叔孫與仲孫帥師圍郈不克再圍之侯犯以郈奔齊齊人乃致郈而侯犯猶在齊也時邑宰數叛魯卿患之孔子方仕於朝而仲由為季氏宰建墮三都之議以絕陪臣之禍故叔孫首墮郈郈易墮也

衛公孟彄帥師伐曹○季孫斯仲孫何忌帥師墮費

仲由爲季氏宰將墮三都於是叔孫氏墮郈季氏將墮費公山不狃叔孫輒帥費人襲魯仲尼命申句須樂頎下伐之二子奔齊遂墮費○朱子曰墮邑之事孔子因其機而爲之若漸漸掃除得去其勢自弱可復正也○王氏曰墮郈以一卿墮費以二鄉者費强於郈故也○楊恥菴曰墮毀也惡其險固故毀壞其城也三桓私邑孟氏有成叔氏有郈季氏有費其城久矣三桓專政增而爲高險固難克因以逐君追其後也家臣即以叛三桓故昭公十三年南蒯以費叛叔弓圍之不克前此十年侯犯以郈叛叔孫仲孫再圍之不克是年孔子由司寇攝相事子路亦事季氏而有墮都之舉雖三桓之自爲計而聖賢所以匡正激勸以默爲魯計著亦必有道矣論語記季氏旅泰山伐顓臾皆不見於經然則三桓僭亂因聖言而改者多矣朞月而可其信然哉

秋大雩○冬十月癸亥公會齊侯盟于黄○十有一月丙寅朔日有食之○公至自黄○十有二月公圍成公至自圍成

將墮成公斂處父謂孟孫曰成孟氏之保障也無成是無孟氏也子僞不知我將不墮公圍成弗克○張氏曰南蒯侯犯皆以叛爲叔孫季孫害故費郈皆墮獨公斂處父方恃強以敗陽虎而孟氏用之故成獨不服雖定公闔之而卒弗克也聖人雖用於魯而季孫受女樂而違孔子而孟孫惑於僞不知之説陰與公斂處父比成既方命而聖人去魯豈非天哉○李氏曰夫負固不服雖舜禹文王有所不免如三苗逆命有崇弗降始皆伐之至班師脩德而後格之不克亦何損於聖人但仲尼不終用於魯故聖人之化不遂行而公

室之威徒褻耳○杜氏曰國內而書至若成強若列國與動大衆故出入皆告於廟也○黃氏曰三鄰若盡墮豈惟三家除跋扈之臣公室亦除三家之窟所謂惟禮可以已之若善行之公室可復張也費郈之墮非公之能也叔孫季孫憤家臣之叛已而自欲墮之也成之不果墮非公之不能也家臣與孟氏比而孟孫自不欲墮之也墮三鄰因子路之謀三鄰果墮亦孔子之願不幸其事不竟世因以責子路譏定公而力言非孔子之心皆以成敗論也○宋子曰孔子合下只說得季桓子透桓子事事信之所以做得後來被公欽處父一說破了桓子便不信之

甲辰　周敬王二十有三年

十有三年

春齊侯衛侯次于垂葭垂葭衛地

大蒐僭夏又非其時

杜氏曰二君將使師伐晉次垂葭以為援

夏築蛇淵囿

李氏曰此正與受女樂事相類定公君臣安知不自以為齊人已服強都已墮國家閒暇可以般樂乎此決非孔子為政時之事

大蒐于比蒲

高氏曰囿所以養禽獸待畋獵也築囿蛇淵今乃蒐于比蒲則囿何為哉魯既叛晉而三桓日懼人之圖已故數蒐焉

衛公孟彄帥師伐曹

高氏曰衛比伐曹曹不服晉故也靈公志存在軍旅之事而不知以禮為國故亟戰於此

秋晉趙鞅入于晉陽以叛

趙鞅謂邯鄲午曰歸我衛貢五百家吾舍諸晉陽午許諾歸告其父兄皆不可趙孟怒召午囚而殺之午荀寅之甥也荀寅士吉射之姻也而相與睦遂伐趙氏鞅奔晉陽晉人圍之○高氏曰據土背君曰叛鞅入晉陽以拒范中行而不知投鼠忌器之義故聖人直名曰叛以著其不由君命專土興兵之罪○陳氏曰鞅非始禍曷爲皆以叛書之春秋之季家有藏甲都邑皆百雉之城矣鞅必奔晉陽寅吉射必奔朝歌則皆叛也

冬晉荀寅士吉射入于朝歌以叛

知文韓簡魏襄子與荀寅范吉射相惡將逐荀范言於晉侯曰三臣始禍而獨逐鞅刑不均矣請皆逐之遂奉公以伐二子二子敗奔朝歌○王氏曰鞅入晉陽私邑也寅吉射入

朝歌公邑也但書曰叛者臣之邑君所賜也據其私邑則專祿以周旋矣趙鞅貪忿專戮其罪宜逐寅吉射與兵首禍則又爲無君故三臣之奔春秋俱以叛書之。家氏曰人臣不忌其君未有不終爲亂者也晉大夫不忌其君爲日久矣衛孫林父魯季孫意如逐君晉大夫從而羽翼之而其君寘然無所悟一君聽其所爲及是而三卿俱叛夫豈一朝一夕之故哉。胡氏曰晉六卿二荀氏荀寅中行氏也荀躒知氏也士氏范氏也韓氏魏氏趙氏荀士二家自此亡無氏春秋後亡故止韓趙魏三家分晉

晉趙鞅歸于晉

胡氏曰荀范奔朝歌韓魏以趙氏爲請鞅入于絳盟于公宮歸者易辭也韓魏爲之請晉侯許之復而寅與吉射去國出奔則無有難之者故其歸爲易矣叛逆人臣之大惡始禍

晉國之載書既不能致辟于執奉行天討以警亂臣又亢不衰狗韓魏之請而許之復無政刑矣其能國乎先儒或謂言歸者以地正國也孰取晉陽之甲以逐君側之惡人則其說誤矣以地正國而可是人主可得而脅人臣擅與無罪以兵諫者真愛其君也使後世賊臣稱兵向闕以諫君側爲名而寔欲脅君取國者則此說啓之也大失春秋之旨矣口陳氏曰樂盈魚石猶書入至歟而後書歸則晉無人之辭也叛臣至於書歸則佚賊不足錄矣此韓趙魏分晉之本也

薛弒其君比

胡氏曰稱國以弒者當國大臣之罪也孫復以爲舉國之衆皆可誅非矣三晉有國半天下若皆可誅刀鋸不亦濫乎

乙巳 周敬王二十有四年

十有四年

春衛公叔戍來奔衛趙陽出奔宋

胡氏曰公叔戍將去南子之黨夫人愬曰一將為亂故公叔來奔趙陽北宮結皆戍黨也故亦出奔而靈公無道不能正家以喪其大臣之罪著矣○家氏曰衛靈不君南子不婦比而為惡亦既稔矣公叔戍以宗國之老起而正之乃戍之所得為而非戍之所能為也人臣欲正其君者必先自正其身其身既正而後可以格君心之非而措之於善今戍也情富而驕素無國中之譽乃欲以正君自任事不充而速禍宜矣春秋書三大夫之奔所以著衛亂之所從始

三月辛巳楚公子結陳公孫佗人帥師滅頓以

頓子牂歸。牂七良反

薛氏曰：陳不思輔車之勢，助強大而滅鄰國，不知將自斃也，危哉！

夏，衛北宮結來奔。五月，於越敗吳于檇李。吳子光卒。檇音醉。檇李，越地。

吳子之卒，傷將指而斃也。黷武不已，伐喪不忌，誠身宜矣。其子夫差使人立於庭，苟出入必謂己曰：「夫差，而忘越人之殺爾父乎？」則對曰：「唯，不敢忘。」三年乃報越，棲句踐于會稽之上。經不書者，非僅以赴告之不及也。父讎不共戴天，既勝之矣，則當求得罪人，剖心蔵首，以祭先君之盟，乃狃於貨利，溺於聲色而釋之，則是藉復讎之名以逐利耳。凡霸者所為尊主庇民，皆非寔意，乃至於復父讎而亦志在於利己也，則假之之術斯已盡矣。

公會齊侯衛侯于牽公至自會牽晉地

齊景公欲求霸誅晉之亂臣以正其國可也乃會魯衛合謀以救范中行何哉向也取盈今也助寅吉射則可謂世濟其惡者矣

秋齊侯宋公會于洮洮曹地

家氏曰自齊景圖霸衛鄭魯既與之同盟宋猶未忍絕晉至是始及齊爲此會蓋始從於齊也傳謂牽洮二會皆謀救范中行氏若然則四國相率而與於亂也春秋初年諸侯連兵助亂及桓公之霸明分義以示天下此風頓革今齊景欲復祖業而率三國之君以助叛人彼三國之君冥然與之俱而不知黨叛輔逆之爲不可世道至是一變春秋降爲戰國景公亦有責焉

聯書二會皆貶也

天王使石尚來歸脤脤市軫反

杜氏曰石尚天子之士石氏尚名脤祭社之肉盛以蜃器以賜同姓諸侯親兄弟之國與之共福。茅堂胡氏曰禮諸侯朝天子助祭於宗廟然後受俎寔時魯不助祭而歸脤非禮也。汪氏曰襄王使宰孔賜齊侯胙是齊桓有獎王室之功而加以殊禮也今定公受國意如即位十有四年既不朝王又不遣使徃聘而千呈賜宜社之肉非緣助祭於京師曽是以爲禮也乎

衛世子蒯聵出奔宋蒯若怪反聵五怪反

蒯聵過宋野人作歌識其母南子之淫于宋朝蒯聵耻而欲殺之南子訴於公太子奔宋盡逐其黨。胡氏曰世子國本也以寵南子故不能保世子而使之去國以欲殺南子故

不能安其身至於出奔是輕宗廟社稷之所付託而恣行矣春秋兩著其罪故特書世子所其義不繫于蒯聵之世其國也而靈公無道不能正家以危其國本至使父子相殘毀滅天理之所由著矣

衛公孟彄出奔鄭○宋公之弟辰自蕭來奔

胡氏澹菴曰書公弟見宋公之失兄道也書自蕭罪辰據邑以叛也書來奔罪魯納叛臣也

大蒐于比蒲邾子來會

薛氏曰大蒐天子所以會諸侯也僭蒐而邾子來會毋乃太逼乎○李氏曰公及齊遇穀而蕭叔來朝大蒐于比蒲而邾子來會皆非其所也

城莒父及霄

是歲無冬闕文○汪氏曰蒐比蒲城莒父及晉其事皆在冬但脫一冬字耳

丙午 周敬王二十有五年

十有五年

春王正月邾子來朝○鼷鼠食郊牛牛死改卜牛

何氏曰偏食其身災不敬也

二月辛丑楚子滅胡以胡子豹歸

家氏曰召陵之會頓胡之君皆在曰以侵楚也是後楚有吳患不能報去年滅頓今年滅胡所以報召陵之怨蓋不能報之於中國而吞噬小國以快其宿憾也

夏五月辛亥郊

趙氏曰五月非郊之時以改卜牛也帝牛在滌三月至是養牲始成故五月而郊

壬申公薨于高寢

鄭罕達帥師伐宋

杜氏曰宋公子地奔鄭鄭人爲之伐宋欲取地以處之也

齊侯衛侯次于渠蒢

許氏曰齊衛新與宋鄭同盟故爲宋出請爲鄭次止其不言救爲其不誠于救也○趙氏曰齊景初求諸侯鄭先附之即而得衛得魯皆鄭謀之最後宋亦附齊前年洮之盟是也今鄭伐宋欲救宋則失久好之鄭欲勿救則失新附之宋故出兵以觀望於二國之間此齊侯之姦謀也

邾子來奔喪

茅堂胡氏曰諸侯爲天子服斬衰崩則奔喪而會其葬若諸侯或同盟或同位或外姻告終易代弔賻贈襚固不可緩而奔其喪則非禮直書於策失自明矣

秋七月壬申姒氏卒○八月庚辰朔日有食之○九月滕子來會葬○丁巳葬我君定公雨不克葬戊午日下昃乃克葬

家氏曰左氏以翌日葬爲得禮穀梁以塗車蓑笠不具爲非制二者在孝子慈孫之誠敬何如耳雨而無害於力役葬可也或天變駭異雨甚水至不可即土左氏之説亦未爲失然國君之葬宜無不備雨不克葬明日乃几葬謂之無貶不可也

辛巳葬定姒不稱小君明其爲妾母也喪未踰年不及尊崇而僭禮之譏寔因是以免矣

冬城漆

哀公名蔣定公子謚法恭仁短折曰哀

丁未周敬王二十有六年元年

春王正月公即位。楚子陳侯隨侯許男圍蔡

隨姬姓侯爵

杜氏曰隨世服於楚不通中國吳之入楚昭王奔隨隨人免之卒復楚國楚人德之列於諸侯定六年鄭滅許此復見者蓋楚封之。

吳氏曰入郢者吳也撻平王之墓者亦吳也

楚不能報之於強吳而乘中國無霸擴二三小國以釋憾於蔡謂之復讐而讐卒不能復也前年滅頓去年滅胡今又以兵加蔡其志在於蠶食小國以爲利春秋奚取哉

鼷鼠食郊牛改卜牛。夏四月辛巳郊

高氏曰魯不當郊故天示變以警之而改卜是違天也雖改卜牛猶非郊時況公斬焉在衰經之中輙行天子之禮以見上帝可乎。

汪氏曰定公之薨未及小祥而僭行天子之郊禮釋凶服而從吉則爲不孝於親狥郊之祭也喪者不敢哭凶服不敢入國門令在喪而蔵事則爲不敬於天一舉而三犯不韙焉春秋書郊之失禮未有甚于此者也

秋齊侯衛侯伐晉

汪氏曰前此齊衛五氏之次伐夷儀垂葭之次伐河內蒞皆遣偏師伐晉而二君次止爲

之援故皆書次以著其無名妄動之罪今此並書齊侯衛侯而以伐晉為文者著霸統之絶而受諸侯之兵且誅齊衛之黨叛臣而陵霸國也夫范中行晉之卿也卿叛而不能制豈足為諸侯盟主乎無惑乎齊衛之同伐矣然天下之惡一也不令之臣實人人之所同惡会乃棄君勁臣不亦偵乎書曰齊侯衛侯伐晉交賊之也自是晉不復能有為又二十年吳人主會于黄池而春秋終矣○許氏曰晉為霸主而諸侯至於合從伐之春秋特書以著列國之無霸也楚得專封王道盡矣晉受衆伐霸統亡矣王道既盡霸統復亡春秋之變至是而窮矣○家氏曰齊景輔范中行以抗君獎衛輒以捍父所謂日暮窮途倒行逆施者也

冬仲孫何忌帥師伐邾

高氏曰去歲邾子來奔喪今踰年而遽伐之蓋魯人謀邾利故取其田不復知有禮義也。黄氏曰邾子方朝魯又奔魯喪所以奉魯君者至矣無故而伐之何哉蓋亂世之人行如禽獸弱之肉強之噬也

戊申　周敬王二十有七年

二年

春王二月季孫斯叔孫州仇仲孫何忌帥師伐邾取漷東田及沂西田癸巳叔孫州仇仲孫何忌及邾子盟于句繹漷沂皆水名句繹邾地

謝氏曰邾子來會來朝來奔喪猶不免於難以魯之所欲者邾之土地也書取罪其不義也書漷東沂西田邾之分地也書及罪其無厭也。愚按三卿並伐曷為二卿與盟乎蓋

季孫擅國卑邾而不屑與盟故使叔仲結信以邀之耳

夏四月丙子衛侯元卒。滕子來朝。晉趙鞅帥師納衛世子蒯聵于戚

以世子繫蒯聵明其位之未絕也其位未絕而輒拒父之罪見矣以世子而稱納明其身之已出也其身已出而聵叛父之罪著矣說著皆以為靈公未嘗命輒主位而責輒之不孝不知就使靈公有命而為子者安可責聵之不孝乎晉人若能主方伯之職明二人父不父子不子之罪擇賢公子而立之則人倫正而天理得矣乃徒助之使爭斯又與於不仁之甚者也。黃氏曰蒯聵得罪于父與靈公以出被天下不孝之名不能為申生之死幸其父沒入其國以爭君位是蒯聵之無父也輒乃蒯聵之子父逐於外不能號慕毀瘠以

感動王父而復之位王父死而已立不以父亡未復爲辭及蒯聵求入輒拒而不受甚者以兵圍之是輒之無父又甚于蒯聵也父子天性而絶滅至此其與梟獍奚別哉故春秋備書蒯聵求納衛師圍戚之事以著父子相戕之禍為後世之戒。程子曰蒯聵得罪於父不得復立輒亦不得背父而不與其國爲輒計者委於所可立使不失先君之社稷而身從父則義矣。楊恥菴曰靈公以孝律聵猶之聵以孝律輒聵無父不當立猶之輒無父不當立也此天下之通義也義定而靈之命可以義裁矣

秋八月甲戌晉趙鞅帥師及鄭罕達帥師戰于鐵鄭師敗績鐵衛地

齊人輸范氏粟鄭子姚子般送之士吉射逆之趙鞅禦之鄭師大敗獲齊粟千車。王氏

曰皆言師師其衆敵也戰而[illegible]及以土及客也鄭黨叛人趙鞅以亂禦亂故春秋以趙鞅主乎是戰也。汪氏曰鄭之黨叛人固罪也然鞅不思所以致亂者已寔為之苟能引咎責躬改過遷善返國權于其君修明政事復與覇業則諸侯畏之范中行將覆亡之是懼焉敢怙亂令乃納蒯聵而見拒於衛遇鄭師而震栗失措既而幸勝且以爲功相與矜誇[illegible]而思黷武勦民構怨與國以力勝人奚足恃乎春秋以趙鞅主乎是戰處已息爭之道遠怨之方也

冬葬衛靈公。十有一月蔡遷于州來蔡殺其大夫公子駟

吳人遷之也。許氏曰蔡悔請遷及吳師入而委罪於駟焉稱國以殺殺無罪也聖人殺

一不辜而得天下不為而況于國乎故蔡自殺公子駟上下危疑遂以禍敗。姚氏曰蔡初不自量受命於楚而背楚既不自安請遷于吳而誅吳及其事急殺執政以為解其何以令一國哉經書蔡遷于州來不與其能遷也書殺其大夫公子駟不與其能殺也

己酉 周敬王二十有八年

三年

春齊國夏衛石曼姑帥師圍戚

高氏曰曼姑為子圍父逆亂人倫莫甚於此齊國夏帥師助之故為惡首齊與晉為仇若蒯聵入則衛從晉矣此齊所以助輒也。許氏曰晉以君臣稱兵而齊為晉伐君衛以父子爭國而齊助子圍父以是令于諸侯君子是以知齊之不覇而將有亂也。劉氏曰夷齊求仁得仁故無怨不以能有國家為貴而以能全其志義為安故孔子稱之。春秋抑曼

姑於齊以明臣之不可侵其君離戚於衛以明子之不可加其父一言而君臣父子之道正矣○朱子曰蒯聵父子之事其進退可否只看輒之心何如耳若輒有拒父之心則固無可論若有避父之心則衛之臣子以君臣之義當拒蒯聵以輔之若其必辭則請命而更立君可矣設若輒賢而不聽其去則爲輒者又當權輕重而處之使君臣父子之間道並行而不相悖苟不能然則逃之而巳矣但不可有毫髮私意於其間耳

夏四月甲午地震○五月辛卯桓宮僖宮災

孔子在陳聞魯司鐸災及宗廟曰所及者其桓僖之廟陳侯曰何以知之子曰禮祖有功而宗有德故不毀其廟焉今桓僖之親盡矣又功德不足以存其廟而不毀是以天災加之○范氏曰遠祖恩無差等如一故不言及○高氏曰諸侯五廟親盡則毀桓僖不毀

三家者存之僭天子也聖人因其災而並錄之。汪氏曰晉之悼公朝于武公頃公獻俘於文公則當時諸侯之廟親盡而不毀者無國無之故春秋特書桓僖宮災以示戒與

季孫斯叔孫州仇帥師城啓陽。宋樂髡帥師伐曹

薛氏曰討樂大心之亂也

秋七月丙子季孫斯卒

季孫有疾遺命南孺子生男則立之既葬南氏生男或殺之矣故康子奪嫡而嗣位

蔡人放其大夫公孫獵于吳

杜氏曰公子駟之黨。高氏曰放大夫着國也而稱人衆人逐之也

盜殺不書弑

冬十月癸卯秦伯卒。叔孫州仇仲孫何忌帥師圍邾

李氏曰來會來朝來奔喪猶不免伐取漷沂田受繹盟猶不免圍不至於以邾子益來不止也諸侯無霸害哉

庚戌

周敬王二十有九年

四年

春王二月庚戌盜殺蔡侯申

殺公穀作弑

蔡侯將如吳諸大夫恐其又遷也公孫翩逐而射之翩非微者而稱盜豈其失位者如齊豹之徒與。家氏曰翩非賊者而書盜討之也弑其君以求悅於楚。是盜也首惡者不名亂黨衆故概目之曰盜。陳氏曰稱盜者以殺則凡在官者無人也蕞爾蔡也而連年誅放

其大夫是貴近無人也是故殺翩不書以為不足討也葬昭公以為不必不葬也○高氏曰宣十七年蔡侯申卒是為文公周人以諱事神豈有曾孫與曾祖同名者乎是必有一誤也

蔡公孫辰出奔吳

季氏曰蔡昭侯之弒辰為正卿必蹤跡可疑者也故奔吳

葬秦惠公○宋人執小邾子○夏蔡殺其大夫公孫姓公孫霍

辰姓霍皆與聞乎弒者不去其官者惡其居重位而黨盜賊也

晉人執戎蠻子赤歸于楚

胡氏曰楚圍蠻氏子赤奔晉楚謂晉曰晉楚有盟好惡同之若將不廢則寡人之願也不然將通於少習以聽命趙鞅懼乃詐執蠻子以畀楚師其曰晉人云者罪之也蠻子赤何以名戎也無罪見執亦稱名外之也曷云歸于楚猶云京師楚也晉主夏盟爲日久矣不競至此春秋所惡也。家氏曰戎蠻雖邇於楚亦嘗服屬中夏昭十八年楚乘亂誘其君而殺之楚寔無道戎之叛之宜也於是自投歸晉晉人偪畏楚之强盛拒而弗納可也聽其去而適他國亦可也乃詐而執之以歸于楚是以事京師者事蠻荆晉之罪大矣

城西郛。六月辛丑亳社災

孔氏曰殷有天下作都於亳亳社殷社也蓋武王伐紂使諸侯各立其社以戒亡國其社有屋故火得焚之。茅堂胡氏曰天子大社必受霜露以達天地之氣亡國之社屋之武

王克商班其社于諸侯以為廟屏其災者劉向以為人君縱恣不能警戒之象

秋八月甲寅滕子結卒。冬十有二月葬蔡昭公。葬滕頃公

辛亥周敬王三十年

五年

春城毗。夏齊侯伐宋。晉趙鞅帥師伐衛

家氏曰輒以子拒父齊國夏為之逆也蒯聵以父伐子晉趙鞅為之伐衛其順矣乎吁齊固失矣晉亦未為得也晉人倘欲修明霸業陳大義以示天下當請之天王召諸侯伐衛執輒歸諸京師命公子郢而立之然後於義為安若私于蒯聵必求其入亦非春秋所許也況寔以范氏之故而納蒯聵以為名乎

秋九月癸酉齊侯杵臼卒。冬叔還于齊。閏月葬齊景公

劉氏曰喪以三年斷者不以閏數以月斷者則以閏數○陳氏曰三年之喪二十五月苟以閏數則二年之內已有二十五月安得謂之三年苟以閏數而書則諸侯崩薨卒葬皆宜書矣奚獨斯也○邵子曰齊景公問政於孔子孔子對曰君君臣臣父父子子公曰善哉信於君不君臣不臣父不父子不子雖有粟吾得而食諸是時也諸侯僭天子陪臣執國命祿去公室政在大夫景公自不能士奉周天子欲其臣下奉已不亦難乎厥後齊祚卒爲田氏所移天下之事宜無漸乎履霜之戒寧不思乎

壬子 周敬王三十有一年

六年

春城邾瑕

高氏曰瑕邾邑魯未嘗取於邾而遽城之見魯之迫邾也是年冬伐邾明年遂入邾邾蓋徵猶魯以不義强城之也聖人因其城而繫之邾者不與魯之擅并人土也

晉趙鞅帥師伐鮮虞。吳伐陳

張氏曰夫差修怨黷兵以取城七故春秋復狄之

夏齊國夏高張來奔

許氏曰陳乞將立陽生乃先逐國高國高奔而後陳乞弒君之謀得肆矣。張氏曰高國爲國世臣從君於昏受其顧命力不足以衛上委君而逃書奔以罪其不忠也。家氏曰景公故逐長子而樹孽子高國受託孤之寄景公葬甫離時而亂作又不能以死奉荼曽

荀息之不若名而奔之所以誅也

叔還會吳于柤

許氏曰叔還以吳在柤故往會之始結吳好也魯政之不脩務與吳親而資其力君子耻柤之會於此知魯之將有吳患矣

秋七月庚寅楚子軫卒 謚昭王 齊陽生入於齊

陳乞弑其君荼

齊景公使國惠子高昭子立嬖子荼公子陽生奔魯陳僖子召之遂行逮夜至於齊國人知之使子士之母養之與饋者皆入冬十月丁卯立之使朱毛遷孺子于駘不至殺諸野幕之下○李氏曰齊陽生書法與齊小白同皆非有君父之命而以次則居長當立故不

書公子而稱國也○孫氏曰陽生入齊而陳乞弑君則是陽生與聞乎故也不以陽生首惡者陽生之入陳乞召之荼之弑陳乞為之加陽生以弑君之罪則乞廢立之迹不明書陽生之入而陳乞弑君則乞之惡著而陽生與有罪焉○胡氏曰里克中立不免殺身之刑陳乞獻諛終被弑君之罪是皆不明春秋之義陷于大惡而不知者也

冬仲孫何忌帥師伐邾○宋向巢帥師伐曹

癸丑 周敬王三十有二年 七年

春宋皇瑗帥師侵鄭

張氏曰老丘之役宋鄭始因隙地以起兵爭卒致各取其師以逞其殺人之忘所以詳其交爭之寔也

而諱不言滅

晉魏曼多帥師侵鄭衛

高氏曰衛輒拒其父至今六年矣猶未納也皆不以此致討而以范中行氏加兵于衛故書侵

夏公會吳于鄫。秋公伐邾八月己酉入邾以邾子益來

蘇氏曰魯入邾以邾子益來而不書滅何也邾大夫茅夷鴻保於茅請救於吳明年吳爲之伐魯魯復邾子故不言滅也在外曰以歸在内曰以來内外之辨也。劉氏曰益何以名賤之也賤之奈何虜服也。薛氏曰伐邾本三家而公自爲之不得已也公内迫於三家而三家歸過於上也

宋人圍曹冬鄭駟弘帥師救曹

家氏曰中國無盟主諸侯擅侵伐更相吞噬不奪不饜春秋書宋圍曹罪宋也書鄭救曹善鄭也春秋予鄭之能救所以愧齊晉諸大國之不能救也

甲寅 周敬王三十有三年 八年

春王正月宋公入曹以曹伯陽歸

曹伯好田弋鄙人公孫彊獲白雁獻之因言霸說于曹伯曹伯遂背晉奸宋宋公伐曹將還乃詬之復怒而反遂滅焉○彙纂云虞不書滅者晉存其祀而不以滅告也宋之入曹或亦當然孟子時猶有曹交為曹君之弟則戰國之世曹尚未亡蓋滅而復存如陳蔡許之類

吳伐我

汪氏曰前此書侵伐必言四鄙見魯之國都猶足為守也至於是年吳兵直抵魯之城下則魯之四境藩屏蕩然而國不足為國矣哀公之經兩書伐我若曰我能入邾吳亦能為邾而伐我我能會吳伐齊齊亦能與師而伐我雖據事直書而詳味書法亦有反已自咎之意焉

夏齊人取讙及闡

程子曰內失邑不書君辱當諱也不能保其土地民人是不君也已與之彼以非義而受則書取此與濟西田是也魯入邾而以其君來致齊怒吳伐故賂齊以說之

歸邾子益于邾

張氏曰凡取邑之類少有復歸之者今魯不遂其惡而歸之故以順辭言之也黃氏曰魯

以不道肆虐於邾物極必反於是吳攻其國齊取其田不勝困挫乃始歸子於邾易所謂不威不懲者小人是也

秋七月。冬十有二月癸亥杞伯過卒。齊人歸讙及闡

邾子益齊出也魯以益來故齊人取讙及闡又如吳請師魯歸益於邾故齊人歸讙及闡又辭師於吳夫魯之君臣非真能遷善改過者然較之迷復不返力戰天下之公義以自遂其私而卒至於極敗大壞者則有間矣。汪氏曰不言來者齊本取讙闡脅魯歸邾子。今既歸邾子則齊遂所欲故歸讙闡非感於義而心悅誠服故不言來歸

乙卯　周敬王二十有四年

九年

春王二月葬杞僖公○宋皇瑗帥師取鄭師于雍丘

孔氏曰鄭圍宋雍丘皇瑗復於鄭師外築壘使表裏受敵無處可逃全軍盡禽故書取○許氏曰春秋之季日尋干戈詐力相傾奇變滋起於是始志取人之師甚其譎惡其盡也鄭以不義深入敵境而圍其邑此固喪師之道也○李氏曰觀左氏所載使有能者無死而止以二人歸則殺人多矣長平之坑所由來漸矣

夏楚人伐陳

李氏曰六年吳伐陳楚昭救之卒於城父不克而還則陳之即吳惟強是從而已昭王旅卒楚惠君臣不念陳之有德於楚也而亟伐之此春秋所以以救予吳也與

秋宋公伐鄭。冬十月

丙辰 周敬王三十有五年 十年

春王二月邾子益來奔

陳氏曰吳子討邾奉太子爲政而後奔則其但書奔何以是爲自失國也春秋之法苟其道足以失國雖有敵國猶以自致之文書之

公會吳伐齊三月戊戌齊侯陽生卒

吳氏曰當時以吳師在齊而公卒遂以爲弒爾○吳宥函曰公會吳伐齊其勢未至於危亡之甚也奈何齊人遽弒悼公以說於吳乎越是四載孔子方修春秋祖之所逮聞尚欲以筆代鉞誅姦諛於既死豈及身親聞者而反逸之總之聖人不以疑似斷獄凡弒君者

必覈其事寔窮其黨與或寬其縱而嚴其首或著其衆而渾其人書法不同同歸於直若本無其徵而以曖昧傳之及果有其事而以委曲蔽之均非春秋彰善癉惡之旨矣知此然後可與斷鄭伯髡頑楚子麇齊侯陽生之卒。愚按鄭楚齊三案皆疑獄也或傳聞之失寔或仇口之交加故以慎之所謂直道而行也尭舜之聖不曰罰必當罪而曰罪疑惟輕孔子之心亦若是而已矣

夏宋人伐鄭。晉趙鞅帥師侵齊

吳氏曰吳猶遺齊喪而去之晉乘齊喪而伐之曾吳之不若也

五月公至自伐齊。葬齊悼公。衛公孟彄自齊歸于衛

李氏曰彄蒯聵之黨今歸於衛必從輒而棄蒯聵故十五年春蒯聵入國彄復奔齊

薛伯夷卒。秋葬薛惠公。冬楚公子結帥師伐陳吳救陳

張氏曰春秋卒吳之救而不以人與師稱之着宜昭二公之時楚主中國楚猶近於中國也故春秋於楚免其舉號之稱定哀之時吳主中國吳絀於蠻夷者也故雖有小善而猶以號舉茲足以觀世一變而知春秋之嚴矣。愚按吳之行兵若以班處宫斬祀殺厲之類全非中國之紀律故多以號舉諸夏蠻夷之亂其末流乃至如此可勝慨哉

丁巳

周敬王三十有六年

十有一年

春齊國書帥師伐我

汪氏曰春秋詳内而畧外故外之侵伐小書國而魯書四鄙此書伐我不言地比於兵加國都之例所以貶之也然傳載老幼守宮次于雩門之外師及齊師戰於郊冉求曰二子帥師背城而戰則齊師逼迫於魯之國都矣家氏曰伐我云者我自有以致寇垂後王臨難省躬之戒所以譏哀公也

夏陳轅頗出奔鄭

初轅頗為司徒賦封田以嫁公女有餘以為已大器國人逐之○家氏曰聚歛附土者國當有討然國不能自討致衆怒而逐之是衆為政也而可哉

五月公會吳伐齊甲戌齊國書帥師及吳戰于艾陵齊師敗績獲齊國書

艾陵齊地

高氏曰戰不書公者沒公乃所以深貶公也且書及吳我師戰于艾陵不可也書及公吳戰於艾陵不可也先言公會吳伐齊繼書及吳戰則公與貶可知矣書獲國書與宋華元同然華元生獲而國書死獲故公使太史固歸國子之元也○吳氏曰晉既不足以霸諸侯而開門延盜以來吳乃在於周公之子孫秉禮之望國會之伐齊而使之逞其志於中國聖人望魯之意至是絶矣○劉氏曰吳之無道犯閒上國涉數于里之地以伐人之國因求棄疾於人與之俱靡焉爾國書之用齊也內不能安其君外不能交鄰國而輕與之戰其不愛百姓也不亦甚乎故善戰者服上刑所謂惟志乎此戰者也

秋七月辛酉滕子虞母卒○冬十有一月葬滕隱公○衛世叔齊出奔宋

孔文子使太叔疾出其妻而以女妻之疾通於初妻之娣文子怒欲攻之仲尼止之遂奪其妻或淫于外州外州人奪之軒以獻恥是二者故出奔衛人立其弟遺使室孔姞。高氏曰春秋書內外大夫奔者凡六十蓋君之股肱故重而書之然春秋之末何其出奔之多也是時政在大夫各欲自專始則相猜相忌終乃相攻相逐也

戊午 周敬王三十有七年 十有二年

春用田賦

季康子欲以一井田出法賦焉使冉有訪于孔子子曰先王制上藉田以力而砥其遠邇賦里以入而量其有無任力以夫而議其老幼於是乎入鰥寡孤獨有軍旅之出則征之無則巳君子之行必度於禮施取其厚事舉其中歛從其薄若是其以丘亦足矣若不度於

此說恐非周禮成明授甲授車臨出兵則授于將帥耳

此說似與周禮相合當更詳之

禮而貪冒無厭則雖以田賦又將不足且季
孫若欲行而法則周公之典在若欲犯法則
苟而行之又何訪焉○李氏曰古者田出租
里出賦蓋收區域之徵以備馬牛車乘若漢
家收田賦以備車馬亦此遺意也緣此賦止
里廛出之而令賦於田上故識之耳然則司
馬法所謂甸出一乘者其止出一乘之人與
觀春秋傳所載多臨事而始授以甲授以車
則知馬牛車乘決非丘甸所出也○愚按孫
子曰公家之費破車罷馬甲胄弓矢戟楯矛
擔丘牛大車此皆用田賦以脩具者也則其
不出於私家明矣令於田而賦之則是既用
其力又取其財也不巳重乎○王氏曰案賦
之本義專為出車計兵而出兵車賦之常法
令計田而出故曰田賦漢計口而出則曰口
賦蓋春秋諸侯盟會禮繁兵戎事廣不能
守先王之籍故魯用不足則初稅畝益兵則
作丘甲至哀公遠事殊吳事充政重二猶不

足復用田賦蓋託以軍用加歛於田計田而出貨財也其數之多寡則不可考大約稅畝多乎什一田賦又多乎稅畝矣稅畝私田始有征也田賦私田又加征也

夏五月甲辰孟子卒

左氏曰昭公娶于吳故不書姓死不赴故不稱夫人不反哭故不言葬小君○吳宥函曰前此意如惡昭公墓絕其域祀黜其主則是末嘗立廟可知昭公末嘗立廟孟子無地可祔況卒于先君薨後二十五年中宮易位已从季氏專政其肎以禮尊之乎觀其不宜爲繞孔子放經而拜其不得不拜者尊君故也而不與季氏爭禮者爲無後也然則哀姜亦無子何以書夫人書葬也曰哀姜雖誅死僖公不敢不以為母孟子于定公為丘嫂於哀爲世母誰其肎以丘嫂世母爲母者乎不以夫人之禮殯則宜不以夫人之名書也豈直

爲諱同姓
而已哉

公會吳于橐皋橐皋吳地

家世曰闔閭稱子以其功也夫差稱號以其
罪也柏舉有攘楚之功艾陵有猾夏之罪此
春秋所為
進退也

秋公會衛侯宋皇瑗于鄖鄖魯吳閒地

王氏曰初衛殺吳行人且姚故衛侯畏吳而
竊盟魯宋吳怒藩衛侯之舍子貢陳墮黨崇
讐之說而衛侯歸然則子
貢於父母之邦亦有功矣

宋向巢帥師伐鄭。冬十有二月螽

季孫問諸仲尼仲尼曰丘聞之火伏而後蟄
者畢今火猶西流司曆過也。呂氏曰左氏

以為失閏之故然明年九月螽又十二月螽恐不專為失閏○家氏曰十二月螽氣煥也左氏所錄疑非聖人之言也

己未 周敬王三十有八年

十有三年

春鄭罕達帥師取宋師于嵒

宋鄭之間有隙地六邑子產與宋人為成曰勿有是及宋平元之族自蕭奔鄭鄭人為之城嵒戈錫及宋向巢伐鄭取錫殺元公之孫遂圍嵒罕達救嵒向巢而取其師獲成讙郜延以六邑為虛○李氏曰宋取鄭師必欲殺元平之族而後已全軍覆沒亦蹈前日鄭人之覆轍佳兵不祥其事好還信哉

夏許男成卒○公會晉侯及吳子于黃池 黃池衛地

汪氏曰辰陵蜀申楚雖主盟而晉不與故春秋皆先楚以紀寔也宋虢楚同主會且先於晉然晉先君猶未同盟故春秋但先晉以正名而不書及焉今黃池之會吳子主盟而晉定公以奕世之覇魯哀公以秉禮之望皆俯伏聽命于壇坫之上故春秋先晉以存中國之名而而書及以著之而覇之寔則内外之分不紊而强弱之勢自見矣○趙氏曰據左氏有單平公而不書于經者緣晉吳敵禮而會如令賓主對舉酒自然單子無坐位故不書且經文有及字是兩覇之義分明也

楚公子申帥師伐陳○於越入吳

越子伐吳大敗吳師獲太子友王孫彌庸壽於姚丁亥入吳○薛氏曰吳子不戒爭中國之諸侯而越卒入吳所謂無遠慮有近憂矣吳子怠不共戴天之耻而求諸侯於外此越之所以覇諸侯乎○邵子曰夫以力勝人者

人亦以力勝之吳嘗破越而有輕楚之心及
其破楚又有驕齊之志貪婪攻取不顧德義
侵侮齊晋專以夷滅爲事遂復爲越所滅恃
強凌弱與虎豹何以異乎非所以謂之中國
理義之
師也

秋公至自會。晋魏曼帥師侵衛

高氏曰蒯聵在戚十有二年矣晋人不能以
此討衛乃以范中行故而数與師故書侵

葬許元公。九月螽。冬十有一月有星孛于
東方

孫氏曰光芒四出曰孛。杜氏曰平旦衆星
皆没而孛乃見故不言所在之次。家氏曰
天欲旦太陽將升而孛見焉妖星于太陽驕
常之變也。汪氏曰星孛于東方乃東方恃

亂吳爭強而越滅之之徵也

盜殺陳夏區夫。十有二月螽

庚申 周敬王三十有九年 十有四年

春西狩獲麟

汪氏曰冬獵曰狩蓋虞人修常職故不書狩者大野在魯西故曰西狩。孔氏曰麟麕身牛尾狼額馬蹄有五采腹下黃高丈二一角而戴肉設武備而不為害含仁懷義音中鍾呂行步中規折旋中矩遊必擇土翔必有處不履生蟲不折生草。程子曰始隱周之衰也終麟感之深也世衰道不行有述作之意舊矣麟不出春秋亦必作也春秋之作不過因魯國之始而天地四時之無窮所以察其變遷而紀其差忒者無一畧也中國荒裔之

廣所以錄其交際而別其典禮者無一遺也故曰非聖人誰能脩之

○朱子曰春秋獲麟其不敢指定是書成感麟亦不敢指定是感麟而作大概出非其時被人殺之自是不祥

○愚按四靈之生亦得天地中和之氣故聖人每感之而有作焉因龍馬而畫卦因神龜而敘疇因鳳鳴而作樂因麟至而修春秋其情一也文王繫易而終之以狐蕃曰龍飛虎變之後必有妖媚者起而乘之也孔子作春秋而終之以麟蓋曰禽攫獸噬之餘必賴慈祥者以欲之也是者勝殘去殺忠聖人之百年易俗移風期王故之必世聖人所以開萬世之太平者一言以蔽之曰仁而已矣用其全則大治依其偏則小康後有作者尚念之哉

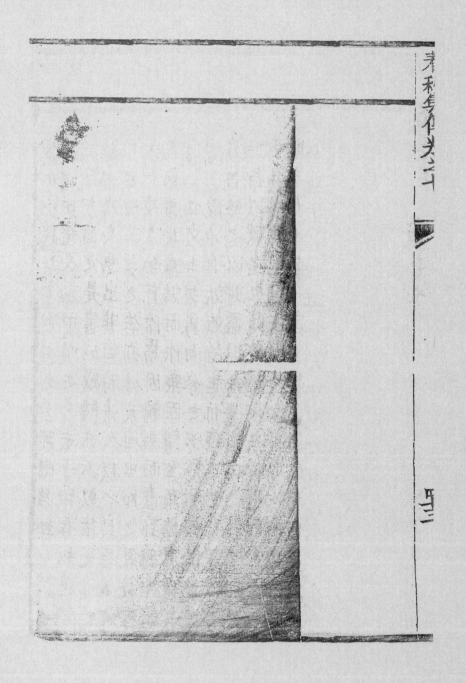

春秋集傳附録

小邾射以句繹來奔

自此以下皆孔氏門人繼獲麟而脩之者也射小邾大夫名句繹小邾地名其來奔也曰使季路要我吾無盟矣使子路子路辭曰彼不臣而濟其言是義之也由弗能夫射即三桓之黨也子路之言其其所以警之者深矣

夏四月齊陳恒執其君寘于舒州

簡公寵闞止陳恒爭權兄弟四乘如公逐闞止而追殺之公怒將出恒曰何所無君執公于舒州闞止不言奔者怙寵致寇不足當大臣之任也

庚戌叔還卒。五月庚申朔日有食之。陳宗

豎出奔楚。宋向魋入于曹以叛。莒子狂卒。六月宋向魋自曹出奔衛。宋向巢來奔

向魋欲因享公以作亂公知之命其兄左師巢攻之魋遂入於曹以叛使巢伐之不克民遂叛之向魋奔衛向巢來奔其弟司馬牛致其邑與圭焉而適齊陳桓子受魋寶玉使爲次卿司馬牛又致其邑焉而適吳吳人惡之而反卒於魯郭門之外阬氏葬諸丘輿按牛處兄弟之變遇篡僭之邦而皆能潔身若此誠無愧於內省不疚者矣

齊人弑其君壬于舒州

陳成子弑簡公孔子沐浴而朝告於哀公曰陳恒弑其君請討之公曰告夫三子孔子曰以吾從大夫之後不敢不告也君曰告夫三子者之三子告不可孔子曰以吾從大夫之

後不敢不告也○程子曰左氏記孔子之言曰陳恒弑其君民之不與者半以魯之衆加齊之半可克也此非孔子之言誠若此言是以力不以義也若孔子之志必將正名其罪上告天子下告方伯而率與國以討之至於所以勝齊者孔子之餘事也豈計魯人之衆寡哉當是時天下之亂極矣因是足以正之周室其復興乎魯之君臣終不從之可勝惜哉

秋晉趙鞅帥師伐衛○八月辛丑仲孫何忌卒○冬陳宗豎自楚復入于陳陳人殺之○陳轅買出奔楚○有星孛下有闕文○饑

辛酉 周敬王四十年 十有五年

春王正月成叛

初孟孺子洩將圍馬於成成宰公孫宿不受
孺子怒襲成從者不得入乃反至是成叛於
齊武伯伐成不克遂城輸按內叛當
諱而不諱者孟氏所激過不在君也

夏五月齊高無丕出奔北燕

陳氏將篡國故
逐其世臣也

鄭伯伐宋○秋八月大雩○晉趙鞅帥師伐衛
○晉伐鄭○及齊平

齊陳瓘如楚過衛仲尼見之曰善魯以待時
不亦可乎何必惡焉子玉曰然吾受命矣子
使告我弟冬及
齊平乃歸成

衛公孟彄出奔齊

壬戌 周敬王四十有一年

春王正月己卯衛世子蒯聵自戚入于衛衛侯輒來奔

孔悝之母伯姬蒯聵之姊也通於其豎渾良夫謀納蒯聵良夫與太子昏蒙衣而乘遂入適伯姬氏迫孔悝於厠強盟之遂劫以登臺召獲奉輒來奔季子將入遇子羔將出子羔曰弗及不踐其難季子曰食焉不避其難乃入且曰太子無勇若燔臺半必舍孔叔太子聞之懼下石乞盂黶敵子路以戈擊之斷纓子路曰君子死冠不免結纓而死孔子聞衛亂曰柴也其來由也死矣孔悝立莊公

二月衛子還成出奔宋

莊公害故政欲盡去之先謂司徒瞞成曰寡

人雖病於外久矣子請亦嘗之歸告諸師比
欲與之伐公不果春瞞成褚師比出奔宋

夏四月己丑孔丘卒

去位而猶書卒著殊其德也公弟叔肸有清
介之一節猶且得書而況大聖人乎○孔子
之先宋人避華督之亂而遂居魯以襄公二十
二年生仕魯為委吏曰會計當而已矣為乘
田曰牛羊茁壯長而已矣問官於郯子問禮
於老子學琴於師襄訪樂於萇弘季氏遂昭
公孔子適齊季氏立定公孔子不仕意如卒
乃為中都宰制為養生送死之節為司空別
五土之性而物各得其所生之宜為大司寇
昭公葬墓道南溝而合諸墓攝行相事從魯
侯會齊侯於夾谷却萊兵拒野享齊人謝過
歸汶陽之田墮郈墮費誅少正卯齊人歸女
樂季桓子受之三日不朝郊而膰肉不至不
脫冕而行生乎轍環天下所如多不合畏於

[illegible][illegible]於蒲絕糧於陳蔡微服而過宋齊景公欲封以尼谿之田晏平仲沮之楚昭王欲封以書社之地子西尼之將西見趙簡子聞其殺賢遂臨河而返也老而歸魯以斯文自任乃敘書始自唐虞終於秦誓刪詩託始周召附以魯商贊易為彖象繫辭文言說卦序卦雜卦傳謂之十翼作春秋歷隱桓莊閔僖文宣成襄昭定哀十二公正樂考禮欲兼取夏商而杞宋無徵但存周之制作而已其門人身通六藉者七十有二人顏淵早死故一貫之傳惟曾參端木賜得聞之曾子曰江漢以濯之秋陽以暴之皜皜乎不可尚已子貢曰夫子之文章可得而聞也夫子之言性與天道不可得而聞也子思子曰仲尼祖述堯舜憲章文武上律天時下襲水土周子曰道德高厚教化無窮實與天地參而四時同者其惟孔子乎孟子曰伯夷聖之清者也伊尹聖之任者也柳下惠聖之和者也孔子聖之時者

也程子曰仲尼元氣也顏子春生也孟子并秋
殺盡見仲尼天地也顏子和風慶雲也孟子泰山
巖巖之氣象也觀其言皆可以見之矣其所
述作者後世尊為六經董子曰諸不在六藝
之科孔子之術者皆絕其道勿使並進莊子
曰詩以道志書以道事禮以道行樂以道和
易以道陰陽春秋以道名分韓子曰上窺姚
姒渾渾無涯周誥殷盤佶屈聱牙易奇而法
詩正而葩春秋謹嚴左氏浮夸邵子曰仲尼
贊易自羲軒而下祖三皇也叙書自堯舜而
下宗五帝也刪詩自文武而下子三王也修
春秋自桓文而下孫五霸也昊大之四府者
時也陰陽升降於其間矣聖人之四府者經
也禮樂汙隆于其際矣朱子曰聖人作六經
正欲為萬世之標準今不以聖人為標準却
只尋以下第二三著可乎葬魯城北泗上第
子皆服心喪三年魯稱尼父漢稱仲尼公後
周追封鄒國公唐追謚文宣王宋加至聖元

加大成明去王

號改稱先聖